CE2

CYCLE 2

Compréhension

Lexique

Étude de la langue

Orthographe

CLÉO

français

Guide pédagogique

Antoine Fetet

avec le concours de Patrick Picard et Philippe Clauzard

RETZ

www.editions-retz.com

9 bis, rue Abel Hovelacque

75013 Paris

Sommaire

Introduction

Les séquences d'apprentissage

Compréhension

Lexique

Étude de la langue

Direction éditoriale : Sylvie Cuchin
Édition : Charlotte Aussedat
Création maquette : Jean-François Saada
Réalisation : Langage Graphique
Corrections : Florence Richard, Martin Beaulieu
Réalisation du CD-Rom : STDI
Recherche iconographique : Laurence Vacher

ISBN : 978-2-7256-3456-2

N° de projet : 10232026
Dépôt légal : septembre 2016
Achevé d'imprimé en France en novembre 2016 par l'Imprimerie de Champagne

Cet ouvrage suit l'orthographe recommandée par les rectifications de 1990 et les programmes scolaires.
Voir le site **http://www.orthographe-recommandee.info** et son miniguide d'information.

C.L.É.O. et les programmes 2016 en un clin d'œil

Les choix didactiques et pédagogiques de la collection C.L.É.O.
se trouvent validés et confirmés par les programmes 2016.
En voici quelques extraits sélectionnés et commentés.

Programmes 2016

Les enfants qui arrivent au cycle 2 sont très différents entre eux. Ils ont grandi et ont appris dans des contextes familiaux et scolaires divers qui influencent fortement les apprentissages et leur rythme. La classe s'organise donc autour de reprises constantes des connaissances en cours d'acquisition et **si les élèves apprennent ensemble, c'est de façon progressive et chacun à son rythme.**

Cette dernière phrase peut sembler à première vue paradoxale : comment apprendre ensemble, si chacun va à son propre rythme ? C'est toute l'alchimie de la vie d'une classe qui est présente dans cette simple affirmation. En effet, une classe n'est pas un regroupement d'élèves suivant chacun un parcours individuel, et où la compétition domine. Ce qui fait la dynamique d'une classe, c'est l'engagement collectif dans l'appropriation des notions, l'attention conjointe, à certains moments, sur les mêmes objets de savoir, la découverte commune et la résolution collaborative de problèmes dans toutes les disciplines. C'est selon ces principes que la collection C.L.É.O. est organisée.

Programmes 2016

L'oral Les séances consacrées à un entrainement explicite de pratiques langagières spécifiques (raconter, décrire, expliquer, prendre part à des interactions) gagnent à être **incluses** dans les séquences constitutives des divers enseignements et dans les moments de régulation de la vie de la classe.

Les programmes mettent l'accent sur les pratiques autour de l'oral. Pour autant, il ne s'agit pas de considérer « l'oral » comme une nouvelle discipline scolaire à part entière, séparée des autres domaines d'enseignement. Ce guide pédagogique vous donne des pistes concrètes pour le travailler.

Programmes 2016

Au cycle 2, on justifie de façon rationnelle. Les élèves, dans le contexte d'une activité, savent non seulement la réaliser mais expliquer pourquoi ils l'ont réalisée de telle manière.

Les séries d'entrainement proposées dans C.L.É.O. favorisent puissamment la priorité qu'il convient de donner à l'explicitation et à la justification. Il est difficile de mettre en mots un cheminement de pensée, une procédure que l'on vient à peine de découvrir. C'est donc grâce à la réitération d'expériences d'apprentissage réussies qu'on favorise la prise de conscience et la mise en mots de ces procédures.

Programmes 2016

Au cycle 2, le sens et l'automatisation se construisent simultanément. **Les démarches et stratégies permettant la compréhension** des textes sont enseignées explicitement.

L'enseignement explicite de la compréhension a été un des axes de développement de C.L.É.O. dès la première édition. Ce domaine si important pour la réussite de tous les élèves est travaillé patiemment sur le très long terme (l'année, le cycle) pour permettre à chacun de construire des compétences solides.

Programmes 2016

La **fréquentation d'œuvres complètes** (lectures offertes ou réalisées par les élèves eux-mêmes, en classe ou librement) permet de donner des repères autour de genres, de séries, d'auteurs... De cinq à dix œuvres sont étudiées par année scolaire du CP au CE2. Ces textes sont empruntés à la littérature de jeunesse et à la littérature patrimoniale (albums, romans, contes, fables, poèmes, théâtre).

C.L.É.O. n'est pas un « livre unique » au sens traditionnel du terme. Vous n'y trouverez pas d'extraits littéraires. En effet, il nous semble que la fréquentation d'œuvres complètes trouve toute sa justification si on lit dans de « vrais » livres (romans, albums, bandes dessinées...). D'ailleurs, cette recommandation figure en toutes lettres dans les programmes du cycle 3 : « *Quelle que soit la forme de lecture choisie, les élèves doivent avoir accès aux ouvrages eux-mêmes, non à des photocopies ou des extraits dans des manuels.* » Nous vous conseillons d'équiper votre école en séries de livres, albums, romans, etc. offrant à tous les élèves une expérience de lecture authentique. En effet, quelle meilleure expérience de la lecture que dans les vrais livres ?

Programmes 2016

Les connaissances préalables à l'enseignement, acquises de façon implicite, sont utilisées comme fondements des apprentissages explicites. Elles sont au cœur des situations de prise de conscience, où l'élève se met à comprendre ce qu'il savait faire sans y réfléchir et où il utilise ses connaissances intuitives comme ressources pour contrôler et évaluer sa propre action (par exemple, juger si une forme verbale est correcte).

Les connaissances préalables des élèves présentent de grandes variations interindividuelles. Dans l'optique de ne pas mettre inutilement en difficulté les élèves au capital culturel limité, l'ensemble des activités d'entrainement de C.L.É.O. s'appuie sur un lexique et des situations proches du vécu des enfants. Le choix de ne pas prendre pour support d'activité des œuvres littéraires procède de la même intention.

Programmes 2016

Au cycle 2, **les élèves ont le temps d'apprendre**.

C.L.É.O. permet effectivement à tous les élèves de s'approprier les savoirs et les compétences sur le long terme. Cette option forte permet d'organiser de nombreuses expériences d'apprentissage jusqu'à la réussite de chacun. Les nouveaux programmes 2016 rompent avec la logique des « compétences annuelles » et c'est tant mieux. Cette logique avait parfois mené à des dérives qui faisaient passer le « programme » au premier rang des préoccupations, et obligeaient à suivre un rythme d'apprentissage précipité sans tenir compte des acquisitions réelles des plus fragiles.

Programmes 2016

L'organisation des apprentissages

Deux éléments sont particulièrement importants pour permettre aux élèves de progresser : la répétition, la régularité, voire la ritualisation d'activités langagières, d'une part, la clarification des objets d'apprentissage et des enjeux cognitifs des tâches afin qu'ils se représentent ce qui est attendu d'eux, d'autre part. **Des séances courtes et fréquentes sont donc le plus souvent préférables à une séance longue hebdomadaire.**

C.L.É.O. a toujours favorisé une organisation concrète des apprentissages rompant avec les pratiques traditionnelles où des séances hebdomadaires trop longues – étaient la norme. Avec C.L.É.O., les élèves travaillent sur des formats d'activités courts, récurrents et stabilisés, d'égale complexité. Cette régularité permet à tous les élèves de progresser durablement. Les dernières avancées des neurosciences militent d'ailleurs pour ce type d'organisation, nous y reviendrons p. 7 et suivantes.

Programmes 2016

La place centrale donnée à la langue française ne s'acquiert pas au détriment des autres apprentissages. Bien au contraire, la langue est aussi un **outil au service de tous les apprentissages** du cycle dans des champs qui ont chacun leur langage.

Comme pour l'oral, il s'agit de **gérer avec attention le temps de classe disponible**.
Les opportunités de travailler l'oral, la lecture et l'écriture doivent être aménagées dans toutes les disciplines. Nous développerons ces points et présenterons de nombreux exemples de démarches et d'activités en ce sens.

Programmes 2016

Les activités de lecture et d'écriture sont quotidiennes et les relations entre elles permanentes : **situations quotidiennes pour des écrits courts, intégrées aux séances d'apprentissage** ; écrits longs intégrés à des projets plus ambitieux moins fréquents.

Les programmes 2016 mettent l'accent sur l'écriture. Écrire au quotidien, c'est, la plupart du temps, produire des écrits courts intégrés aux séances d'apprentissage dans toutes les disciplines. Quel défi ! Souvent, dans nos classes, les séquences de production d'écrits sont difficiles à gérer, les productions d'élèves sont très inégales en longueur, en correction orthographique et syntaxique, et l'on peine à venir à bout des projets d'écriture plus ou moins ambitieux dans lesquels on s'est engagé...
Cette nouvelle édition de C.L.É.O. va vous accompagner dans la découverte de nouvelles pratiques d'écriture, et en particulier l'organisation d'ateliers d'écriture courts (limités à une ou deux séances). Nous allons vous guider dans les modalités d'écriture qui permettent d'écrire au quotidien sans perdre de vue le facteur du temps passé. Rendez-vous p. 53.

Programmes 2016

Les élèves développent une **attitude de vigilance orthographique**, soutenus par le professeur qui répond à leurs demandes d'aide. Le recours aux outils numériques (traitement de texte avec correcteur orthographique, dispositif d'écriture collaborative...) peut permettre d'alléger la tâche de rédaction et de relecture.

C.L.É.O. favorise une approche intégrée de l'orthographe : plutôt que de multiplier les séances de relecture et de toilettage orthographique des textes produits, nous vous proposons des modalités d'écriture et de vigilance orthographique intégrées. « Écrire juste du premier coup, établir l'orthographe plutôt que la rétablir », nous reprenons à notre compte des propositions fécondes d'André Ouzoulias.

Programmes 2016

L'étude de la langue s'appuie essentiellement sur des tâches de tri et de classement, donc de comparaison, des activités de manipulation d'énoncés [...] afin d'**établir des régularités**. Les phénomènes irréguliers ou exceptionnels relèvent, s'ils sont fréquents dans l'usage, d'un effort de mémorisation.

Depuis sa première édition, C.L.É.O. favorise la découverte et l'acquisition des régularités de la langue.
Les exceptions, qui interfèrent avec la stabilisation des savoirs et des compétences, ne sont jamais présentées en même temps que les cas réguliers. C.L.É.O. favorise également la réitération des rencontres d'un corpus de mots soigneusement sélectionnés, en lecture comme en écriture. Ainsi, la forme orthographique des mots a plus de chance de s'ancrer durablement dans la mémoire des élèves.
Les mots-outils sont appris en tenant compte des analogies orthographiques (mots invariables en *-ès* appris ensemble, par exemple).

1 Présentation générale

Faire progresser tous les élèves, mission impossible ?[1]

L'école peine souvent à réduire les écarts de performance entre élèves, ou même à éviter qu'ils ne s'élargissent...

Pourtant, depuis 2006, le « socle commun » exige de chaque élève l'acquisition d'un certain nombre de connaissances, de compétences et d'attitudes, et c'est à l'École que la Nation a confié en priorité cette mission.
Il nous faut donc tout mettre en œuvre pour que chacun des élèves, y compris ceux qui sont en très grande difficulté, accède à la maitrise de ce socle commun.

S'agirait-il d'une mission impossible ? Nous pensons l'École et les enseignants capables de relever ce défi, pour peu qu'on les y accompagne. La conception de C.L.É.O. a été guidée en permanence par cet impératif : que chaque activité, chaque séance soient à la portée de chaque élève, et qu'en fin de séquence, on puisse constater un progrès dans la performance de tous.

Avec C.L.É.O., nous vous proposons **une démarche pédagogique qui s'adresse réellement à tous les élèves**. Elle s'appuie sur des choix didactiques forts, que nous allons détailler maintenant. Peut-être les options retenues vous interrogeront-elles, mais nous pensons que nos propositions sont compatibles avec les pratiques de la plupart des enseignants.

Quelle est votre priorité ?

D'abord, fixons ensemble une ambition claire : ce sont les élèves en difficulté qui ont le plus besoin de votre enseignement ; sans l'action déterminée de l'école, ces élèves sont voués à l'échec.

Le choix de CLÉO

C.L.É.O. permet d'organiser concrètement les séquences d'enseignement en fonction des élèves les plus fragiles.
Comme vous allez le découvrir, cela ne signifie pas réduire la vie de la classe à des séances trop faciles, peu exigeantes, d'où la complexité serait absente. Cela signifie que le rythme des apprentissages, l'explicitation des procédures, la présentation des nouveaux savoirs, l'installation des savoir-faire sont patiemment construits pour tous les élèves, y compris les plus faibles.
La démarche spiralaire de C.L.É.O. permet à tous les élèves, conformément aux programmes 2016, d'avoir « le temps d'apprendre ».

1 Chapitre coécrit par Patrick Picard et Antoine Fetet.

Comment gérer l'hétérogénéité ?

On sait désormais que la seule préparation d'activités simplifiées, plus courtes, moins réflexives ne permet pas aux élèves les plus faibles de progresser suffisamment. Cette pratique risque même de creuser les écarts de mois en mois, d'année en année, allant jusqu'à l'impossibilité pour l'enseignant de garder des objectifs communs à toute la classe, et d'installer chez lui un sentiment d'échec durable.

Le choix de CLÉO

Gérer l'hétérogénéité, c'est d'abord identifier chez les élèves les plus faibles les obstacles à la compréhension de ce qui est enseigné, et organiser les conditions d'apprentissage en fonction de ces obstacles.
Corolaire de ce qui précède, il est souvent nécessaire de prévoir des activités complémentaires, plus exigeantes, pour les plus avancés (voir plus bas).

Comment prendre en compte les élèves les plus avancés ?

Il ne serait pas raisonnable d'oublier pour autant les élèves les plus habiles. S'ils se sentent négligés, ils poseront rapidement des problèmes de gestion de classe. Ils sont demandeurs de situations résistantes, plus complexes, qui constituent un défi à relever, un obstacle à surmonter. Si ces élèves sont capables de davantage d'efforts, de constance, de réussite, c'est parce qu'ils ont gagné une autonomie précoce dans la gestion et le contrôle de leur activité. Autrement dit, ils sont généralement à même de lire seuls une consigne puis de s'organiser dans leur travail de manière efficace.

Le choix de CLÉO

C.L.É.O. propose aux élèves les plus avancés des activités à leur mesure, qu'ils pourront généralement gérer en autonomie. C'est pour eux qu'ont été conçues les activités « *Pour aller plus loin* ».
Ainsi, vous serez en mesure de donner la priorité aux élèves fragiles, tout en répondant à « l'appétit » de vos élèves les plus avancés.

Quels supports de travail pour l'étude de la langue ?

Récemment, une étude de grande ampleur[2] a montré que les élèves les plus faibles sont pénalisés dans leurs apprentissages par des textes (supports d'activité) au contenu difficilement déchiffrable.
Par ailleurs, les difficultés des élèves tiennent souvent à un facteur rarement pris en compte à sa juste mesure, celui de la lisibilité[3].

Dans les activités d'étude de la langue, de compréhension ou de vocabulaire, il est essentiel de ne pas trop « charger la barque ». Si les difficultés s'accumulent (déchiffrage, longueur du texte, complexité de la syntaxe), les élèves faibles lecteurs seront dans l'incapacité de centrer leur attention et leurs efforts sur la notion en cours d'apprentissage.

---

2 « Lire et écrire - Étude de l'influence des pratiques d'enseignement de la lecture et de l'écriture sur la qualité des premiers apprentissages », sous la direction de Roland Goigoux, ifé / université de Lyon / ENS de Lyon, 2016.

3 Merci à Jean Mesnager, qui nous a fait bénéficier de son expertise dans ce domaine. Son ouvrage *Évaluer la difficulté des textes* (accompagné du logiciel « Lisi »), coécrit avec S. Bres, est disponible aux éditions Nathan (2008).

S'il est encore nécessaire, au CE2, de continuer à développer les compétences de déchiffrage, les stratégies de compréhension ou le bagage lexical de ces élèves, ce serait mettre les élèves dans une situation impossible que d'essayer de tout faire en même temps. Si, par exemple, vous leur demandez de relever les adjectifs dans un conte de Perrault, vous soumettez les faibles lecteurs à une double complexité : non seulement ils ont des difficultés à déchiffrer et à comprendre le texte support de l'activité de grammaire, mais, en plus, leurs efforts de lecture seront tellement lents et improductifs qu'ils ne pourront consacrer que peu de ressources cognitives à l'objectif principal de la séance, le repérage des adjectifs.

Le choix de CLÉO

La lisibilité des phrases et des textes supports des activités dans C.L.É.O. a été systématiquement prise en compte pour qu'elle soit compatible avec les capacités d'un élève de 8 ans.
Au CE2, tous les élèves n'ont pas encore automatisé le déchiffrage, acquis toutes les stratégies nécessaires à la compréhension, ou accumulé un bagage lexical qui dispenserait de travailler ces connaissances et compétences. Outre l'utilisation quotidienne de C.L.É.O., il est nécessaire de travailler ces aspects dans toutes les situations de lecture rencontrées dans les différentes disciplines.

Selon quelle organisation présenter les notions à apprendre ?

Bien souvent, les élèves sont soumis à un apprentissage « atomisé » : les connaissances, morcelées, leur sont présentées jour après jour et défilent à trop grande vitesse. À peine ont-ils le temps de se saisir des savoirs et savoir-faire en jeu qu'on passe à la notion suivante. Chaque jour, une nouvelle leçon, une nouvelle page de manuel tournée... Cette manière de faire, trop souvent présentée comme un découpage rationnel[4] des notions à enseigner dans le programme, peut, à la rigueur, convenir aux élèves les mieux adaptés à l'école, mais a des effets désastreux sur les plus fragiles qui s'essoufflent à essayer de suivre le rythme, qui peinent à faire des liens entre les divers savoirs, et finalement se désinvestissent d'apprentissages sans cohérence ni continuité à leurs yeux.

Par exemple, la compétence « reconnaitre un verbe » exige des situations d'enseignement et d'entrainement réitérées. On sait qu'il est très difficile, pour les élèves les plus distants de la culture de l'École, de prendre la langue écrite comme objet d'étude et d'apprentissage, et non comme simple outil de communication. Parce que ce type de compétences se met en place très lentement, il est impératif de ne pas bruler les étapes pour que les élèves les plus faibles prennent du pouvoir sur l'écrit.

Le choix de CLÉO

C.L.É.O. laisse le temps à tous les élèves de saisir les enjeux des savoirs et savoir-faire en cours d'apprentissage et les entraine jusqu'à la performance attendue.
Le fichier privilégie le principe de la réitération des entrainements sur une période longue. Plus précisément, le choix a été fait de s'éloigner résolument de la succession des traditionnelles « leçons », suivies de leurs exercices d'application. Dans C.L.É.O., le chantier ouvert à la première séance sera repris quelques jours plus tard, puis la semaine suivante, etc., avec la volonté de créer un « espace de sécurité » aux élèves, favorable à leur apprentissage : « Vous n'y arrivez pas encore bien, mais c'est normal, c'est plutôt difficile de reconnaitre le verbe, on y travaillera encore, et petit à petit, vous y arriverez. »
Ce faisant, on met en place les conditions pour qu'un double mouvement se produise : la compréhension de plus en plus fine des notions en jeu et l'automatisation des procédures.

4 Méthodologie inspirée du *Discours de la méthode* de Descartes.

Y a-t-il un pilote dans la classe ?

L'idée d'entrainement évoque peut-être pour vous celle d'exercices répétitifs, individuels et écrits, qu'on donne aux élèves jour après jour mais qui ne nécessitent finalement pas d'enseignement à proprement parler.

Si les activités d'entrainement sont effectivement au cœur de la démarche de C.L.É.O., elles s'articulent systématiquement avec des situations collectives d'apprentissage pour réguler, affiner et rendre plus efficace l'activité des élèves. Il ne s'agit pas de simples moments de correction où l'on écrit au tableau les « bonnes réponses », aussitôt recopiées par les élèves sans réelle réflexion.

C'est au cours de ces moments collectifs que la classe a besoin d'un véritable pilote qui assure de multiples fonctions :

- il repère les obstacles à la compréhension ;
- il aide les élèves à déconstruire les procédures erronées et à comprendre en quoi elles ne sont pas valides ;
- il régule les échanges, donne la parole à tous, recentre au besoin le débat ;
- il compare et contraste les points de vue ;
- il aide les élèves à expliciter leurs stratégies ;
- il reprend pas à pas des procédures pour rendre visible par tous les élèves ce que seuls les plus avancés ont saisi à cet instant ;
- il reformule ce qui mérite de l'être ;
- il répète ce qui n'a pas été entendu par tous ;
- il aide à discerner ce qui est essentiel de ce qui ne l'est pas ;
- etc.

Le choix de CLÉO

C.L.É.O. met l'accent sur le rôle essentiel de pilotage, par l'enseignant, de l'activité de l'élève pour que l'entrainement soit efficace. La mise en mots à haute voix par l'enseignant permet d'expliciter les enjeux de l'apprentissage et de construire progressivement le sens des mots spécifiques de l'étude de la langue, pour favoriser la « secondarisation » (voir plus bas la définition de Ph. Clauzard).

Pour résumer

Jusqu'en 2005, le ministère de l'Éducation nationale évaluait tous les élèves à leur entrée en CE2. Voici le score moyen global en Français des élèves de ce niveau cette année-là :

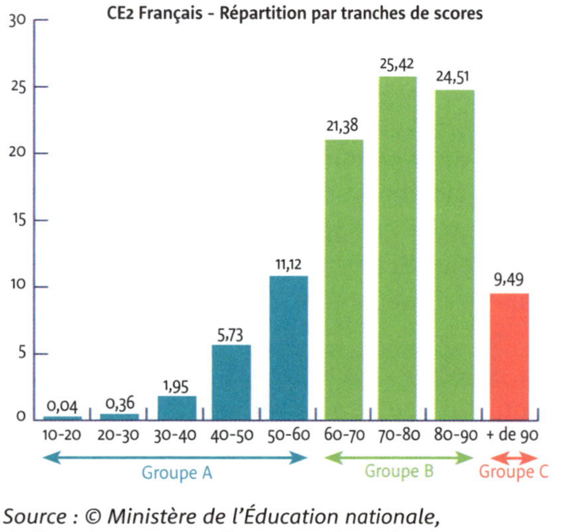

Source : © Ministère de l'Éducation nationale, de l'Enseignement supérieur et de la Recherche - DEP.

Groupe A (environ 20 % des élèves en difficulté). Souvent, la conduite des séances n'est pas adaptée à leurs capacités : elles demandent des compétences de lecture qu'ils n'ont pas, accumulent des tâches diverses ; ces élèves ne finissent pas le travail, ne saisissent pas les enjeux, ont tendance à mettre en place des stratégies d'évitement de la tâche.

Groupe B (environ 70 % des élèves). C'est pour ce groupe que la séance est ciblée : ils suivent, participent, comprennent ce qui est attendu d'eux, leur performance est généralement conforme aux attentes de l'enseignant.

Groupe C (10 % des élèves sont brillants) : ils sont à la fois rapides et fiables, ils exécutent les tâches beaucoup plus vite que la plupart des autres élèves.

Généralement, l'enseignant ajuste la préparation des séances plus ou moins consciemment aux compétences du groupe B. De fait, cet ajustement exclut fréquemment d'emblée les élèves du groupe A. Dès le début de la séance, ces derniers sont aux prises avec des savoirs et savoir-faire non maitrisés, des textes dépassant leurs compétences de déchiffrage et de compréhension, des consignes et des tâches trop peu explicites où ils se perdent. Très rapidement, la gestion de la séance devient problématique car les élèves du groupe A et ceux du groupe C, pour des raisons très différentes, perturbent le déroulement prévu : les premiers ralentissent le rythme quand les seconds ont tendance à vouloir l'accélérer.

Ces deux groupes accaparent l'attention de l'enseignant (maintien d'une ambiance de travail sereine, demandes d'explication, organisation d'activités supplémentaires pour le groupe C, etc.). Dans ces conditions, l'enseignant se trouve souvent écartelé entre les besoins des élèves les plus faibles et ceux des plus forts. Il en découle une frustration professionnelle car à vouloir s'occuper de tous, on finit par ne s'occuper de personne ! Comment sortir de ces contradictions ?

Nous allons « redécouper » la classe en deux groupes :

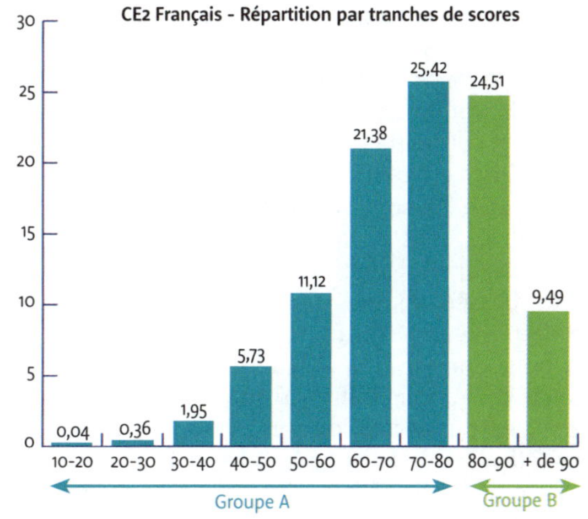

Groupe A (environ deux tiers des élèves).
Groupe B (environ un tiers des élèves).

Source : © Ministère de l'Éducation nationale, de l'Enseignement supérieur et de la Recherche - DEP.

Avec C.L.É.O., il s'agit de systématiquement concevoir les séances à destination de tous les élèves, en commençant par les élèves prioritaires, c'est-à-dire ceux qui ont le plus besoin de l'école pour réussir. Tous seront capables de comprendre les enjeux des activités, et de réaliser les tâches en faisant preuve de réflexion. Même si, bien sûr, des écarts de performance sont constatés durant la séquence et à l'issue des entrainements, tous les élèves, sans exception, auront progressé. Si ce n'est pas le cas, l'enseignant prendra en compte ces difficultés particulières de compréhension et/ou d'apprentissage en organisant une nouvelle séquence de travail.

Les élèves du groupe B, bons compreneurs et bons déchiffreurs, sont pratiquement autonomes dans l'exécution des tâches. Ils sont capables généralement d'un autocontrôle satisfaisant de leur activité. C'est pour ces élèves que sont conçues les activités « Pour aller plus loin » : plus exigeantes, plus ouvertes, elles sont également de nature à stimuler les élèves les plus vifs qui aiment relever des défis. De plus, ces activités permettent de s'assurer que les élèves consacrent effectivement le temps imparti à la maitrise de la langue à des activités de ce domaine, et non à des activités dites « de délestage », qui peuvent perturber et déconcentrer le reste de la classe.

5 Bernard Lahire, « Savoirs et techniques intellectuelles à l'école primaire », in *L'École, l'état des savoirs*, éd. La Découverte, 2000.

« LA TECHNIQUE CONTRE LE GÉNIE[5] »

Nous empruntons à Bernard Lahire cette opposition qu'il a contribué à mettre en lumière. Selon ce sociologue, l'école a tendance à négliger l'entrainement et la transmission de techniques intellectuelles au prétexte que le génie ne saurait s'enseigner. À vrai dire, quand nous observons dans nos classes les élèves les plus brillants, nous avons souvent une impression de facilité, d'aptitude naturelle, voire de don inné, n'ayant rien à devoir à un apprentissage et encore moins à un entrainement réitéré.

Mais il s'agit, dans l'immense majorité des cas, d'une fausse impression. En réalité, ces élèves ont bénéficié, dans leur milieu familial, d'une acculturation qui a largement conditionné ce talent soi-disant « naturel ». Leur « don » est en fait constitué d'un faisceau d'automatismes, de techniques intellectuelles, de compétences acquises au cours d'expériences non scolaires mais riches d'interactions langagières, de contacts culturels, de multiples découvertes du monde, de réflexion soutenue et accompagnée par le milieu familial, d'habitudes de rigueur, de jeux stimulants et exigeants sur le plan intellectuel, etc. Ces élèves sont capables de mobiliser vite et bien ce bagage intellectuel et nous ne devons pas nous laisser tromper par cette illusion de facilité naturelle. Au contraire, l'école, si elle est bien là pour donner plus à ceux qui ont moins, doit tout faire pour offrir à tous les élèves le type d'expériences d'apprentissages dont certains élèves ont bénéficié dans leur milieu familial. Faute de quoi, elle ne pourra pas répondre aux accusations d'élitisme qui ne manqueront pas de se multiplier à son endroit.

Dans la lignée des travaux de Bernard Lahire, nous avons conçu C.L.É.O. comme un outil favorisant le travail explicite sur les techniques intellectuelles, permettant de rendre visible l'invisible, d'expliciter l'implicite, de favoriser une action pédagogique réaliste qui contribue à réduire les inégalités face aux savoirs écrits.
Il ne s'agit pas de faire de tous les élèves des petits génies, mais de faire sentir à tous que le pseudo « génie », celui qui semble hors de portée, réservé aux élèves doués, est en réalité le produit d'attitudes et de gestes intellectuels longuement entrainés.

Dans un renversement de point de vue qui semblera audacieux à certains, Sylvie Cèbe[6] affirme que « ce n'est pas parce que les élèves sont inattentifs qu'ils n'apprennent pas, c'est parce qu'ils ne comprennent pas qu'ils ne sont pas attentifs ». Il nous faut donc faire notre deuil d'une motivation préexistante aux apprentissages, sur laquelle nous aurions finalement peu de prise... Considérons cela comme une bonne nouvelle car, dans cette perspective, c'est l'enseignant qui reprend la main et qui a donc une carte maitresse à jouer !

Les élèves qui ne posent pas de problème sont d'abord ceux qui participent, qui savent s'organiser dans leur travail, qui sont persévérants. Ce sont bien leurs capacités à raisonner, à réfléchir qui sont déterminantes, plus que leurs connaissances pures. C'est pourquoi nous vous engageons à expliciter tous les facteurs contribuant à la réussite d'une activité :
- Ai-je bien compris ce qu'il faut faire ?
- Ai-je saisi et retenu les différentes étapes de travail ?
- Suis-je capable de m'autoévaluer ?
- Quels outils, quelles aides sont à ma disposition en cas de besoin ?

Comparez et contrastez systématiquement les attitudes et choix possibles face aux tâches d'apprentissage : aidez les élèves à percevoir ce que fait (ou ne fait pas) celui qui réussit, celui qui échoue. Vous les aiderez ainsi à gagner en clarté cognitive.

Les élèves fragiles s'enferment souvent dans des systèmes de croyance ne reposant aucunement sur la réalité : ils attribuent la réussite et l'échec à la chance, au fait que l'enseignant a des « chouchous », à des procédures qui leur échappent, relevant plus ou moins de la pensée magique. Il faut absolument les accompagner dans le dépassement de ces croyances : notre action d'enseignement doit leur permettre de mieux réguler leur activité. Sylvie Cèbe nous rappelle qu'il faut certes leur « apprendre à faire, mais surtout apprendre à comprendre comment faire plus tard, tout seuls »...

Construire le savoir grammatical[7]

La grammaire est une discipline scolaire que chacun a connue pendant sa scolarité. Pourtant, nous sommes nombreux à ressentir une difficulté à cerner précisément ce domaine d'enseignement. Elle présente en effet de redoutables ambigüités que Bernard

5 Bernard Lahire, « Savoirs et techniques intellectuelles à l'école primaire », in *L'École, l'état des savoirs*, éd. La Découverte, 2000.
6 Aux rencontres nationales GFEN, 31 janvier 2009, compte rendu sur l'excellent site du Café pédagogique.
7 Chapitre coécrit par Philippe Clauzard, Pascal Picard et Antoine Fetet.

Combettes a relevées lors de la journée de l'ONL en 2006[8]. Pour lui, le mot latin *grammatica* aurait pu être traduit en français par **grammatique** (de la même famille que mathématique, linguistique ou phonétique – étude de...) ; le terme de **grammaire** (comme annuaire, syllabaire, dictionnaire) évoque plutôt l'idée de collection, de manuel. L'étude de la langue renvoie-t-elle à une « science » ou à un « recueil » ?

Le mot « grammaire » est largement **polysémique** :

- c'est un **principe d'organisation** interne propre à la langue ;
- c'est une **description** du système linguistique ;
- le terme renvoie aussi à un savoir plus ou moins méthodique sur la langue avec **des régularités, des normes**. Il évoque une école de pensée, une théorie spécifique, **un point de vue particulier** sur le savoir grammatical ;
- il peut être synonyme d'**ouvrage** dans lequel sont gravées des règles, ou encore de **moment pédagogique** au cours duquel on enseigne la grammaire en classe.

Souvent envisagée en priorité pour ses enjeux orthographiques (« l'orthographe grammaticale »), la grammaire laisse par ailleurs perplexe un certain nombre d'entre nous : à quoi bon enseigner la grammaire si elle n'est pas au service de la lecture et de l'écriture ?

Sauf exception, nous n'avons en effet pas besoin de connaissances grammaticales poussées pour comprendre la langue écrite : notre connaissance implicite de la grammaire, acquise en même temps que la langue elle-même, est presque toujours suffisante pour la compréhension en lecture.

En revanche, des connaissances explicites (le repérage des classes et des fonctions grammaticales notamment) sont indispensables à la maitrise de l'écriture et de la lecture fine de certains textes complexes. Sans cela, impossible par exemple d'assurer les accords au sein du groupe nominal, ou entre le sujet et le verbe.

Selon André Chervel[9], l'histoire de la grammaire scolaire, ainsi que son importance croissante au fil du temps ont été fortement conditionnées par un point précis d'orthographe, à savoir l'accord du participe passé, véritable Everest des difficultés du français ! En effet, la complexité redoutable (et redoutée) de cet accord dans tous les cas de figure exige des écoliers la maitrise experte de savoirs savants et très abstraits...

Pour beaucoup, la grammaire évoque des savoirs opaques, marqués par l'arbitraire et les exceptions, et faisant souvent remonter des souvenirs liés à la dictée ou à l'analyse grammaticale ; les controverses et les brusques changements de direction dans son enseignement (de l'application stricte et hasardeuse de théories linguistiques dans les années 1970 à « l'Observation Réfléchie de la Langue » qui a souffert d'un déficit d'accompagnement fatal dans les années 2000), la grammaire peine à trouver, dans la pratique de beaucoup d'enseignants, la place qu'elle mérite en classe. D'autant que les concepts grammaticaux manquent de stabilité, les repères théoriques sont parfois brouillés (complément essentiel/non essentiel, déterminant/article, complément d'attribution/d'objet second... la liste des appellations nouvelles est longue). Cela étant, raisonner la construction des phrases puis des textes en termes de structures (micro et macro structures, un peu selon les théories de la grammaire générative et transformationnelle) emboitées (tel un système de poupées russes) peut donner une cohérence à cette masse de savoirs grammaticaux.

---

8 Journée ONL du 8 mars 2006. http://www.cafepedagogique.net/lesdossiers/Pages/ONL_Journee080306_index2.aspx

9 Historien de la grammaire, lire notamment *L'Orthographe en crise à l'école : et si l'histoire montrait le chemin ?*, éd. Retz, 2008.

Faisons donc le point !

Pour reprendre la terminologie de Jean Piaget, quand l'élève apprend la grammaire, il passe du statut de « sujet capable » (celui qui parle ou écrit en respectant implicitement les règles de la syntaxe) à celui de sujet « épistémique » (celui qui est capable de contrôler sa propre activité d'écriture en utilisant des savoirs explicites sur la syntaxe, capable d'avoir une « réflexion sur », une posture d'observateur et de juge éclairé de ses propres écrits).

C'est pourquoi, face aux tâches scolaires, les élèves peuvent tout à fait réussir sans comprendre : un élève de CP écrit « une petite fille » sans prendre conscience ni de l'accord entre nom et adjectif, ni de la place et de la fonction de l'adjectif par rapport au nom ; il utilise des connaissances implicites qui lui permettent une première entrée dans l'écriture sans avoir recours à des savoirs grammaticaux formalisés.
Cependant, la compréhension ne mène pas toujours immédiatement à la réussite de la tâche.

> Exemple
> Un élève de CM2, qui écrit : « un ruisseau où *s'amuse les enfants » ;
> bien qu'il ait assimilé l'essentiel des caractéristiques du concept de « sujet »,
> il n'est pas encore capable d'activer en toutes circonstances les connaissances lui permettant d'assurer l'accord sujet-verbe.

Quelles explications peut-on donner à ce manque de réussite ?

- On peut souvent l'expliquer par une surcharge cognitive : les ressources attentionnelles de l'élève n'étant pas extensibles, il arrive fréquemment que la vigilance orthographique soit prise en défaut, l'attention de l'élève étant monopolisée par d'autres aspects de l'activité d'écriture (geste graphique, mémorisation à court terme en vue de la copie, etc.).
- On peut également y voir le signe d'une compréhension partielle, voire d'une illusion de compréhension. Essayons de cerner précisément ce que recouvre la maitrise totale du concept de sujet, dans toutes ses dimensions :
  - dimension sémantique : le sujet fait ou subit l'action,
  - dimension morphosyntaxique : le sujet impose sa marque de conjugaison au verbe,
  - dimension discursive et textuelle : le sujet indique le thème de la phrase,
  - dimension syntaxique : le sujet est un constituant obligatoire de la phrase.

Les diverses descriptions grammaticales envisagent le système de la langue sous des angles complémentaires, et c'est la prise en compte de ces dimensions qui assure l'accès au concept. C'est pourquoi, tant que la conceptualisation n'est pas achevée, l'apprentissage de procédures diverses pour assurer l'accord sujet-verbe est utile, puisque ces procédures permettent la réussite orthographique dans de nombreux cas. Utiles, certes, mais insuffisantes pour assimiler les savoirs grammaticaux dans leur complexité : elles ne dispensent pas d'une étude plus réflexive, qui permette d'affiner et d'approfondir la connaissance de la langue.

Cette conquête du système de la langue ne se fait pas *ex nihilo* : toute réflexion grammaticale est conscientisation d'une connaissance implicite, d'une pratique qui n'était pas formellement exprimée, qui peut devenir une prise de conscience par l'activité grammaticale en permettant le passage d'un implicite à un explicite. La grammaire porte d'abord en effet sur la pratique quotidienne du langage. Les psycholinguistes (notamment J.-E. Gombert[10]) établissent à ce titre une différence entre *épilinguistique* et *métalinguistique*.

L'activité épilinguistique recouvre une utilisation de la langue non contrôlée consciemment ; c'est la dimension « outil » de la langue, la maitrise fonctionnelle de règles et d'usages langagiers dont la connaissance est implicite.

10 Jean-Émile Gombert, *Le Développement métalinguistique*, PUF, 1997.

En revanche, l'activité métalinguistique recouvre une utilisation contrôlée et planifiée de la langue, c'est la dimension « objet d'étude » de la langue, qui permet une attitude réflexive, un contrôle délibéré et une planification de l'usage des règles de grammaire. Le caractère conscient de l'action est le critère majeur pour différencier les comportements *méta* des comportements *épi* : tout se joue dans la prise de conscience de l'élève. L'apprentissage grammatical favorise le **passage**, le **glissement** entre une connaissance *épi*, non consciente et implicite, et une connaissance *méta*, explicite et consciente. Comprendre le langage et produire du langage sont une chose, adopter une attitude réflexive sur les objets linguistiques et savoir contrôler la manipulation des faits langagiers en sont une autre.

Pour sortir de l'implicite et assurer un contrôle de sa propre activité, surtout à l'écrit, l'enseignement de la grammaire est un passage obligé : il n'y a pas d'appropriation « spontanée » de la grammaire française, bien trop complexe pour être assimilée sans apprentissage. Cet enseignement de la grammaire, assuré à l'école élémentaire et au collège, a donc pour objectif essentiel de provoquer une prise de conscience des classes et fonctions grammaticales, ainsi que des relations particulières entretenues par certains mots, de manière à rendre les élèves capables d'assumer la posture d'observateur éclairé de leurs propres écrits et de ceux d'autres.

Il convient alors qu'un « **glissement conceptuel** » se produise !

GLISSEMENT CONCEPTUEL ET SECONDARISATION

Philippe Clauzard[11] définit le « glissement conceptuel » comme le passage d'un état à un autre dans la manière d'appréhender la langue, le passage d'une analyse sémantique puis discursive de la langue (stade « épilinguistique ») à une étude morphosyntaxique puis syntaxique de langue (stade « métalinguistique »). Ce saut conceptuel (encore appelé « secondarisation ») qui est demandé à l'élève est bien sûr accompagné par l'enseignant.

Secondariser est un geste professionnel assuré par chaque maitre plus ou moins implicitement.

Les élèves ne doivent pas se contenter d'appliquer la tâche scolaire demandée (compléter un texte à trous, par exemple), il convient qu'ils exercent des activités de pensée sur ce qu'ils font, qu'ils en saisissent la signification. De la sorte, les élèves doivent aller au-delà du côté conjoncturel de la tâche, dépasser le stade du faire.

Le discours d'explicitation en est un instrument facilitateur, avec un questionnement du type : « Qu'ai-je fait ? Comment ai-je agi ? À quoi ça sert ? Qu'est-ce que je retiens ? »

Si l'élève cherche à réussir une tâche sans s'interroger sur l'objet dont la tâche n'est que le support pour apprendre, la visée de secondarisation sera manquée et l'apprentissage improbable. L'objectif est de faire en sorte que l'élève, centré sur la tâche en cours et sur son activité concrète, saisisse l'enjeu de la tâche scolaire, qu'il comprenne qu'au-delà des phrases sur lesquelles il travaille à cet instant précis, il y a un objectif plus vaste, une dimension supérieure qu'il s'agit d'atteindre, à savoir l'organisation interne de la langue qu'il utilise tous les jours. Le glissement conceptuel est ainsi un geste professionnel d'étayage essentiel à notre métier.

Les séquences de grammaire sont donc organisées pour provoquer des « glissements conceptuels » intervenant à différents niveaux ; on passe :
- du concret à l'abstrait,
- de l'implicite à l'explicite,
- d'un savoir en situation à un savoir décontextualisé.

11 *La Médiation grammaticale en école élémentaire, éléments de compréhension de l'activité enseignante*, Thèse de doctorat du Conservatoire national des Arts et Métiers, de Philippe Clauzard, dirigée par Pierre Pastré, 2008.

Philippe Clauzard détaille, entre activités de l'élève et activités de l'enseignant, les étapes qui fondent **la classe de grammaire**.

Du côté des élèves

1 Observer, découvrir, s'engager

Cette première phase rend possible le processus d'***enrôlement dans une tâche scolaire*** : il s'agit pour l'enseignant de présenter la « règle du jeu » d'une manière suffisamment accessible pour qu'elle parle aux élèves. Pour éviter la dérive d'une réussite sans compréhension, la tâche doit être suffisamment résistante et impliquante pour constituer une véritable situation-problème et déclencher une réflexion authentique. Rien à voir donc avec l'application mécanique de règles, par exemple.

2 Réussir

Cette phase implique une ***dévolution de la tâche*** : autrement dit, ce sont les élèves eux-mêmes qui prennent réellement en charge la tâche, et non l'enseignant. Il arrive en effet que les consignes ou les étapes de travail proposées par l'enseignant organisent un guidage tellement étroit que les élèves, relégués au rôle de simples exécutants, perdent le sens de l'activité. Il est donc nécessaire non seulement qu'ils soient actifs, mais surtout véritablement acteurs de leur propre apprentissage, en prenant des décisions et en faisant des choix qu'ils assument pleinement.
En classe de grammaire, ces tâches comportent généralement des manipulations, des tris, des transformations, des repérages, à l'aide de procédures et de règles d'action qui sont soit découvertes, soit enseignées (toutes les nuances entre les deux étant possibles !).

3 Glisser

Cette phase est déterminante, dans la mesure où elle permet à l'élève de passer à une dimension supérieure de connaissance sur la langue et de provoquer un ***saut conceptuel*** : on se dégage peu à peu de l'activité concrète pour retenir les caractéristiques essentielles de la notion en cours d'apprentissage. Le matériau linguistique (mots, phrases, textes) abandonne progressivement son statut d'outil à manipuler pour conquérir le statut d'objet sur lequel observation et réflexion s'exercent.

4 Comprendre

Cette dernière phase met en œuvre un processus de ***généralisation*** : il s'agit d'un travail de formalisation, d'institutionnalisation de savoirs et savoir-faire grammaticaux. La compréhension s'effectue par la distanciation de l'élève par rapport à son activité scolaire, par la mise en mots de ce qu'il vient d'effectuer, par l'assimilation de la procédure qu'il a employée. Sans compréhension authentique, le transfert de ses acquisitions de connaissances et compétences dans des situations nouvelles est compromis. Ce transfert s'établira pleinement grâce aux situations de réinvestissement dirigé ou situations de production écrite ou orale permettant l'accès progressif à l'autonomie.

N.B. : Cette présentation en étapes ne doit pas laisser penser que l'acquisition serait purement linéaire. Des paliers plus ou moins longs dans la maitrise des savoirs et savoir-faire, des retours en arrière, des allers-retours d'une étape à une autre, sont courants.

Le choix de CLÉO

Naturellement, tous les élèves ne franchissent pas ces étapes au même moment, c'est pourquoi nous soulignons, dans C.L.É.O., la nécessité de laisser à chacun le temps de s'approprier les notions et les procédures. En multipliant les rencontres avec le savoir, en continuant à manipuler et à s'entrainer pour conforter le sentiment de réussite et de maitrise, on assure un meilleur ancrage des connaissances et des compétences.

Du côté de l'enseignant

On peut distinguer quatre gestes professionnels déterminants en classe de grammaire[12].

1 Définition du « jeu »[13]

L'enseignant choisit et présente une tâche aux élèves. Il la met en perspective, notamment en la reliant à d'autres tâches déjà expérimentées, et en rappelant des savoirs et savoir-faire déjà acquis. Son rôle est de mettre « le pied à l'étrier », d'enrôler les élèves dans la tâche au moyen de consignes de travail claires et stimulantes, tout en garantissant une atmosphère de classe et des conditions matérielles propices aux apprentissages.

2 Dévolution

L'enseignant met tout en œuvre pour faciliter l'appropriation par les élèves de la tâche grammaticale d'investigation ou de manipulation : par exemple, il fournit des explicitations supplémentaires, recentre l'attention sur les éléments essentiels de la tâche, maintient la motivation et s'assure que les élèves restent centrés sur la tâche.

3 Régulation

L'enseignant a un rôle décisif d'étayage individuel et collectif de la démarche d'apprentissage : reformulations, synthèses, focalisations, approfondissement, mise en évidence de caractéristiques pour faciliter l'action des élèves, réduction ponctuelle de la difficulté de la tâche, rectifications...

4 Institutionnalisation

L'enseignant fournit une rétroaction (*feedback*) sur l'apprentissage en cours, en validant la réussite ; il facilite l'interprétation des résultats et organise un ou plusieurs moments d'institutionnalisation du savoir ou du savoir-faire grammatical, qui prend alors une forme écrite stabilisée (au moins pour un certain temps) sous forme de synthèse, de trace écrite (affiche, cahier de leçon, aide-mémoire) et souvent de leçon à apprendre.

Avec C.L.É.O., la classe de grammaire s'inscrit dans la perspective d'un apprentissage en trois volets : « jeu, norme, analyse ». Il n'existe pas de grammaire sans règles, pas de grammaire sans jeux de langage. Et les jeux de langage ne sont rendus possibles que par l'existence de contraintes, de règles. Ces deux conditions sont un préalable à toute analyse de la phrase. La « phase jeu » est une condition pour parvenir à l'analyse du langage : jouer avec la langue permet de faire bouger ce qui la constitue et de mieux en appréhender sa mécanique, de mieux saisir la grammaticalité de sa langue... et, qui plus est, de manière motivante pour les élèves !

Finalement, faire construire un savoir grammatical, n'est-ce pas avant tout donner aux élèves les outils pour effectuer une analyse de leur pratique de leur langue... pour mieux écrire, mieux parler, mieux penser ?

---

12 Inspirés des catégories de Gérard Sensevy, voir *Agir ensemble, l'action didactique du professeur et des élèves*, Presses Universitaires de Rennes, 2007.

13 C'est un « jeu de savoir », un « jeu didactique » où il s'agit de se « prendre au jeu » afin de produire une stratégie de résolution de la tâche gagnante ; ici le cognitif est étroitement lié à l'affectif. (Lire à ce propos : *Agir ensemble, l'action didactique conjointe du professeur et des élèves*, de G. Sensevy, Presses Universitaires de Rennes, 2007.) Il s'agit donc d'une définition de la tâche qui reprend les aspects d'enjeu et de jeu (selon Brousseau) et qui conduit à « faire gagner » des apprentissages.

2 Organisation générale

Le dispositif C.L.É.O. CE2 comprend :

- un fichier et un aide-mémoire pour l'élève ;
- une version numérique du fichier (vidéoprojetable), qui comprend les corrigés ;
- ce guide pédagogique (accompagné d'un CD-Rom) pour l'enseignant ;
- un site compagnon présentant un grand nombre de ressources (www.cleofrancais.fr).

En complément, vous pourrez également être intéressés par :

- *Mon répertoire orthographique pour écrire – Cycle 2* (dans la collection C.L.É.O.) ;
- le blog de l'auteur (http://blogs.editions-retz.com/antoine-fetet/).

Le fichier de l'élève

Il est organisé en quatre domaines :

- **Compréhension** (informations implicites, connecteurs temporels et temps verbaux, chronologie du récit, substituts du nom, intentions et sentiments des personnages, etc.).
- **Lexique** (ordre alphabétique, utilisation du dictionnaire, familles de mots, affixes, polysémie, etc.).
- **Étude de la langue** (organisation de la phrase, classes et fonctions grammaticales, étude du système verbal, etc.).
- **Orthographe** (correspondances graphophonologiques, valeur positionnelle des lettres, consonnes muettes, genre et nombre dans le groupe nominal, accord sujet-verbe, terminaisons verbales, etc.).

Les quatre domaines sont aisément repérables grâce au bandeau en haut de page :

orange pour la compréhension **rose pour le lexique**

bleu pour l'étude de la langue **vert pour l'orthographe**

Chaque domaine est constitué de **séquences d'apprentissage**, le plus souvent présentées sur une double page.

Une séquence comporte généralement :

- une activité « *Pour commencer* », entrée en matière dans la nouvelle notion, version collective à vidéoprojeter ou dans certains cas version individuelle à imprimer et à distribuer (disponible sur le CD-Rom ou en ligne) ;
- les activités « *Pour s'entraîner* », présentées sur le fichier (elles partagent la même consigne, la même structure et sont de complexité équivalente) ;
- une activité « *Pour aller plus loin* », prévue pour les élèves les plus habiles, à imprimer et à photocopier, disponible sur le CD-Rom.

L'aide-mémoire

Il rassemble les connaissances et compétences essentielles de l'année de CE2. Destiné à l'apprentissage et à la mémorisation des leçons à la maison, il est également l'outil de référence toujours disponible quand l'élève a besoin de vérifier, en classe, un savoir, une notion ou une procédure. Il est personnalisable.

Les séquences d'apprentissage

Ce guide pédagogique, outre une **présentation générale** de la démarche de C.L.É.O. (choix didactiques, organisation des apprentissages, etc.), propose une **description détaillée de toutes les séquences** (objectifs, déroulement, compléments pour l'enseignant), ainsi que de nombreuses **activités supplémentaires** pour prolonger les entrainements en cas de besoin, présentes également sur le CD.

Activités « Pour commencer » →

En ouverture de chaque séquence, ces activités sont conçues comme des situations-problèmes, déclenchant chez l'élève un questionnement, un intérêt pour la notion à étudier. Elles sont conduites au sein de moments de travail collectif, individuel ou en groupe. Une description détaillée de la mise en œuvre de ces séances est proposée dans ce guide pédagogique. L'entrée dans la notion permet naturellement une première découverte, mais constitue également une préparation aux activités « Pour s'entrainer » : quelles procédures seront à mettre en œuvre, sur quels points l'attention devra-t-elle porter, quelles seront les difficultés à surmonter ou les obstacles à franchir ? Il ne s'agit pas ici de présenter des savoirs trop tôt ou trop vite et d'en exiger l'acquisition instantanée : C.L.É.O. promeut une vision plus réaliste des processus d'apprentissage.
L'élève doit être conscient qu'apprendre n'est ni forcément facile, ni forcément rapide, mais qu'un entrainement méthodique et régulier, une appropriation patiente des procédures sont nécessaires à une véritable acquisition des compétences. Le principe des entrainements réitérés donne le temps à tous les élèves de progresser et de maitriser peu à peu les difficultés rencontrées.

Activités « Pour s'entrainer »

Les activités « Pour s'entrainer », qui font l'objet des séances suivantes, constituent le cœur de l'apprentissage. Elles s'appuient sur la manipulation concrète des notions étudiées, et non sur la présentation *à priori* des savoirs. D'un format stable (une consigne commune, une complexité comparable sur l'ensemble d'une série), elles donnent le temps aux élèves de se saisir de la notion en cours d'apprentissage et de progresser, chacun à son rythme.
À l'issue d'une phase de travail individuel écrit, un temps de mise en commun et de correction est organisé. Il permet d'expliciter les procédures, de rectifier les erreurs, de verbaliser les savoirs en cours d'appropriation, de dégager peu à peu les caractéristiques essentielles d'un savoir ou d'un savoir-faire.

Plutôt que de proposer la correction intégrale de l'activité, il est souvent préférable de travailler en profondeur sur une partie seulement de l'activité d'entrainement. Ainsi, la correction ne se focalise pas uniquement sur le résultat de l'activité (autrement dit les « bonnes réponses »), mais elle s'intéresse en priorité aux procédures, au rappel des savoirs, à l'élaboration et à la verbalisation de règles stabilisées. Après un nombre variable de séances d'entrainement de ce type, quand tous les élèves sont parvenus à une performance convenable dans la tâche proposée, il est alors temps de procéder à l'institutionnalisation de la notion en cours d'apprentissage : présentation et explicitation de la leçon de l'aide-mémoire, suivie de son apprentissage à la maison.

Activités « *Pour aller plus loin* »

Ces activités sont destinées en priorité aux élèves les plus rapides et les plus avancés : elles leur permettent de travailler sur les mêmes notions mais sous un angle différent, généralement plus complexe, ou encore d'aborder une notion nouvelle en lien avec celle qui est étudiée. Elles constituent donc un moyen efficace de gérer l'hétérogénéité dans la classe. Notez que ces activités ne font généralement pas l'objet de séances à part entière, puisqu'elles ne concernent pas l'ensemble des élèves.
Pour une présentation plus détaillée, voir p. 36.

Autres activités

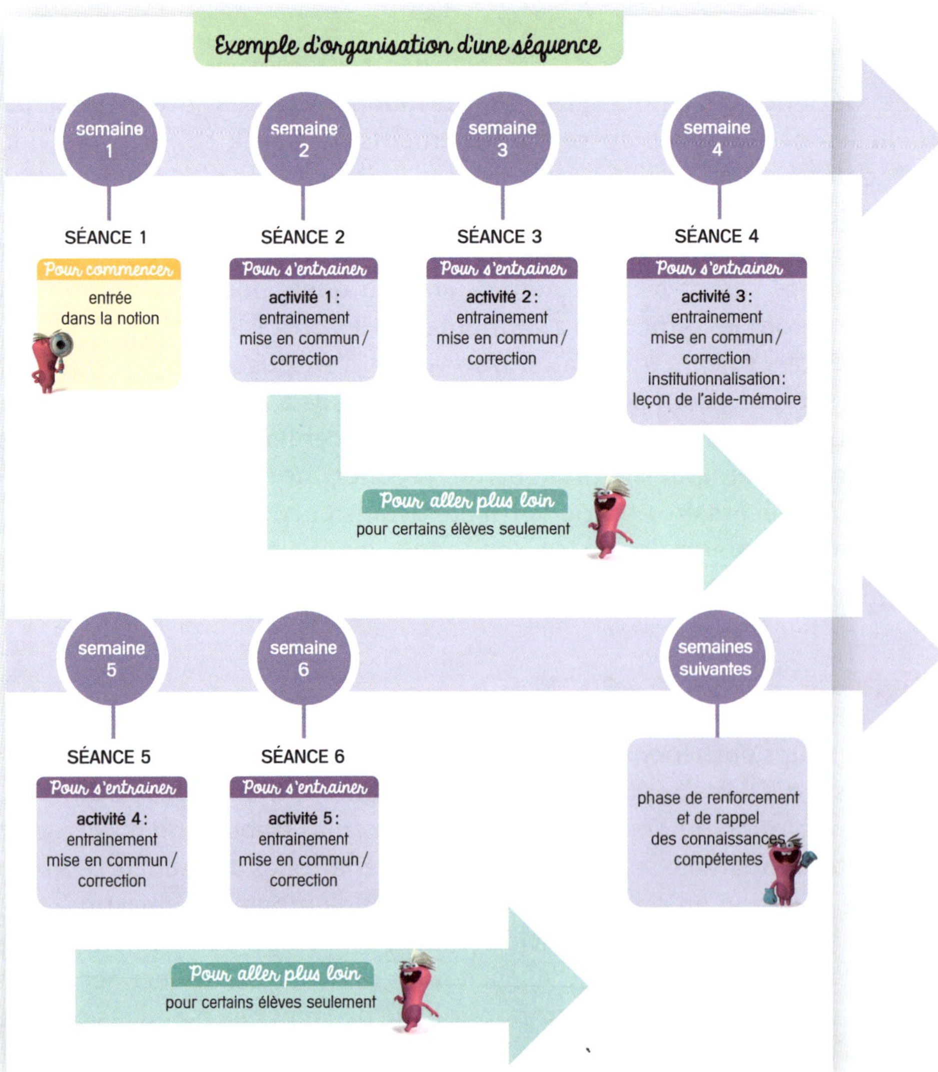

Les activités « 5 minutes chrono », les activités de copie et de dictée peuvent venir renforcer les séances précédentes afin de favoriser l'appropriation à long terme des connaissances et des compétences. Ces activités « périphériques » sont généralement proposées à distance de la séquence d'apprentissage proprement dite.
Pour une présentation plus détaillée des « 5 minutes chrono », et des activités de copie et de dictée, voir p. 26.

Le site compagnon et le CD-Rom

Le site compagnon www.cleofrancais.fr

Les utilisateurs de C.L.É.O. CE2 trouveront sur ce site toutes les ressources disponibles.
Ainsi, dans la partie « Ressources numériques » (CE2) du site sont proposés :
- du matériel complémentaire pour les séquences d'apprentissage (notamment le matériel nécessaire aux séances « *Pour commencer* ») ;
- des affichages référents ;
- des étiquettes de conjugaison ;
- une grille vierge pour la programmation des activités ;
- le scoromatic pour l'évaluation et des graphiques pour le suivi de la progression ;
- un outil spécifique pour planifier sa programmation à l'aide un agenda organiseur (voir p. 24 pour plus de détails).
- quelques activités supplémentaires.

N.B. : Il existe par ailleurs des ressources pour le CE1 qui pourraient être utiles aux utilisateurs du CE2.

Le CD-Rom qui accompagne ce guide

Il propose :
- Tous les éléments disponibles sur le site compagnon : affichages, étiquettes de conjugaison, matériel pour les activités « Pour commencer », grille vierge, scoromatic pour l'évaluation et graphiques pour le suivi de la progression (sauf l'outil de planification de la programmation) ;
- De nombreuses activités d'entrainement supplémentaires ;
- Les activités « *Pour aller plus loin* » ;
- Des activités d'écriture.

N.B. : Pour une présentation plus détaillée de ce CD-Rom, voir p. 190.

3 Programmation et planification des activités

Vous trouverez, ci-contre, une proposition de programmation pour les deux premières semaines de l'année et, dans le CD-Rom (ainsi que sur le site compagnon : www.cleofrancais.fr), une grille vierge à imprimer vous permettant de constituer votre propre programmation. ➡

La programmation annuelle des séquences, proposée pp. 6-7 du manuel, permet de répartir l'ensemble des séquences de manière équilibrée.

Elle n'est bien sûr qu'indicative et devra être adaptée à la réalité de votre classe.

Organisation

Comment organiser le travail des élèves ?

En moyenne, les élèves ont trois moments de travail quotidiens avec C.L.É.O., de nature et de durée diverses :

- 1 activité « 5 minutes chrono » : activité ritualisée comparable à une séance de calcul mental, mais dans le domaine de l'étude de la langue. Comme son nom l'indique, elle ne doit pas durer plus de 5 minutes ;
- 1 activité « Pour commencer » : séance d'entrée en matière dans une nouvelle notion (suivie parfois, dans la foulée, de la 1re activité « Pour s'entrainer » d'une séquence), environ 30 à 40 minutes ;
- 1 activité « Pour s'entrainer » choisie dans un domaine différent de la précédente, sur une notion en cours d'apprentissage : de 15 à 30 minutes selon les cas.

Au total, les activités avec C.L.É.O. occupent donc en moyenne 50 minutes chaque jour, soit environ 4h par semaine.

Tout a été mis en œuvre dans cette nouvelle version de C.L.É.O. pour rééquilibrer le temps consacré à l'étude de la langue au profit des activités de lecture, d'oral et d'écriture.

Quand vous programmez l'étude d'un nouveau chapitre, commencez par déterminer le nombre de séances que vous pensez utiles d'y consacrer, puis indiquez sur votre planning les jours où vous travaillerez sur cette notion. Prévoyez également, le cas échéant, des activités « 5 minutes chrono » (voir p. 26) en rapport avec l'objet d'étude dans les semaines et les mois suivants.

À quel moment de l'emploi du temps prévoir les séances avec C.L.É.O. ?

Du fait des contraintes pesant sur votre emploi du temps (classe à cours multiples, intervenants divers, travail à temps partiel, etc.), il n'y a pas de réponse unique à cette question. Cependant, il semble préférable de prévoir une ou plusieurs plages quotidiennes régulières :

- Les élèves apprécient une certaine dose de régularité dans le déroulement de la journée, qui leur apporte un sentiment de sécurité, favorable aux apprentissages.
- La régularité apporte rapidement une réduction sensible des temps improductifs : temps de préparation du matériel, temps de passation de consignes, temps de mise au travail, temps de correction collective...
- La régularité des entrainements assure enfin une meilleure efficacité des apprentissages.

Exemple de programmation des activités

En moyenne, prévoir 3 moments de travail par jour, à répartir sur la journée : 1 séance « Pour commencer », 1 activité « Pour s'entrainer » (ou : 2 activités « Pour s'entrainer ») et une activité quotidienne « 5 minutes chrono » sur ardoise pour un rebrassage et un renforcement des compétences en cours d'appropriation.

		5 minutes chrono	Compréhension	Lexique	Étude de la langue	Orthographe
Semaine 1	Lundi	Copie de mots *Apprendre à mémoriser la suite des syllabes*	Je comprends ce qui est « caché » dans un texte *Séance « Pour commencer » p. 8*			Je maitrise le singulier et le pluriel des noms *Séance « Pour commencer » p. 104*
	Mardi	Savoir découper en syllabes *Cas simples : é/lé/phant*		J'explore des familles de mots (1) *Séance « Pour commencer » p. 36*		J'utilise *et, ou* *Séance « Pour commencer » p. 106*
	Mercredi	Dictée de mots *s/ss*	Je comprends ce qui est « caché » dans un texte *Séance 1 « Pour s'entrainer » n° 1 p. 8*		Je maitrise les phrases affirmatives et négatives *Séance « Pour commencer » p. 54*	
	Jeudi	Ranger dans l'ordre alphabétique *Prise en compte de l'initiale*		J'explore des familles de mots (1) *Séance 1 « Pour s'entrainer » n° 1 p. 36*	Je conjugue les verbes au présent (1) *Séance « Pour commencer » p. 56*	
	Vendredi	Dictée de mots *s/ss*			Je maitrise les phrases affirmatives et négatives *Séance 1 « Pour s'entrainer » n° 1 p. 54*	Je maitrise le singulier et le pluriel des noms *Séance 1 « Pour s'entrainer » n° 1 p. 104*
Semaine 2	Lundi	Savoir découper en syllabes *Consonnes doubles : ca/chet/te*	Je comprends ce qui est « caché » dans un texte *Séance 2 « Pour s'entrainer » n° 2 p. 8*		Je conjugue les verbes au présent (1) *Séance 1 « Pour s'entrainer » n° 1 p. 56*	
	Mardi	Dictée de mots *s/ss*		Je fais attention aux lettres muettes *Séance « Pour commencer » p. 39*		Je maitrise le singulier et le pluriel des noms *Séance 2 « Pour s'entrainer » n° 2 p. 104*
	Mercredi	Dictée de mots *GN au singulier, au pluriel*			Je maitrise les phrases affirmatives et négatives *Séance 2 « Pour s'entrainer » n° 2 p. 54*	J'utilise *à, là, où* *Séance 1 « Pour s'entrainer » n° 1 p. 106*
	Jeudi	Savoir découper en syllabes *2 consonnes qui se suivent : fac/teur*		Je fais attention aux lettres muettes *Séance « Pour s'entrainer » n° 1 p. 39*		J'utilise *et, ou* *Séance « Pour commencer » p. 108*
	Vendredi	Dictée de mots *Mots se terminant par -a*			Je conjugue les verbes au présent (1) *Séance 2 « Pour s'entrainer » n°2 p. 56*	Je maitrise le singulier et le pluriel des noms *Séance 3 « Pour s'entrainer » n° 3 p. 104*

Utilisation d'un logiciel organiseur pour établir votre programmation C.L.É.O. CE2

Vous trouverez en ligne (www.cleofrancais.fr) un fichier .ics (pour Microsoft Outlook sur PC, Mozilla Sunbird ou Lightning sur PC/Linux/Mac, Ical sur Mac) permettant d'organiser votre programmation par mois ou par période.
Un tutoriel explique précisément la prise en main et le fonctionnement d'un tel logiciel qui facilite grandement le suivi des différents chapitres en cours d'étude.

Progression

Que faire si une séquence d'entrainement pose problème à une majorité de vos élèves ?

Il faut déterminer la raison principale des difficultés rencontrées :

- ***S'agit-il du premier entrainement d'une série ?***

Ce cas de figure n'est pas inhabituel avec C.L.É.O. : les situations proposées, les étapes et les tâches qui conduisent à la réussite ne sont pas toujours évidentes d'emblée. Il faut donc rassurer les élèves, leur rappeler que maitriser cette compétence prendra du temps et qu'ils auront le temps de progresser.

- ***La progression de la performance, après quelques entrainements, n'évolue pas comme prévu ?***

Face à un déficit de réussite persistant, plusieurs stratégies pédagogiques sont envisageables. Vous choisirez celle(s) qui vous semble(nt) convenir le mieux :

1 Traiter collectivement l'activité qui sera ensuite effectuée individuellement : on insiste plus à cette occasion sur les procédures à utiliser et sur leur explicitation, que sur les « bonnes réponses » sur lesquelles les élèves ont tendance à se focaliser quand ils sont en difficulté face à une tâche.

2 Passer plus de temps à la correction collective de l'activité : adaptez les modalités de correction au degré de réussite. Si une activité réussie par une immense majorité d'élèves ne nécessite pas forcément une correction collective, dans la situation inverse il faut prendre du temps notamment pour expliquer et démonter les causes d'erreurs ou d'échecs, les procédures erronées ou les étapes du travail omises.

3 Interrompre provisoirement la série d'entrainements et traiter une difficulté spécifique repérée. La série sera reprise un peu plus tard.

En conclusion, c'est votre bon sens et votre expertise pédagogique qui vous aideront à prendre les bonnes décisions. Une seule stratégie est à proscrire, celle qui consisterait à ignorer l'obstacle et à continuer son programme de travail sans prendre en compte la réalité des difficultés rencontrées.

Que faire si tous les élèves ou presque ont un taux de réussite très élevé avant la fin de la série d'entrainements ?

On pense souvent que, dans ces conditions, continuer l'entrainement est inutile. En réalité, il faut savoir que :

- l'automatisation d'une compétence a de meilleures chances de survenir si l'entrainement continue, même après avoir atteint un palier de performances qui semble maximum (songez au musicien virtuose qui continue à faire des gammes…) ;
- les élèves trouvent très souvent du plaisir à exercer une compétence nouvellement acquise, la poursuite de la série constituant une récompense de leurs efforts ;
- l'apparente absence de difficultés permet aux élèves d'augmenter leur vitesse d'exécution, et, d'une manière générale, leur agilité à utiliser la langue ;
- chez un élève fragile, la réussite répétée d'une tâche renforce l'estime de soi, la confiance en ses propres capacités, et l'attitude positive vis-à-vis du travail scolaire ;
- une réussite quasi générale ne doit pas masquer le fait que, chez certains élèves, la compétence est encore très fragile. Pour eux, la poursuite de l'entrainement est déterminante, car s'il est interrompu trop tôt, le savoir-faire qui semblait acquis a de fortes chances de disparaitre ;
- pour mémoire, les activités « *Pour aller plus loin* » sont précisément conçues pour prendre en compte les différences de rythme entre les élèves (pour plus de précisions, voir p. 36).

4 Les « 5 minutes chrono »

À la façon du calcul mental ou réfléchi, les « 5 minutes chrono » sont de courtes activités quotidiennes, dynamiques et rythmées, réalisées le plus souvent sur ardoise de manière à permettre une correction immédiate.
Il y a tout intérêt à ritualiser ce moment de classe : placé toujours au même moment de la journée (en début de matinée, par exemple), les élèves prennent l'habitude d'être opérationnels en quelques secondes.

> *Programmes du cycle 2*
>
> Deux éléments sont particulièrement importants pour permettre aux élèves de progresser : la répétition, la régularité, voire la ritualisation d'activités langagières d'une part, la clarification des objets d'apprentissage et des enjeux cognitifs des tâches afin qu'ils se représentent ce qui est attendu d'eux d'autre part. La mémoire a besoin d'être entretenue pour que les acquis constatés étape par étape se stabilisent dans le temps. Des activités ritualisées fixent et accroissent les capacités de raisonnement sur des énoncés et l'application de procédures qui s'automatisent progressivement.

Ces cinq minutes quotidiennes seront consacrées, tour à tour, à des questions d'orthographe, de réflexion grammaticale, d'exploration lexicale.
Vous trouverez ci-après de très nombreuses séries de mots (les listes sont également dupliquées dans le CD-Rom pour utilisation plus aisée en classe).
Certaines listes comportent beaucoup de mots, dans la partie orthographe notamment : il n'est pas nécessaire de les dicter tous, on ne dépasse généralement pas une dizaine de mots. Utilisez la suite de la liste si vous considérez que votre classe a besoin d'entrainement complémentaire, plus tard dans l'année.
Avant de dicter chaque mot, utilisez-le, ou faites-le mettre en contexte par les élèves, de manière à élucider le sens des mots peu courants.
Les noms sont toujours dictés avec un article, et les verbes conjugués avec un pronom sujet. Certains mots sont peu courants, ou même inconnus des élèves : expliquez leur signification avant de les utiliser en contexte. Il est intéressant de faire progressivement comprendre aux élèves qu'on peut orthographier un mot régulier, même inconnu.
Certaines séries en orthographe donnent l'occasion de s'intéresser à des graphèmes normalement acquis en fin de cycle 2 (tels *gn*, les distinctions *ch/j*, *ar/ra*, *ir/ri*, *oi/ou/on*, etc.) mais dont l'apprentissage mérite souvent un renforcement.

Orthographe

On distingue trois types d'activités.

- **Séries analogiques :** 5 à 10 mots dictés
  Analogiques, car on s'appuie sur des caractéristiques communes pour les orthographier. Il n'y a pas de pièges dans les séries proposées, il s'agit de s'approprier les régularités plutôt que de mettre en exergue des exceptions ou des séries disparates.

  Exemple : montagne, ligne, campagne, cigogne, vigne, consigne, compagne, poigne.

- **Dictée de mots invariables** (*cf.* aide-mémoire, 24 séries de mots invariables, leçons n°s 37 à 39) : une ou deux séries sont données à apprendre à la maison (en moyenne une dizaine de mots). Le lendemain, on dicte ces séries. La rapidité d'écriture est sollicitée de la part des élèves : il ne s'agit plus de réfléchir aux rapports graphophonologiques mis en œuvre, mais de restituer l'orthographe de ces mots de manière automatisée, sure et rapide.

  Exemple : tôt, bientôt, aussitôt, plutôt, tantôt.

- **Copie ou dictée de mots ayant une caractéristique commune** (finale identique, par exemple) : on sélectionne les mots dont l'orthographe est conforme aux régularités graphophonologiques (par exemple la série : *facteur, docteur, directeur, aspirateur,* etc.). On évite les mots irréguliers ou présentant une difficulté particulière (tels *qu'ascenseur, beurre, hamburger*) que les élèves ne peuvent pas orthographier en utilisant leur connaissance des rapports graphophonologiques réguliers.

Segmentation en syllabes

après un son voyelle (cas simple)		entre deux consonnes différentes		entre deux consonnes identiques	
télévision	éléphant	journal	facteur	ballon	fourchette
bonjour	chemin	moustachu	merci	poubelle	pomme
danseur	domino	mardi	garçon	classe	repousser
général	président	plastique	poste	galipette	caresse
animal	flocon	couverture	cartouche	terre	ville
caméra		écarter	élastique	gomme	flamme
		veste	aspirateur	noisette	

Segmentation en syllabes et accentuation

ajout d'un accent aigu si le *e* est en fin de syllabe			ajout d'un accent grave si le *e* est en fin de syllabe		
trésor	étoile	tennis	père	cuillère	soupière
réveil	numéro	lézard	terre	lèvre	règle
serpent	satellite	caméléon	verre	antenne	sucette
perroquet	réfrigérateur	étincelle	frère	planète	barrière
supermarché	océan	médecin	ficelle	rivière	manège
			sorcière	herbe	couvercle
			pierre	perle	ferme

accent grave ou aigu (formes conjuguées d'un verbe)	alternance consonne simple ou double
répéter : nous répétons – elle répète – vous répétez **préférer :** nous préférons – je préfère – vous préférez – elles préfèrent **protéger :** je protège – vous protégez – tu protèges **libérer :** nous libérons – je libère – elles libèrent – vous libérez	**venir :** ils viennent – nous venons – vous venez **tenir :** nous tenons – elles tiennent – vous tenez **appeler :** j'appelle – nous appelons – elle appelle – elles appellent – vous appelez **jeter :** je jette – tu jettes – nous jetons – vous jetez **regretter :** je regrette – nous regrettons – elles regrettent **presser :** nous pressons – vous pressez – ils pressent **caresser :** tu caresses – vous caressez – nous caressons **prendre :** nous prenons – ils prennent – vous prenez **comprendre :** ils comprennent – nous comprenons – vous comprenez **progresser :** je progresse – vous progressez – nous progressons

Rapports graphophonologiques réguliers							
distinction *s/ss*		**distinction *ch/j***		**distinction *ar/ra, ir/ri…***		**distinction *g/gu***	
cuisse	cuisine	judo	mouche	mur	tour	grenouille	magasin
maison	poisson	cheval	journal	tortue	corbeau	guirlande	bague
poison	trousse	branche	chouette	trésor	tartine	tigre	fatigue
prison	ardoise	journaliste	jambon	trousse	cartable	guidon	guitare
brosse	rose	chemin	roche	tracteur	crocodile	dragon	virgule
coussin	chemise	jardin	moustache	dragon	barbe	gronder	légume
trésor	valise	juste	bonjour	fourmi	carte	figure	langue
chasseur	tasse	jupe	cheminée	porte	carton	algue	marguerite
rasoir	mousse	jalousie	joujou	larme		pirogue	vague
lessive		dimanche	jongleur			guenon	

Rapports graphophonologiques réguliers							
distinction *ph/ch*		**distinction *gn/gu***		**distinction *oi/oin/ion***		**distinction *c/qu***	
bucheron	phare	langue	montagne	avion	ardoise	clinique	claque
orphelin	cheminée	guitare	poignée	pointe	soustraction	chaque	chacun
pharmacie	phoque	guidon	signature	poisson	lion	chacune	Afrique
chercher	photographe	marguerite	ligue	coin	poison	Africaine	Africain
moustache	téléphone	ligne	mignon	action	camion	Amérique	Américaine
apostrophe	géographie	ignorer	clignoter	loin	témoin	Américain	casque
chuchoter	champignon	gagner	lasagnes	situation	explication	Mexique	Mexicaine
						Turquie	Turc
						Turque	

distinction *c/ç*		**distinction *g/ge***		**distinction *oi/ou/on***	
maçon	cirque	genou	fromage	biberon	bouche
cible	limace	dirigeable	plongeon	poire	bouton
leçon	bracelet	bourgeon	orangeade	poisson	confiture
lacet	glaçon	orange	village	étoile	avion
garçon	grimace	magique	dirigeant	cochon	carton
ficelle		orage	pigeon	potiron	armoire
		girafe		couloir	mouchoir
				mémoire	tournoi

Segmentations problématiques					
« *n* » initial ou liaison ?		**apostrophe ou non ?**		***m’, t’, s’***	
un avion	un abricot	l’ami	la mie (de pain)	il m’écoute	il mélange
un navire	un arc	l’amour	la mouette	il t’adore	il tapote
un nuage	un nounours	l’armoire	la radio	il s’admire	il salive
un ours	un nombre	l’adresse	la dragée	il m’embrasse	il ment
un ananas	une abeille	l’abeille	la mouche	il t’embête	il tend
une omelette	un homme	l’article	l’avenir	il m’oublie	il mouille
une idée	un nid	la veste	l’Afrique	il t’ouvre (la porte)	
un hiver		la France	l’Amérique	il tourne	il m’observe
		la Martinique		il modifie	

Séries analogiques régulières

mots en *-oin*

loin	coin
besoin	soin
foin	recoin
groin	témoin

noms en *-gne*

montagne	ligne
campagne	cigogne
vigne	consigne
compagne	poigne

noms et adjectifs contenant *-gn-*

espagnol	compagnon
champignon	signal
agneau	mignon
grognon	rossignol
gagnant	

noms féminins en *-eur*

fleur	peur
couleur	odeur
chaleur	vapeur
douleur	longueur
sueur	profondeur
rousseur	grandeur
grosseur	

noms en *-aine*

semaine	capitaine
graine	dizaine
fontaine	centaine
plaine	laine
douzaine	quinzaine
cinquantaine	domaine
trentaine	vingtaine
quarantaine	

+ noms et adjectifs en *-ain* au féminin

noms féminins en *-té*

majesté	liberté
vérité	beauté
curiosité	santé
réalité	obscurité
sécurité	quantité
électricité	volonté
qualité	méchanceté
saleté	propriété
publicité	générosité
clarté	pauvreté
rapidité	timidité
activité	éternité
possibilité	particularité
propreté	université
actualité	fragilité
nouveauté	solidarité

noms masculins en *-eur*

voleur	docteur
chasseur	tracteur
joueur	voyageur
moteur	directeur
conducteur	instituteur
spectateur	visiteur
cultivateur	ordinateur
sculpteur	danseur
farceur	moqueur
inspecteur	rongeur
acheteur	chanteur
laboureur	tailleur
coureur	dormeur
explorateur	grimpeur
promeneur	rieur
admirateur	aspirateur

noms et adjectifs en *-in*

malin	chagrin
coquin	enfantin
matin	fin
afin	jardin
chemin	lapin
voisin	vin
cousin	gamin
moulin	lutin
marin	sapin
dessin	magasin
patin	poussin
pin	coussin
bassin	festin
juin	brin
ravin	

noms féminins en *-ette*

chouette	baguette
noisette	miette
chaussette	étiquette
trompette	galette
mouette	cachette
boulette	omelette
clochette	devinette
banquette	squelette
violette	manette
poulette	barbichette
crevette	moquette
pirouette	pochette
tablette	

mots en *-ain*

main	train
demain	pain
vilain	grain
bain	copain
nain	lointain
américain	poulain
écrivain	romain
africain	soudain
prochain	

noms masculins en *-té*

été	invité
agité	révolté
député	

Séries analogiques régulières (suite)

noms masculins en *-et*

paquet	objet
jouet	poulet
filet	bouquet
complet	chalet
piquet	crochet
galet	reflet
regret	cornet
parquet	valet
alphabet	juillet
volet	poignet
bosquet	carnet
déchet	gobelet
guichet	lacet
mulet	robinet
fouet	jardinet
livret	sachet
bleuet	chevalet
cochonnet	tabouret

noms masculins en *-eau*

oiseau	nouveau
bateau	chameau
peau	chapeau
cadeau	couteau
corbeau	seau
bureau	poireau
troupeau	museau
manteau	rideau
radeau	tableau
drapeau	agneau
veau	chevreau
renardeau	moineau
roseau	rouleau
plateau	poteau
bouleau	fourneau
niveau	cerveau
escabeau	jumeau

noms féminins en *-ouille*

nouille	rouille
grenouille	citrouille
chatouille	rouille
fripouille	gargouille
trouille	nouille

adjectifs en *-able*

capable	épouvantable
incroyable	véritable
agréable	désagréable
formidable	admirable
confortable	responsable
interminable	abominable
adorable	inimaginable
redoutable	respectable
inévitable	inexplicable
inoubliable	inséparable
valable	acceptable

noms féminins en *-eille*

groseille	oreille
bouteille	vieille
abeille	merveille
corbeille	corneille
groseille	oseille

verbes en *-ouiller*

fouiller	mouiller
chatouiller	débrouiller
agenouiller	rouiller
bredouiller	dépouiller
barbouiller	débarbouiller
brouiller	écrabouiller
farfouiller	gribouiller

verbes en *-eiller*

conseiller	réveiller
surveiller	émerveiller

noms féminins en *-aille*

taille	paille
bataille	muraille
écaille	canaille
médaille	volaille
faille	pagaille
trouvaille	

noms contenant *-ill-*

feuillu	caillou
papillon	grillon
billet	tilleul
tourbillon	cuillère
filleul	paillasson
pavillon	travailleur
bouillon	oisillon

Mots contenant *-y-*

voyage	crayon
rayon	tuyau
payer	voyou
royaume	rayure
joyeux	noyau
voyageur	voyelle
incroyable	tutoyer
aboyer	vouvoyer
royal	noyer
balayer	voyant

noms masculins en *-ailler*

travailler	tailler
brailler	chamailler
dérailler	détailler

verbes en *-gner*

gagner	éloigner
soigner	cogner
grogner	ignorer
cligner	baigner
aligner	saigner
signer	témoigner
souligner	

Séries analogiques régulières (suite)

noms et adjectifs en *-age*

nuage	visage
fromage	voyage
sage	cage
plage	passage
courage	page
message	équipage
mariage	étage
langage	paysage
orage	grillage
ménage	feuillage
garage	bagage
cirage	coquillage
virage	voisinage
branchage	partage

noms en *-ard*

renard	canard
regard	retard
placard	brouillard
foulard	léopard
bavard	boulevard
pétard	poignard
motard	pleurnichard
trouillard	vantard

noms masculins en *-el*

miel
caramel
matériel
colonel
criminel
manuel

adjectifs en *-ant*

méchant	brillant
amusant	charmant
inquiétant	bouillant
élégant	dormant
méfiant	rassurant
éblouissant	obéissant
important	puissant
vivant	

noms en *-tion*

question	direction
situation	condition
conversation	explication
potion	admiration
solution	proposition
invention	opération
récréation	construction
action	respiration
station	expédition
satisfaction	exclamation
perfection	position
circulation	éducation
réaction	distribution
imagination	préparation

noms féminins en *-elle*

échelle	demoiselle
selle	bretelle
pelle	poubelle
semelle	tourterelle
maternelle	manivelle
passerelle	ruelle
marelle	mirabelle
ombrelle	rondelle
voyelle	femelle
nouvelle	

noms en *-ant*

enfant	géant
éléphant	passant
savant	diamant
tournant	gant
étudiant	clignotant
croissant	carburant
couchant	gagnant

adjectifs en *-el, -elle*

cruel	naturel
actuel	culturel
usuel	criminel
éternel	manuel
maternel	matériel
mortel	naturel
paternel	

noms en *-esse*

vitesse	promesse
adresse	caresse
richesse	tristesse
fesse	sécheresse
politesse	gentillesse
souplesse	tresse

noms en *-erre*

terre	pierre
verre	guerre
lierre	

noms en *-erie*

galerie	ménagerie
sucrerie	boucherie
moquerie	étourderie
fromagerie	bijouterie
boulangerie	confiserie
garderie	infirmerie
loterie	porcherie

Séries analogiques régulières (suite)					
adjectifs en *-eux, -euse*		**noms en *-ier***		**noms en *-ique***	
curieux	furieux	**plantes :**		musique	boutique
joyeux	nombreux	bananier	noisetier	moustique	plastique
dangereux	fameux	pommier	rosier	fabrique	brique
courageux	lumineux	palmier	poirier	élastique	république
monstrueux	juteux	prunier		bique	clinique
savoureux	fabuleux	**autres :**		critique	
soigneux	venimeux	pétrolier	panier		
caillouteux	chaleureux	papier	escalier		
fiévreux		grenier	métier		
		sanglier	soulier		
		saladier	atelier		
		fumier	bouclier		
		dossier	tablier		
		évier	février		
		olivier	palier		
		voilier	bélier		
adjectifs en *-ier, -ière*		**adjectifs en *-ique***		**noms, adjectifs et pronoms en *-ien***	
dernier	particulier	magique	électrique	indien	musicien
grossier	entier	chimique	comique	canadien	italien
familier	forestier	téléphonique	énergique	le mien	le sien
fruitier	premier	politique	atlantique	le tien	bien
régulier	singulier	caractéristique	classique	électricien	chirurgien
		élastique	logique	lien	soutien
		plastique	pratique	musicien	rien
		exotique		parisien	
noms en *-ier, -ière*		**noms en *-ot***			
routier	pompier	mot	pot		
ouvrier	cavalier	idiot	robot		
fermier	chevalier	sabot	escargot		
cuisinier	charcutier	matelot	grelot		
écolier	couturier	coquelicot	tricot		
infirmier	banquier	cachot	chiot		
		cachalot	canot		
		maillot	abricot		
		boulot	capot		
		asticot			

Trouver l'intrus / prononciation (Les mots sont écrits au tableau ou projetés.)					
un animal	une antenne	une opération	une addition	il retient	il se souvient
un canard	une cabane	une question	une sensation	elles sourient	elle revient
		une construction			
une demande	le chemin	souvent	le vent	au secours	une seconde
une semaine	le printemps	transparent	seulement	un secret	secouer
une cheminée		ils savent		etc.	

Étude de la langue

Mettre au féminin, au pluriel

Cf. les séries analogiques qui s'y prêtent.

Conjuguer des verbes

- jouer / finir / prendre / être / avoir, avec le sujet « tu » au présent
- dessiner / descendre / écrire / entendre / faire, avec le sujet « je » au présent, etc.

Trouver l'intrus : temps de conjugaison

Selon les compétences de vos élèves et l'avancement de l'année, vous pourrez proposer les séries comportant un intrus sans dire aux élèves de quel type d'intrus il s'agit. Si vous voyez que la recherche est infructueuse, vous donnerez un indice plus ou moins explicite pour les mettre sur la voie.

- nous vivons – nous savions – nous apprenons – nous décidons
- il apparait – il savait – il débutait – il dormait
- vous jouez – vous chantez – vous apprenez – vous partirez
- nous réfléchissons – nous finissons – nous vissons – nous remplissons
- nous glissons – nous applaudissons – nous obéissons – nous rougissons

etc.

Trouver l'intrus grammatical

(un nom parmi des verbes, un adjectif parmi des noms, etc.)

- chanter – dormir – dessiner – écrire – lecture
- maison – manège – poupée – acheter – serrure
- gentil – important – salissant – panier – libre

etc.

Lexique

Il est difficile de préciser un nombre de séries à réaliser en 5 minutes ; cela dépend du temps de recherche et d'explication nécessaire à chacun.

Mettre dans l'ordre alphabétique

En tenant compte de l'initiale, des deux premières lettres, etc.

Trouver l'intrus dans une famille

(Liste écrite au tableau ou projetée.)

- conduire – conducteur – conduite – condamné
- soleil – solitude – solaire – ensoleillé
- chat – chatière – chaton – chatouille
- jour – journée – bonjour – journal – jouet
- terre – enterré – terrain – terrible – terrier
- matin – matinal – matinée – maternelle
- fleur – fleuriste – fleurir – fleuve – fleurette
- glace – glisser – glacière – glaçon – glacial

etc.

Trouver l'intrus et dire pourquoi

préfixe *re-*

- mettre – remettre – dire – redire – garder – regarder – faire – refaire
- marquer – remarquer – voir – revoir – commencer – recommencer
- monter – remonter – fermer – refermer – pondre – répondre
- boucher – reboucher – partir – repartir – péter – répéter – coudre – recoudre
- peindre – repeindre – se marier – se remarier – se poser – se reposer

préfixes *dé-*, *dés-* (intrus : paire non constituée de contraires)

- se tacher – se détacher – monter – démonter – faire – défaire
- fendre – défendre – placer – déplacer – boucher – déboucher
- penser – dépenser – plaire – déplaire – obéir – désobéir
- visser – dévisser – coiffer – décoiffer – livrer – délivrer
- pêcher – dépêcher – habiller – déshabiller – charger – décharger

intrus : n'est pas un diminutif

- balayette – branchette – baguette – clochette – camionnette
- fillette – chemisette – gouttelette – moquette – maisonnette
- lionceau – moineau – renardeau – chevreau – louveteau
- chaton – ourson – caneton – pigeon – oisillon
- garçonnet – livret – jardinet – tabouret – bâtonnet – coffret

Écrire l'adjectif contraire					
(en *im-*)		(en *in-*)		(en *dés-*)	
patient	prudent	visible	utile	ordre	accord
possible	parfait	croyable	supportable	équilibre	agréable
prévu	puissant	certain	conscient	avantage	
		connu			

Trouver le nom générique ou « nom-étiquette »

- fauteuil – chaise – tabouret – siège – canapé
- rose – fleur – marguerite – violette – tulipe
- tomate – carotte – légume – haricot – potiron – épinards
- pêche – poire – fruit – pomme – abricot – cerise
- boulanger – boucher – banquier – métier – facteur
- voiture – train – moto – véhicule – bus

Trouver l'intrus parmi des synonymes

- commencer – entamer – finir – démarrer – débuter
- bruit – vacarme – silence – fracas – boucan – raffut
- adorable – charmant – rapide – mignon – joli
- se nourrir – manger – avaler – croquer – boire
- terrible – effrayant – terrifiant – surprenant – inquiétant
- horrible – bizarre – affreux – terrible – atroce
- extraordinaire – sensationnel – fantastique – embêtant – formidable – surprenant
- voler – dérober – emprunter – prendre – piquer – chiper – faucher
- parler – bavarder – crier – dialoguer – discuter
- soudain – subitement – tout à coup – aussitôt – ensuite – brusquement
- sympathique – agréable – aimable – charmant – patient – gentil

- fuir – partir – s'enfuir – déguerpir – courir – détaler – se sauver
- intelligent – surprenant – malin – ingénieux – astucieux
- exact – vrai – naturel – correct – juste
- extraordinaire – formidable – prodigieux – épouvantable – fantastique – fabuleux – sensationnel
- bête – sot – stupide – idiot – paresseux – imbécile – crétin
- énervant – agaçant – ennuyeux – exaspérant – dégoutant
- bizarre – curieux – étrange – surprenant – parfait – étonnant
- drôle – beau – amusant – comique – tordant – rigolo
- touriste – vacancier – habitant – voyageur – visiteur
- casser – détruire – briser – perdre – démolir – détruire
- lentement – doucement – tranquillement – simplement – progressivement – peu à peu
- enfant – gosse – mioche – gamin – coquin – marmot
- voyou – voleur – fripouille – comique – bandit – brigand – malfaiteur
- garnement – coquin – chenapan – bricoleur – fripouille – galopin – polisson
- chagrin – peine – tristesse – problème – douleur – malheur
- magasin – boutique – commerce – mairie
- boite – caisse – garage – coffret – étui
- fatigué – crevé – exténué – endormi – épuisé
- rouspéter – râler – protester – ronchonner – appeler
- déchets – débris – ordures – défauts – détritus

5 Rubrique « Pour aller plus loin »

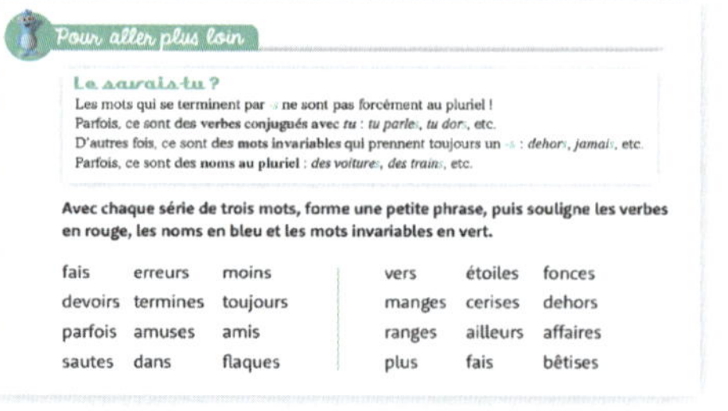
Pour aller plus loin

Le savais-tu ?
Les mots qui se terminent par -s ne sont pas forcément au pluriel !
Parfois, ce sont des **verbes conjugués** avec *tu* : *tu parles*, *tu dors*, etc.
D'autres fois, ce sont des **mots invariables** qui prennent toujours un -s : *dehors*, *jamais*, etc.
Parfois, ce sont des **noms au pluriel** : *des voitures*, *des trains*, etc.

Avec chaque série de trois mots, forme une petite phrase, puis souligne les verbes en rouge, les noms en bleu et les mots invariables en vert.

fais	erreurs	moins	vers	étoiles	fonces
devoirs	termines	toujours	manges	cerises	dehors
parfois	amuses	amis	ranges	ailleurs	affaires
sautes	dans	flaques	plus	fais	bêtises

Comme nous l'avons déjà indiqué, les activités « *Pour aller plus loin* » concernent en priorité un tiers environ de vos élèves, les plus performants.
Il peut donc arriver que ces activités explorent des notions hors programme, ou ne soient pas réussies immédiatement par ces élèves, même brillants !
La rubrique « Pour aller plus loin » propose habituellement une approche de la notion différente de celle utilisée dans la série d'activités « Pour s'entrainer ». Il n'est généralement pas nécessaire d'avoir réalisé la totalité des entrainements d'une série pour se consacrer à une activité « Pour aller plus loin » : les deux types d'activités sont indépendants.
Cet ensemble constitue une banque d'activités « tampon » permettant de réguler les différences constatées dans l'exécution des tâches. Dès qu'un élève a fini son travail (activité « *Pour commencer* » ou « *Pour s'entrainer* »), il enchaine aussitôt sur l'activité « *Pour aller plus loin* » préparée et photocopiée par l'enseignant. À la fin de la séance, il s'interrompt même si l'activité n'est pas finie : il la reprendra plus tard quand il aura un moment de libre.
Plus que de simples activités de délestage qui permettent d'occuper plus ou moins intelligemment les élèves les plus rapides, les activités « Pour aller plus loin » permettent à ces élèves de se consacrer à des tâches stimulantes, plus exigeantes également. Bien qu'elles ne soient pas destinées à tous les élèves, il n'est pas souhaitable qu'elles leur soient présentées comme optionnelles ou accessoires : elles seront donc corrigées avec autant d'exigence et de sérieux que les autres activités. Ces corrections, qui ne concernent pas tous les élèves, seront assurées de manière individuelle (correction écrite par l'enseignant, suivie le cas échéant de conseils oraux).
La rubrique « *Pour aller plus loin* » est la variable d'ajustement qui permet à tous les élèves de la classe (ou du niveau, s'il s'agit d'un cours multiple) de consacrer le même temps d'activité au domaine disciplinaire tel qu'il est prévu dans l'emploi du temps. Ainsi, les élèves les plus lents n'ont pas le sentiment démotivant d'être à la traine, de faire attendre le reste de la classe, ou de continuer à travailler pendant que d'autres s'amusent ou dessinent !

Organisation

Nous vous suggérons de faire travailler vos élèves sur un support autre que le cahier du jour (par exemple, d'y consacrer un intercalaire de classeur, ou un cahier spécial) : ainsi, l'activité non achevée pourra être reprise à un autre moment sans que cela ne pose de problèmes d'organisation. De plus, il sera facile à l'élève de retrouver rapidement une tâche non terminée si elle n'est pas « noyée » dans le travail quotidien. Il vous sera également beaucoup plus facile d'en assurer la correction périodiquement, car tous les travaux du même type y seront regroupés.

Rappel : Ces activités sont disponibles sur le CD qui accompagne ce livre. ➡

6 L'aide-mémoire

L'aide-mémoire rassemble l'ensemble des savoirs et savoir-faire qu'il faut apprendre au CE2.

Son organisation, différente de celle du manuel, a été pensée dans le but de faciliter les recherches des élèves.
Certaines leçons reprennent à l'identique des leçons de l'aide-mémoire de C.L.É.O. CE1 afin de favoriser la cohérence sur le cycle et de renforcer la mémorisation.
Chaque définition, chaque explication, chaque procédure ont été soigneusement rédigées pour être à la portée de tous les élèves.
La rubrique « À la maison » permet aux parents, ainsi qu'aux autres adultes amenés à participer aux diverses formes d'accompagnement périscolaire, de savoir exactement ce qui est attendu de l'apprentissage d'une leçon.
Pratique et léger à emporter dans le sac, il est l'indispensable support d'apprentissage des leçons. Celles-ci sont repérées par un numéro, facilitant ainsi la copie des devoirs dans le cahier de texte. Nous vous conseillons de présenter l'aide-mémoire aux parents lors de votre réunion de début d'année : ainsi, vous pourrez expliciter vos attentes et vous assurer que tous les parents ont bien saisi l'utilité de la rubrique « À la maison ».
L'aide-mémoire est également un outil de travail au quotidien en classe : il permet, en complément des affichages-référents, de retrouver ou de vérifier une information, un savoir ou un savoir-faire dont on peut avoir besoin dans toutes les situations d'écriture de la journée. Comme tout outil, il faut apprendre à s'en servir : il sera utile de présenter puis de montrer en contexte son utilisation, d'expliquer comment se servir du sommaire pour trouver rapidement ce qu'on cherche, puis d'y renvoyer systématiquement les élèves pour toutes les notions déjà apprises.

Quand et comment s'en servir ?

Le temps de la formalisation des savoirs, de leur institutionnalisation, n'intervient généralement pas lors de la première séance. Il y aurait en effet un risque à plaquer les mots d'une leçon sur l'amorce de la prise de conscience, encore très partielle, d'un phénomène linguistique. Pour beaucoup d'élèves, cette leçon prématurée, apprise par cœur, hypothèquerait le processus d'appropriation individuelle de la notion. C'est pourquoi, dans C.L.É.O., les leçons ne sont données à apprendre qu'après un temps suffisamment long de maturation et d'affinement de la compétence.
En clair, pas de précipitation pour l'apprentissage formel d'une leçon. La logique des apprentissages menés avec le dispositif C.L.É.O. rompt avec l'enchainement trop rapide des phases « Je découvre / J'applique / J'apprends ». L'essentiel est que, pour chaque élève, la leçon formalisée fasse véritablement écho aux savoirs et savoir-faire développés ; que les mots de la leçon soient compris « de l'intérieur ». C'est pourquoi il est rare que la leçon soit présentée puis donnée à apprendre le jour même où l'on s'est engagé dans la découverte d'une notion.
Selon la compréhension de vos élèves et le niveau de réussite de la classe, vous jugerez vous-même du meilleur moment pour présenter la leçon telle qu'elle est rédigée dans l'aide-mémoire.

Prenez toujours le temps de lire (ou de faire lire) en classe, puis de commenter le contenu des leçons données à apprendre. Ainsi, vous vous assurerez de leur bonne compréhension et pourrez discerner les éventuels problèmes d'appropriation chez certains élèves.

Pour conclure, rappelons que la mémorisation des leçons passe nécessairement par :

- une « mise en mots » et une présentation des connaissances accessibles aux élèves ;
- la capacité à reformuler dans ses propres mots ce qu'on est en train d'apprendre ;
- une relation explicite entre ce qui a été fait (différentes activités de découverte, d'entrainement et de renforcement) et ce qui est appris ;
- une compréhension « stratégique » de la leçon : la leçon que j'apprends me servira à... et je l'utiliserai dans telle ou telle circonstance... ;
- une mise en œuvre concrète des procédures apprises au moment même où on les apprend.

Personnalisation de l'aide-mémoire

L'aide-mémoire comporte des zones d'écriture qui permettent de personnaliser les exemples pour un grand nombre de leçons. On peut les remplir au moment où on découvre collectivement les leçons en classe, ou laisser les élèves les remplir à leur guise. Dans ce cas, bien sûr, il sera prudent d'écrire au crayon à papier pour ne pas voir figurer des formes erronées dans un outil destiné à devenir une référence en classe et à la maison.

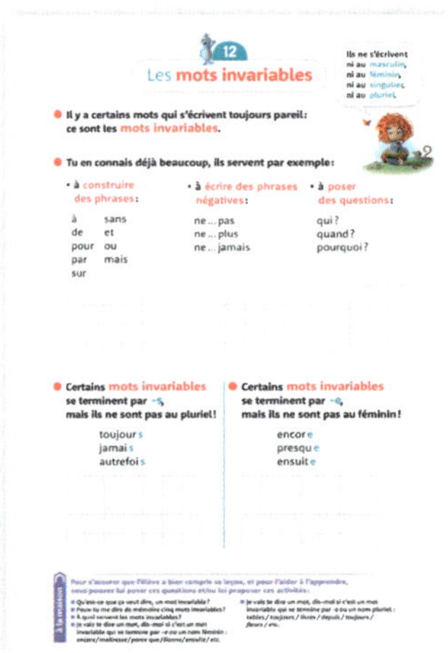
12 Les mots invariables

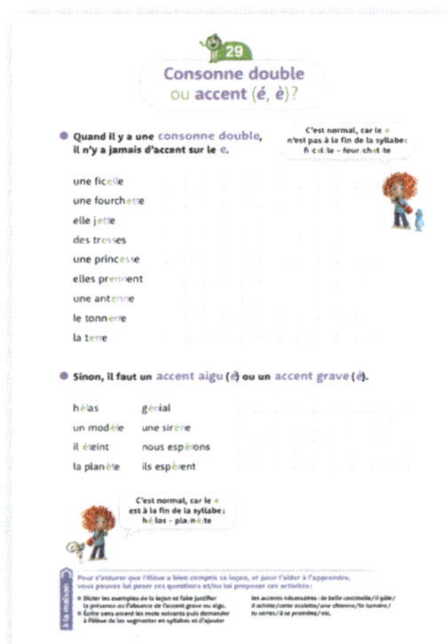
29 Consonne double ou accent (é, è) ?

Des mots à bien connaitre *(leçons n°s 37 à 39)*

L'aide-mémoire se conclut par trois pages présentant les mots à bien connaitre (dans leur immense majorité, il s'agit de mots invariables). Regroupés selon leurs caractéristiques alphabétiques, ils seront donnés à apprendre et à réviser tout au long de l'année. On ne dépasse généralement pas huit à dix mots à mémoriser dans la même leçon. Commencez le « 5 minutes chrono » par une dictée de ces mots donnés à apprendre.
Leur écriture doit être automatisée : sauf cas particulier, les élèves doivent être en mesure de les écrire rapidement, sans s'arrêter en cours d'écriture. Si ce n'est pas le cas, il faudra les donner à nouveau à apprendre.

7 Les affichages référents

La présentation des affiches en classe se fait au fur et à mesure de l'étude des notions. Elles constituent une référence immédiatement disponible pour les élèves, et complémentaire aux leçons de l'aide-mémoire.

Pour que ces affichages soient efficaces, il faut qu'ils soient :

- **lisibles :** privilégiez l'imprimante ou l'écriture scripte manuscrite très soignée ;
- **concis :** ne surchargez pas les affiches, le mieux est l'ennemi du bien !
- **utilisables en autonomie par les élèves :** ces affichages doivent évoquer une règle ou une notion, de la manière la plus transparente pour l'élève ;
- **organisés :** on regroupera dans la même zone les affichages de même nature : classes grammaticales, conjugaison...
- **évolutifs :** les affichages anciens (qui témoignent d'une étape dans la formalisation d'une notion, ou ceux qu'on n'utilise plus) peuvent laisser périodiquement la place aux nouveaux.

Vous trouverez une douzaine d'affiches prêtes à imprimer sur le CD et le site compagnon de C.L.É.O. Leur format A3 est à reconstituer à partir de deux feuilles A4. Elles sont regroupées en deux ensembles :

- **Affiches « classes grammaticales » :** les mots sélectionnés pour chaque affiche, de fréquence très élevée, constituent des prototypes de chaque catégorie.
- **Affiches « conjugaison » :** la volonté de rester concis a conduit à limiter le nombre d'affiches. Les codes couleur utilisés sont ceux de l'aide-mémoire.

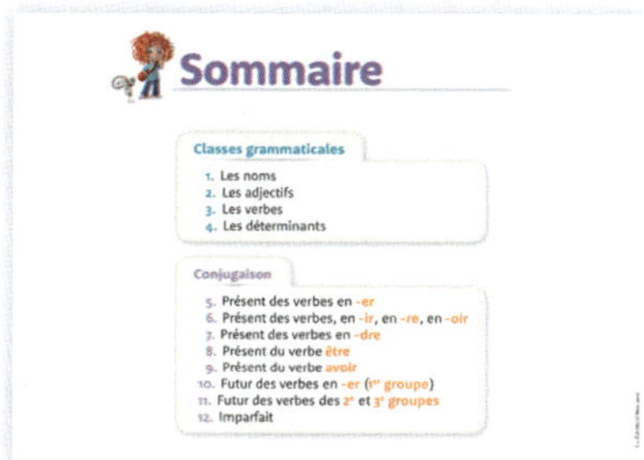
Sommaire

Classes grammaticales
1. Les noms
2. Les adjectifs
3. Les verbes
4. Les déterminants

Conjugaison
5. Présent des verbes en -er
6. Présent des verbes, en -ir, en -re, en -oir
7. Présent des verbes en -dre
8. Présent du verbe être
9. Présent du verbe avoir
10. Futur des verbes en -er (1er groupe)
11. Futur des verbes des 2e et 3e groupes
12. Imparfait

N.B. : Selon les besoins de votre classe, vous pourrez utiliser certaines affiches de C.L.É.O. CE1, disponibles en ligne à cette même adresse.

Comment utiliser ces affichages ?

- Quand un élève hésite sur l'appartenance d'un mot à telle ou telle classe grammaticale, un procédé très efficace consiste à lui demander à la suite de quelle liste affichée il placerait ce mot. Cette procédure s'appuie sur le principe de l'analogie et sur la connaissance implicite des catégories grammaticales.
- La mise en place d'une affiche est le signal d'une étape vers la formalisation du savoir : pour les élèves, c'est le signal que la notion exposée doit être en cours d'acquisition, qu'il n'est plus permis de faire comme si on ne savait rien sur la question !
- Le déplacement d'une affiche vers un espace moins en vue, ou son retrait parfois, symbolise une autre étape : désormais, la notion devrait être mémorisée ou automatisée de telle sorte que le recours à un référent externe n'est plus la norme. Veillez toutefois à ne pas pénaliser les moins performants par des exigences prématurées d'autonomie.
- L'utilisation rapide et efficace des affichages nécessite qu'on y consacre un peu de temps : l'enseignant ou certains élèves peuvent expliciter la manière de les utiliser, la façon dont les affiches sont organisées ou regroupées ; rappeler la signification des codes couleur ; aider un.e camarade à trouver l'affiche dont il a besoin ; etc.

8 Les activités d'entrainement sans le support du fichier

La copie

Les programmes 2016 indiquent pour le cycle 2 :

> Programmes 2016
>
> **Copier de manière experte** *(lien avec la lecture).*
> - Maitrise des gestes de l'écriture cursive exécutés avec une vitesse et une sureté croissantes.
> - Correspondances entre diverses écritures des lettres pour transcrire un texte (donné en script et copié en cursive, ou l'inverse pour une copie au clavier).
> - Stratégies de copie pour dépasser la copie lettre à lettre : prise d'indices, mémorisation de mots ou groupes de mots.
> - Lecture (relire pour vérifier la conformité).
> - Maniement du traitement de texte pour la mise en page de courts textes.

Pour atteindre ces objectifs, il est nécessaire de bien comprendre quelles sont les compétences en jeu dans cette activité plus complexe qu'il n'y parait.

■ **La procédure de copie** décrite ci-dessous, d'abord explicite, sera progressivement automatisée et deviendra plus rapide :

- lire un mot ou un groupe de mots, les répéter mentalement pour les conserver en mémoire de travail ;
- segmenter en syllabes les mots complexes ou peu familiers, en prenant soin de remarquer les lettres muettes, et leur fonction grammaticale le cas échéant ;
- s'habituer à faire le moins possible d'allers et retours oculaires entre le modèle et le cahier, et rechercher en mémoire l'information momentanément perdue.

Les élèves s'enfermant dans une stratégie de copie lettre à lettre font beaucoup plus d'erreurs et sont beaucoup moins rapides que les autres élèves ; il faut impérativement les aider à dépasser cette modalité bien peu pertinente, notamment en explicitant et en décrivant les étapes d'une copie efficace lors des activités « 5 minutes chrono ».

■ **Automatiser la gestion du geste graphique :** on améliore la qualité et la rapidité du tracé des lettres formant un mot, en limitant le nombre de ruptures ou de retours en arrière lors de l'écriture. Il faut apprendre ou rappeler aux élèves que les accents, les points sur les *i* et les barres des *t* se tracent généralement en dernier. Par exemple : *genou / promeneur / lendemain* s'écrivent quasiment sans lever le crayon en cursive. Privilégier les mots demandant un minimum de ruptures, et ne pas hésiter à les faire écrire plusieurs fois de suite, jusqu'à ce que le geste ait gagné en fluidité.

■ **Copier une phrase simple,** segmentée en groupes syntaxiques, en trois ou quatre fois sur l'ardoise. Par exemple : *Le garçon / roule / sur son vélo*. Puis récrire la phrase en entier au tableau, la lire à nouveau, et la recopier sur le cahier sans lever les yeux.
Les activités de copie trouveront leur justification et leur prolongement naturel dans de nombreuses activités de classe : copie de poèmes et de chansons, copie de synthèses ou de comptes rendus produits dans tous les domaines disciplinaires, copie des devoirs ou des informations aux parents dans le cahier de correspondance, etc. Bien sûr, l'utilisation du fichier C.L.É.O. induit de fait un entrainement quotidien à la copie.

La dictée

Pour le cycle 2, les programmes précisent :

> **Programmes 2016**
> « Dictées courtes sous une variété de formes, suivies de l'examen collectif des problèmes d'orthographe rencontrés ».

Ils laissent donc toute latitude pour diversifier les types de dictée. La dictée est en soi une activité pertinente à condition d'en faire une activité d'entrainement et de réflexion et non exclusivement un instrument d'évaluation. Nous présentons succinctement quelques types de dictée qui nous semblent particulièrement intéressants.

La dictée de mots

Elle sera pratiquée régulièrement en « 5 minutes chrono » (voir p. 26) : dictée de mots invariables donnés à apprendre, dictée de mots partageant une caractéristique commune, dictée reprenant une difficulté orthographique sur laquelle la classe a travaillé récemment, etc.

La phrase dictée du jour[14]

De plus en plus largement utilisée dans les classes, cette technique de la « phrase dictée du jour » permet d'envisager la dictée davantage comme une activité de résolution de problème que d'application mécanique de règles.

1. Une phrase, choisie à la fois pour son caractère accessible et parce qu'elle comprend une ou deux difficultés sur lesquelles on souhaite que les élèves réfléchissent, est dictée à la classe. En début de CE2, cette phrase sera très courte (une ligne maximum), et s'allongera très progressivement au cours de l'année.

2. Pendant que les élèves écrivent cette phrase sur leur cahier, l'enseignant passe dans les rangs et prend en note toutes les graphies produites par les élèves.

3. Les élèves ferment leurs cahiers, et l'enseignant écrit les graphies relevées, les unes sous les autres, au tableau. Il est possible, pour la commodité des débats à venir, de numéroter chaque graphie en utilisant une craie de couleur.

14 Activité conçue par Danièle Cogis. Pour une description détaillée, se reporter à Danièle Cogis, *Pour enseigner et apprendre l'orthographe – Nouveaux enjeux, pratiques nouvelles*, Éditions Delagrave, 2005. pp.260-268.

Exemple

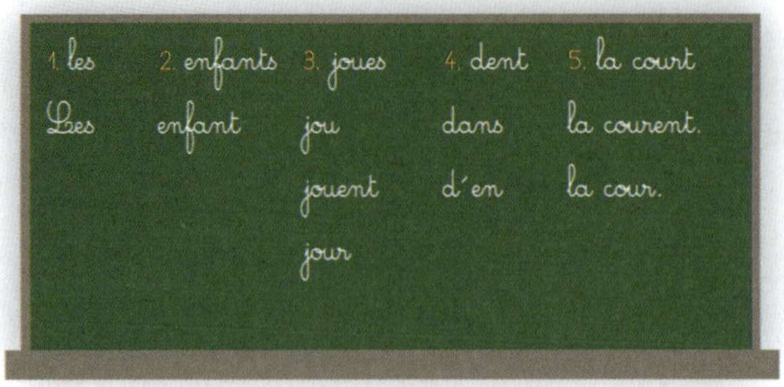

N.B. : Parmi les erreurs recensées, l'enseignant peut choisir de ne reporter au tableau que les graphies comportant des erreurs analysables par les élèves, à savoir principalement les erreurs graphophonologiques et les erreurs d'accord. Il serait sans doute contreproductif d'exposer tous les élèves à des graphies plausibles (c'est- à-dire qui comportent des erreurs difficiles ou impossibles à réfuter : **souvant* pour *souvent*, **crapeau* pour *crapaud*, etc.). En effet, ces erreurs d'orthographe lexicale ne peuvent pas être rejetées par les élèves en mobilisant les connaissances et les procédures acquises, et sont susceptibles de provoquer une déstabilisation des premiers savoirs orthographiques.

4 Les élèves commentent les graphies les unes après les autres. Ils valident ou invalident les orthographes proposées, avec leurs propres mots (« Le 4, *dent* "*d-e-n-t*" c'est les dents qu'on a dans la bouche. »). L'enseignant, au besoin, reformule ou complète pour assurer la compréhension de tous : « Ariane nous dit que *dent* "*d-e-n-t*" c'est le nom dent, comment en être sûr ? » Chaque graphie invalidée est effacée du tableau. Dans cette phase de recherche collective, l'enseignant organise et régule le débat, soutient la réflexion, récapitule et recadre les interventions, mais la tâche d'argumentation, de mise en œuvre des procédures permettant de tester la correction des graphies est confiée à la classe.

Votre expertise d'enseignant consistera à :

- accompagner la réflexion des élèves sans la précéder ou la court-circuiter ;
- faire porter l'attention des élèves sur les procédures mises en œuvre et sur leur validité, plutôt que sur le simple constat de la conformité des graphies proposées ;
- trouver un équilibre entre l'indispensable dévolution de la tâche aux élèves (c'est à eux, et non à l'enseignant, de mener la réflexion) et la non moins nécessaire validation de leur réflexion (c'est à l'enseignant, et non aux élèves, qu'il revient *in fine* de confirmer le bienfondé d'une procédure ou la pertinence d'une graphie). Cette validation peut intervenir soit implicitement, quand une graphie est effacée du tableau, soit plus explicitement, par un commentaire.

5 Quand toutes les graphies, erronées ou exactes, ont été explicitées, il reste ceci au tableau.

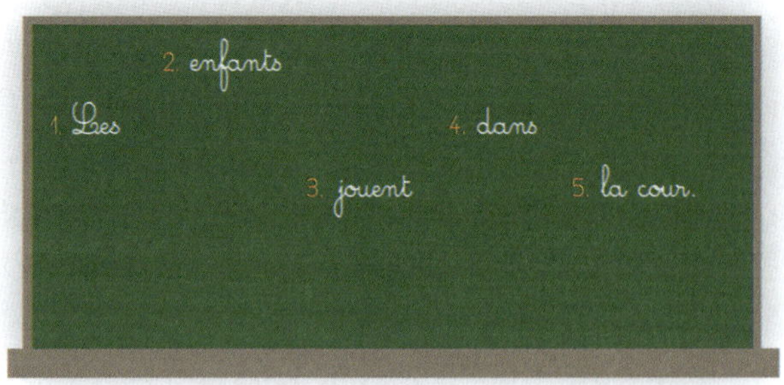

On efface cette phrase et, à ce moment-là seulement, les élèves ouvrent à nouveau leur cahier, et écrivent une deuxième fois cette phrase, sans recourir à leur première version (qui sera cachée, par exemple par une règle).

6 Pour la correction, on écrit la phrase une dernière fois au tableau et on demande aux élèves de corriger leur dictée. Si l'on souhaite évaluer cette activité, on tiendra compte non seulement du nombre d'erreurs dans la première et la seconde version, mais surtout du différentiel qui existe entre les deux versions : il est logique de penser que tel élève ayant commis les deux mêmes erreurs dans les deux versions s'est moins impliqué dans la réflexion orthographique que tel autre qui, partant de cinq erreurs, n'en fait plus que deux dans la version finale ! Cette dictée, assez couteuse en temps au départ, s'avère très vite une excellente activité à condition qu'elle reste suffisamment courte, qu'elle soit proposée de manière régulière et que les difficultés soient bien ciblées. Si ce n'est pas le cas, les graphies produites seront très (trop) nombreuses, la phase de débats s'allongera, l'attention et l'intérêt s'écrouleront, bref l'efficacité du dispositif diminuera de manière importante. À chaque enseignant d'ajuster la difficulté des phrases dictées pour s'adapter au plus près à la « zone proximale de développement » de ses élèves.

La dictée sans erreur, ou dictée inversée

Le texte de la dictée, limité à une phrase, est écrit par les élèves après vérification systématique de l'orthographe lexicale et grammaticale de tous les mots, au moyen de tous les outils à disposition (répertoire orthographique, aide-mémoire, affichages, outils de référence propres à la classe. C'est un type de dictée particulièrement indiqué lorsqu'on introduit en classe un nouvel outil de type répertoire orthographique, ou qu'on souhaite renforcer les bonnes habitudes de vigilance orthographique.

La dictée dans tous les domaines disciplinaires

Après un travail collectif ayant donné lieu à la rédaction d'une synthèse copiée par l'enseignant au tableau (en particulier dans le domaine « Questionner le monde »), le texte est relu, les difficultés orthographiques sont repérées et explicitées, puis le texte est masqué et dicté aux élèves. (D'abord une phrase ou deux seront traitées ainsi, puis l'enseignant augmentera la longueur très progressivement.) Les mots rares, irréguliers, les noms propres seront épelés ou écrits au tableau. Cette technique a l'intérêt de faire de la dictée une activité ordinaire de la classe, sans enjeu évaluatif.

La dictée préparée

Le texte de la dictée est choisi (ou créé) de manière à focaliser l'attention sur quelques problèmes orthographiques en cours d'étude, ou dont l'acquisition mérite d'être renforcée. La préparation, un ou deux jours à l'avance, a permis d'identifier et de traiter les difficultés orthographiques. Les mots nouveaux ou mal connus ont été listés, donnés à apprendre, leur orthographe justifiée grâce à des mots de la même famille, ou par analogie avec d'autres mots connus. L'enseignant ne fournit aucune aide aux élèves pendant la dictée afin qu'ils apprennent progressivement à mobiliser de manière autonome les savoirs, savoir-faire et stratégies nécessaires. La correction, en revanche, sera l'occasion de revenir sur les règles et les connaissances étudiées antérieurement.

La dictée d'évaluation

Proposée cinq à huit fois dans l'année, elle n'est ni préparée ni commentée. Elle ne comporte que des difficultés auxquelles les élèves ont déjà été confrontés, les mots trop complexes étant écrits au tableau. Il n'est pas inintéressant de dicter le même texte à quelques mois d'intervalle, de manière à constater les progrès de la classe.
Après la dictée, un temps de correction individuelle permet aux élèves de se relire et d'entourer au crayon à papier les mots (ou parties de mots) sur lesquels ils hésitent. Cette phase permet à l'enseignant, après coup, une prise d'information précieuse : certains élèves repèrent assez justement les « zones à risque », d'autres y sont plus ou moins insensibles. Plus que la correction de l'erreur elle-même, la capacité à douter de son orthographe est une étape décisive, annonciatrice de progrès futurs, car elle témoigne d'une première mise à distance de l'écrit produit, qui précède nécessairement l'aptitude à s'autocorriger.

9 L'évaluation

Dans C.L.É.O., il n'est pas prévu d'activités spécifiques d'évaluation. En effet, nous considérons que l'évaluation n'est pas seulement affaire de performance finale, mais qu'elle repose avant tout sur la prise en compte de la progression des performances des élèves.
Ainsi, on fait comprendre aux élèves (et à leurs familles) que ce n'est pas la réussite à un instant *t* qui est déterminante, qu'un échec ou un manque de performance ponctuel ne sont pas automatiquement révélateurs d'une difficulté persistante, et qu'on laisse à tous le temps de comprendre et de réussir.

Pour rendre ce principe lisible et pratique au quotidien, nous avons opté pour :
- une évaluation par pourcentages de réussite,
- un suivi de la progression au moyen de graphiques.

L'évaluation par pourcentages

L'école française a une tradition bien ancrée, celle de la notation sur 10 ou sur 20. On pourrait croire qu'il s'agit d'un outil d'évaluation neutre, mais il n'en est rien. Quand un élève obtient 8/10 ou 15/20 à une évaluation, ses parents se réjouissent d'une « bonne note ». Quand il atteint 10/20, ils se rassurent en se disant qu'au moins « il a la moyenne ». En réalité, cette moyenne cache souvent une performance insuffisante dont on ne saurait se contenter. Ces demi-réussites, ou demi-échecs, selon le point de vue qu'on adopte, ne donnent finalement pas d'information précise quant aux connaissances et aux compétences réelles de l'élève. À quoi bon évaluer si l'on reste dans le flou ?

Nous vous proposons donc de faire évoluer vos pratiques d'évaluation.
L'échelle de pourcentages est rarement utilisée dans le système scolaire français. Elle a pourtant certains avantages :
- Elle est peu connotée culturellement : 40 %, 75 % n'évoquent pas immédiatement les notes équivalentes de 8/20 ou 15/20.
- Étant plus neutre que la notation sur 10 ou sur 20, elle permet de mettre en place une nouvelle échelle de valeurs, l'objectif étant d'atteindre systématiquement un minimum de 80 % - 90 % à la fin de l'entrainement. Il va de soi qu'avec ce système, un score de 50 % est plutôt médiocre, et n'a rien à voir avec « la moyenne » dont on se contente parfois.
- Le pourcentage est plus précis que la note traditionnelle, qui repose souvent sur des critères multiples et mal connus des élèves. Pour chaque activité proposée dans C.L.É.O., il est possible de déterminer précisément le nombre d'éléments pris en compte pour l'évaluation, et de transcrire le taux de réussite sous forme de pourcentage. Pour vous aider à assurer ces conversions, voir ci-dessous le « Scoromatic ».
- Cette évaluation par pourcentages est généralement très bien comprise par les familles. Prévoir toutefois de la présenter et de l'expliquer, par exemple lors de la réunion de parents en début d'année.

Le « Scoromatic »

(À imprimer via le CD-Rom ou à télécharger sur le site www.cleofrancais.fr.)

Cet outil vous permet de déterminer très facilement le pourcentage de réussite obtenu par un élève, quel que soit le nombre d'éléments pris en compte pour l'évaluation d'une activité.

Déterminez précisément les éléments pris en compte dans l'évaluation de l'activité (variables selon le format de l'activité : par exemple, nombre de mots correctement orthographiés, nombre de réponses exactes, etc.).

Faites coulisser le tableau de manière à ce que le nombre d'éléments pris en compte pour l'évaluation (entre 5 et 25) apparaisse dans le coin supérieur gauche. Il suffit ensuite de lire le pourcentage de réussite correspondant au nombre d'erreurs commises par l'élève. Dans l'exemple ci-contre, le Scoromatic est réglé pour la détermination du pourcentage de réussite d'une activité comportant 13 éléments évalués. Un élève ayant fait 4 erreurs obtiendra un score de 69 % de réussite.

nombre d'éléments ⇨

nombre d'erreurs ⇨ | ⇦ % de réussite

13	%
0	100
1	92
2	85
3	77
4	69
5	62
6	54
7	46
8	38
9	31
10	23
11	15
12	8

Un suivi de la progression au moyen de graphiques

Nous vous proposons donc de pratiquer une évaluation intégrée à votre enseignement : si vous évaluez régulièrement les progrès de vos élèves, au quotidien ou presque, vous pouvez choisir de ne pas prévoir de période ou d'épreuve spécifique d'évaluation ; les résultats obtenus jour après jour vous permettent d'avoir un regard suffisamment éclairé sur la performance de chacun. Vous pouvez aussi, si vous préférez, considérer la dernière activité « *Pour s'entrainer* » d'une série comme une évaluation finale.

Vous trouverez en ligne (www.cleofrancais.fr) un ensemble de graphiques (voir exemple ci-dessous) permettant de reporter les résultats de vos élèves (un graphique par notion). Après une période de familiarisation avec ce principe, vos élèves seront capables de reporter sur ces graphiques leurs pourcentages de performance avec exactitude.

Ce système d'évaluation intégrée permet à l'élève de voir quels progrès sont attendus de lui et à quelle échéance. Il va de soi que ce n'est pas la « moyenne » qui est attendue, mais une performance finale de 80 à 100 %.

Ces schémas permettent de dédramatiser les échecs ponctuels, mais surtout d'engager les élèves dans une dynamique de progrès et d'autoémulation.

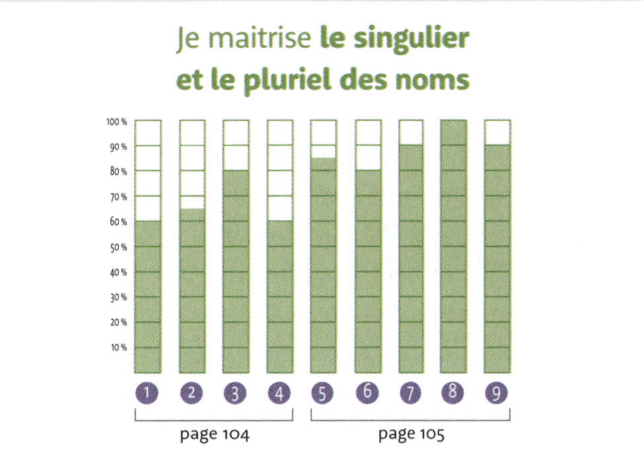

10 L'oral au cycle 2

Les programmes 2016 mettent l'accent sur l'oral. Pour autant, l'oral ne constitue pas un nouveau domaine disciplinaire qu'on travaillerait de manière cloisonnée : les programmes recommandent de travailler les compétences orales **dans le cadre des diverses disciplines**.

C'est pour cette raison que les activités exerçant l'oral ne figurent pas explicitement dans le fichier de l'élève. Il est en effet plus pertinent de travailler sur des objets d'étude en lien direct avec les apprentissages en cours (dans le domaine « Questionner le monde », l'enseignement moral et civique, les arts, etc.) plutôt que de proposer des séances virtuelles sans rapport avec votre programmation dans les différents domaines disciplinaires.

Vous trouverez dans les pages suivantes une palette d'activités possibles, aisément adaptables à la vie de votre classe.

L'oral en réception : écoute, compréhension, mémorisation de messages oraux

Écouter et comprendre un message oral, qu'il soit émis par un adulte ou par d'autres élèves.

Exemple d'activité : Un élève décrit précisément un paysage, un portrait, ou un ensemble de figures géométriques.

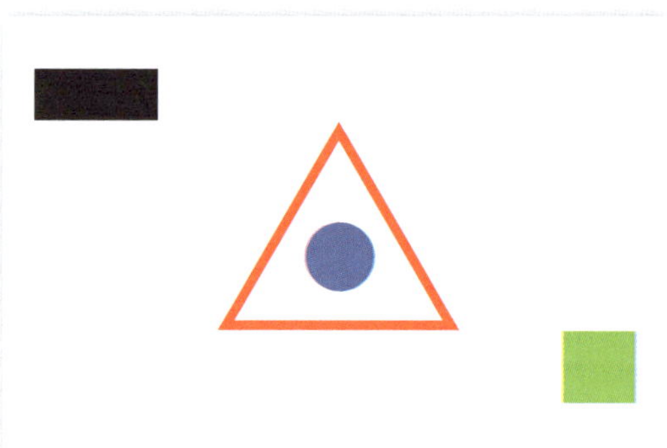

Au milieu de la feuille, il y a un petit rond bleu. Ce cercle se trouve au centre d'un grand triangle à bord rouge. En haut à gauche, il y a un petit rectangle noir. En bas à droite, il y a un petit carré vert.

Ce type de message pourra se préciser au fur et à mesure du cycle, et de la prise en compte de savoirs géométriques acquis pendant les séances de mathématiques :

Au *centre* de la feuille, il y a un petit *disque* bleu. Ce disque se trouve au centre d'un grand triangle *équilatéral* dont les *côtés* sont rouges. En haut à gauche, il y a un petit rectangle noir posé sur l'un de ses grands côtés. En bas à droite, il y a un petit carré vert posé sur l'un de ses côtés.

Repérer et mémoriser des informations importantes, procéder à l'enchainement mental de ces informations.

Exemple d'activité : Raconter le début d'une histoire, faire imaginer une suite cohérente.

Écoutez le début de cette histoire :
« Hier soir, alors que tout le monde dormait, je me suis levé, j'ai allumé ma lampe de poche et j'ai traversé la maison sur la pointe des pieds. Arrivé à la cuisine, j'ai pris la salière. Je l'ai vidée de son contenu et j'ai remplacé le sel par du sucre. J'ai rangé la salière à sa place et je suis retourné me coucher sans aucun bruit… »
Par binômes, les élèves imaginent une suite possible à cette histoire. Ils devront préparer une restitution orale de l'histoire entière : ils doivent être en mesure de reformuler le début de l'histoire entendue, puis d'enchainer avec leur suite. Bien sûr, c'est l'idée de farce qui est induite dans le début de l'histoire. La suite attendue prendra en compte cette dimension.

Chaque binôme présentera sa production à l'oral. Il sera intéressant de filmer ou d'enregistrer les différentes versions, afin de pouvoir revenir sur les productions pour les améliorer. Une publication sur le blog de la classe pourra être également envisagée.
Une attention spécifique sera portée à l'intonation, au volume de la voix, au débit plus ou moins rapide, aux pauses introduites (ici pour provoquer le suspense, par exemple).

L'oral à l'occasion de séances dans tous les domaines disciplinaires

Si les situations d'oral peuvent constituer des séances à part entière, elles interviennent le plus souvent dans le cadre de séances diverses :

- Rappel ou reformulation de consignes, dans tous les domaines disciplinaires.
- Récapitulation de mots nouveaux découverts lors d'une séance d'apprentissage, explication et définition de ces mots.
- Préparation d'une lecture à haute voix (lecture dialoguée, scène de théâtre, etc.).
- **En littérature**, rappel de récit dans deux situations distinctes :
  → suite à la lecture d'un chapitre, en fin de séance, l'élève doit être capable, avec ses propres mots, de restituer l'essentiel du récit (évènements, péripéties) : cette activité orale permet l'intégration et la mémorisation de l'enchainement des évènements d'un récit ;
  → préalablement à la lecture d'un nouveau chapitre, en début de séance, on résume le récit, de manière à réactiver les situations et les personnages avant de découvrir la suite du récit.

Organisation d'échanges dans des situations diversifiées (séances d'apprentissage, régulation de la vie de la classe)

L'enseignement moral et civique, les débats à visée philosophique offrent un cadre propice à ce type d'échanges.
Les élèves y apprennent à respecter la parole de l'autre, et prennent en charge eux-mêmes la régulation du débat (désignation d'un.e président.e de séance, utilisation de procédés de type « bâton de parole ».

La prise en compte progressive de règles et de modalités de fonctionnement de tels débats est assurée d'abord par l'enseignant.e, puis par les élèves eux-mêmes. Outre le (ou la) président.e de séance, un.e ou plusieurs gardien.ne.s des règles peu.ven.t être désigné.e.s, dont le rôle spécifique est de faire respecter les modalités du débat: respect de l'interlocuteur, demande de précisions ou de reformulations quand un message n'est pas suffisamment clair, respect du temps de parole quand une intervention est trop longue, par exemple.

L'oral envisagé comme une préparation à l'écrit

La production d'un message oral est bien souvent un excellent tremplin vers l'écriture: l'oral permet d'organiser ses idées, de les formuler de manière claire et ordonnée. L'oral, mieux que l'écrit, permet des reformulations immédiates peu couteuses en temps et en efforts. Il s'agit d'un oral spécifique, d'un oral pour écrire, bien connu des enseignant.e.s de maternelle lors des activités de dictée à l'adulte: les reformulations par les élèves eux-mêmes permettent d'oraliser des énoncés ayant les caractéristiques de la phrase écrite. Au cycle 2, ce procédé est toujours très utile, notamment pour complexifier les phrases produites et induire l'usage de connecteurs.

À titre d'exemple, voici la transcription d'énoncés d'élèves à propos des différentes étapes du travail lors de la fabrication de papier recyclé. Ils produisaient leurs énoncés avec comme supports des photos prises à différentes étapes de la fabrication.

> *D'abord* on a déchiré du papier journal en petits morceaux.
> *Après*, on a mis les morceaux de journal dans un seau. On a mis de l'eau chaude et on a attendu quelques heures.
> *Après avoir attendu quelques heures*, on a mixé avec un mixeur dans le seau et on a fait de la pâte à papier.
> On a pris un tamis, on a mis de la pâte à papier à l'intérieur *pour que* ça s'égoutte.
> *Ensuite*, on a pris la feuille qui était dans le tamis et on l'a retournée sur un vieux chiffon.
> On a tapoté sur le tamis *pour que* le papier se décolle.
> On a mis un *nouveau* tissu par-dessus le papier, on a pressé avec un morceau de bois en montant dessus *pour que* l'eau dégouline.
> C'est devenu du papier, on l'a laissé au soleil *pour que* ça sèche.
> *Le lendemain*, on a décollé le papier délicatement du chiffon.
>
> *(En italique couleur, les connecteurs temporels et logiques.)*

Dans la même classe, d'autres élèves (de retour de BCD) ont fait la même activité sans préparation préalable à l'oral:

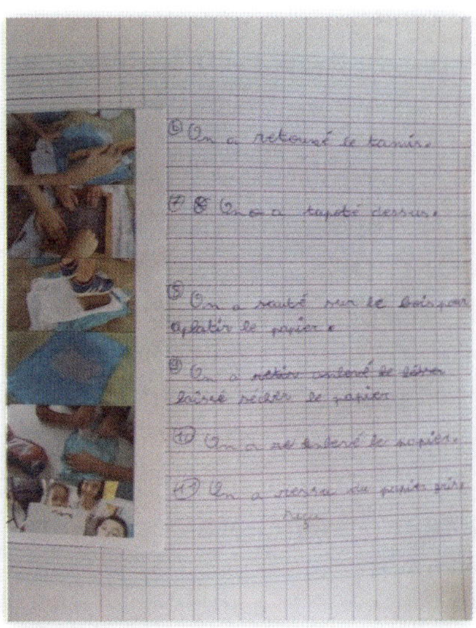

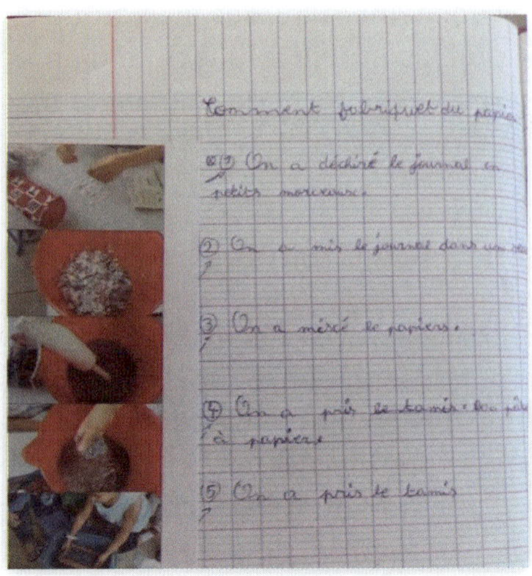

Notez que la succession des étapes est décrite la plupart du temps sans utilisation de connecteurs. Cet exemple permet de constater que la préparation orale de la rédaction d'un texte a souvent des effets très importants sur la capacité à utiliser de tels connecteurs.

L'oral comme un tremplin vers l'explicitation et les compétences métalinguistiques

Une excellente opportunité de travailler l'explicitation est de demander aux élèves de rappeler comment faire pour bien réussir l'activité sur laquelle on va travailler. Dans C.L.É.O., les séries d'activités étant de format et de niveau de complexité constante, il est relativement facile pour l'élève de se remémorer ses erreurs et réussites des séances précédentes et de se focaliser assez efficacement sur les paramètres conditionnant la réussite.
Mais il est plus ardu de verbaliser, de mettre en mots, car les concepts et les catégories grammaticales ne sont pas encore fermement ancrés en mémoire.

Une démarche possible est de faire venir un élève au tableau en préparation à l'activité écrite individuelle. Par principe, il est important pour l'élève qu'il sache qu'il devra produire un discours continu et autonome. Trop souvent, l'activité orale principale des élèves, à l'école, consiste à répondre à de nombreuses questions successives.

Exemple 1 (CE1)

**Dans le tableau, choisis un adjectif pour compléter chaque phrase.
Puis colorie le dessin.**

jaune – jaunes	gris – grise – grises
vert – verte – verts – vertes	noir – noire – noirs – noires
bleu – bleue – bleus – bleues	brun – brune – bruns – brunes
rouge – rouges	rose – roses

3

Selma a les cheveux .
Ses bottes sont ,
sa veste est ,
son pantalon est .
En plus de son parapluie ,
elle a un chapeau .

date : ....

Étudions ce que propose Raphaël. Il s'agit de la troisième activité d'une série de six.

> « Faut choisir la couleur qu'on veut… mais, par exemple, si on veut choisir « bleu », il faut regarder toujours le mot là [Raphael montre le déterminant « les » précédant « cheveux »] parce que… des fois c'est « une », des fois c'est « un » et des fois ça peut être « des ». Donc il faut bien regarder si y'a pas « les », « des », « le », ou « un ». Donc… après il faudra bien regarder, après on pourra mettre la couleur qu'on veut. »

Ce que propose Raphaël est entièrement interprétable par les enseignants que nous sommes… mais pas par l'ensemble des autres élèves : la procédure qu'il propose se focalise, à juste titre, sur le déterminant précédant le nom, permettant de s'assurer du genre et du nombre de ce nom, et donc de l'adjectif le qualifiant.

« Donc… après il faudra bien regarder », dit-il pour conclure. Ici l'implicite est bien plus prégnant : regarder quoi ? Regarder où ? L'accord entre nom et adjectif n'est pas explicité. C'est à ce point que les élèves les plus fragiles risquent le plus de décrocher. C'est donc à nous, enseignants, de reprendre cette intervention orale d'un élève et d'expliciter tout ce qui mérite de l'être : déployer précisément le cheminement de pensée proposé par Raphaël et le détailler pour que tous les élèves le comprennent et l'intègrent.

Deux semaines plus tard, Sami se lance à son tour dans l'explicitation orale de l'activité :

> « Il faut lire le texte, puis après il faut mettre une couleur… la couleur qui est tout en haut de la page. Là, c'est marqué « Mélanie a les cheveux… » On peut mettre rouges, verts, la couleur qu'on veut… mais … pas n'importe laquelle, il faut mettre… avec « les », y'a… plusieurs sortes d'écrire les couleurs… par exemple pour blond : blonde et blond, et pis blonds avec un s et blonde sans « s »… Devant euh… avant « cheveux », y'a « les », donc là y'a un « s ». Il faut bien regarder ici [montre le déterminant « les »]. »

Ici, le discours de Sami est beaucoup plus explicite, même si la nomenclature grammaticale n'est pas encore utilisée. À nouveau, c'est l'enseignant qui, s'appuyant sur l'exemple choisi par Sami, va reformuler la procédure. Peu à peu, tous les élèves gagnent en clarté cognitive sur la tâche et ses enjeux. En fin de chapitre, tous ne seront peut-être pas capables d'expliciter les savoirs et savoir-faire mis en œuvre en utilisant les mots de la grammaire, mais n'oublions pas que ces compétences ont le temps de se construire sur l'ensemble du cycle, c'est-à-dire jusqu'à la fin du CE2.

Exemple 2 (CE1)

Prenons un autre exemple, toujours dans le domaine de l'étude de la langue.
Les élèves de ce CE1 sont bien avancés dans l'étude d'un chapitre consacré à la relation sujet-verbe et à ses implications orthographiques.

Observe les dessins, puis écris deux phrases différentes en choisissant bien les mots.
N'oublie pas les majuscules et les points.

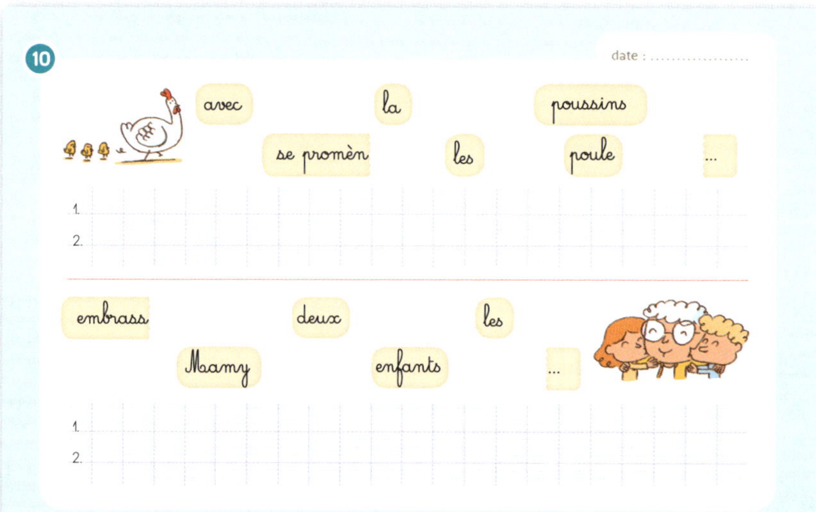

L'activité est vidéoprojetée au tableau, et Yasmine se propose d'expliciter ce qui est attendu, ainsi que ce à quoi il faut penser pour réussir l'activité.

Yasmine (élève en réussite)

« En fait, y'a les étiquettes, euh, il faut placer une phrase, et après il faut inverser la phrase, pour mettre… par exemple en bas… Et.. après quand y'a les pointillés, ça veut dire qu'il manque… il faut que on écrive… par exemple –ent ou par exemple –e tout seul. Et… c'est tout.

De toute évidence, Yasmine sait comment réussir, mais ses compétences orales d'explicitation ne sont pas encore installées… L'enseignant fait le choix de ne pas intervenir lui-même à ce stade.

L'enseignant

Y a-t-il des élèves qui veulent ajouter quelque chose que Yasmine n'aurait pas dit ?

Kolinda (élève en difficulté)

On doit renverser aussi la phrase. Par exemple on écrit : une poule qui promène les poussins et les poussins qui promènent les poules… la poule.

Kolinda se projette dans l'activité concrète qui lui est proposée, manipule mentalement les étiquettes et a une idée assez précise de ce qu'on attend d'elle. Malgré tout, on voit qu'elle ne mentionne pas spontanément la question de l'accord sujet-verbe.

L'enseignant

C'est bien. Quelqu'un a autre chose à dire, encore ? [*Aucun élève ne demande la parole. Le maitre relance :*] Yasmine nous a dit : à la fin d'un verbe, il faudra mettre *-e* ou *-ent*, elle a raison, mais elle ne nous a pas dit comment savoir s'il faut écrire *-e* ou *-ent*.

Ici l'enseignant fait le choix de mobiliser les élèves précisément sur la question de l'accord.

Clémence (élève en réussite)

On regarde d'abord si le verbe il est au pluriel. S'il est au pluriel, on met *-ent*. S'il n'est pas, on ne met pas *-nt*. On met que *-e*.

Clémence mobilise une procédure experte : elle utilise les mots *verbe, pluriel*. Les mots de la grammaire se diffusent lentement, mais surement…

L'enseignant

Mais comment je peux savoir s'il faut que le verbe soit au pluriel ?

Nouvelle relance de l'enseignant pour rendre les procédures plus explicites encore.

Clémence

Par exemple, « les enfants embrassent Mamy » : comme y'a plusieurs enfants, on met *-ent.*

Clémence « abandonne » la nomenclature : sans en être consciente, elle met à la portée de tous les élèves la procédure d'accord sujet-verbe.

Tom (élève en grande difficulté)

Et si y'a une mamy, on met *-e.* Parce que y'a que une mamy.

Némo (élève plutôt en réussite)

Comme y'a plusieurs poussins, on met *-ent.*

Yasmine (élève en réussite)

Quand il y a une seule personne on met *-e* tout seul.

L'intervention de Clémence a été déterminante : elle a orienté la réflexion de plusieurs élèves en difficulté sur l'élément essentiel à observer, à savoir le sujet.

Morgane (élève en grande difficulté)

Et la poule on met que *-e.*

Morgane témoigne ainsi d'une compréhension fine de la situation.

Tom (élève en grande difficulté)

Et aussi les poussins ont met *-ent.*

Tom lui aussi confirme sa compréhension de la situation.

Cet extrait de séance montre bien que :

- la nomenclature grammaticale et les savoirs grammaticaux formalisés (les « leçons ») ne sont pas un préalable à la réflexion. Au contraire, il est souhaitable de faire expliciter les élèves d'abord avec les mots de la langue ordinaire « y'en a plusieurs », « une seule personne », etc.). Ceci permet de mettre à la portée de tous les élèves des concepts complexes ;
- solliciter les élèves les plus avancés permet souvent d'aider les élèves les plus fragiles. Il faut souvent, en tant qu'enseignant, « résister » à la tentation d'intervenir trop tôt dans ce genre de situations orales. Nos connaissances et notre expertise à formuler de manière abstraite les savoirs constituent souvent un obstacle à la compréhension orale de tous les élèves.

Bien sûr, la formalisation, la conceptualisation, l'emploi de la nomenclature grammaticale sont recherchés : mais ces compétences, une fois de plus, relèvent de la fin du cycle 2. Trop de précipitation risque de laisser les élèves à la porte des savoirs, faute d'avoir pris le temps de l'explicitation à la portée de tous.

D'ailleurs, c'est précisément ce que demandent les programmes 2016 : « Activités de manipulations de phrases, de tris, de classements débouchant sur la catégorisation de faits de langue et sur le métalangage grammatical, **après un temps significatif de familiarisation avec l'objet étudié.** »

11 Écrire au cycle 2

Écrire au cycle 2 : pratiques usuelles et programmes 2016

L'écriture est, avec l'oral, l'une des grandes priorités mises en avant par les programmes 2016. Quel constat pouvons-nous faire sur les pratiques usuelles d'écriture dans les classes ?
L'écriture (au sens de « situation de production d'écrit ») est généralement peu fréquente, pour diverses raisons :

– il est souvent noté que les activités d'écriture sont chronophages ;
– corolaire de la remarque précédente : les activités de lecture et d'étude de la langue occupant souvent un volume horaire considérable, les enseignants peinent à dégager du temps pour l'écriture ;
– les écrits des élèves sont souvent très éloignés d'une orthographe normée... ce qui rend leur correction (« toilettage orthographique ») très délicate à mener pour l'enseignant, peu motivante et fastidieuse pour les élèves ;
– en outre, le bénéfice, sur l'orthographe, de la pratique de l'écriture est souvent considéré comme décevant ;
– les classes se lancent fréquemment dans des projets d'écriture assez ambitieux (rédiger un conte, par exemple) : ce type de projet a tendance à s'étaler exagérément dans le temps ; finaliser les textes produits tient souvent de la gageüre.

Pour toutes ces raisons, l'écriture, qui est pourtant la visée ultime de la maitrise de la langue écrite, est souvent trop peu pratiquée.
Dans les pages qui suivent, nous allons voir comment les programmes 2016 proposent une inflexion importante par rapport aux pratiques usuelles d'écriture. Un grand nombre de démarches et de types d'activités seront présentés, afin de relever un défi ambitieux mais accessible : écrire au quotidien.

Principe n°1 : L'écriture n'est pas un domaine disciplinaire déconnecté des autres domaines

Programmes 2016

Au CE1 et au CE2, [...] la diversification des textes produits est liée à la diversité des situations offertes par l'ensemble des activités de la classe.
La place centrale donnée à la langue française ne s'acquiert pas au détriment des autres apprentissages. Bien au contraire, la langue est aussi un outil au service de tous les apprentissages du cycle dans des champs qui ont chacun leur langage.

Il ne s'agit pas forcément de prévoir davantage de séances consacrées spécifiquement à l'écriture, mais plutôt d'***insérer des moments d'écriture dans les séances des différents domaines***.

Principe n°2 : Les écrits sont produits en fonction de destinataires, avec des visées précises

> *Programmes 2016*
> La polyvalence des professeurs permet de privilégier des situations de transversalité, avec des retours réguliers sur les apprentissages fondamentaux. Elle permet d'élaborer des projets où les élèves s'emparent de la langue française comme outil de communication, avec de véritables destinataires, en rendant compte de visites, d'expériences, de recherches.

Le journal scolaire, le blog, les cahiers et classeurs où sont recueillies les traces écrites des apprentissages dans tous les domaines constituent des supports de destination appropriés. Il n'est donc pas forcément judicieux de mettre en place un « cahier de production d'écrit » :

– le cahier de poésie peut accueillir l'écriture poétique ;
– le cahier « Questionner le monde », les comptes rendus de visites, d'expériences ;
– le cahier de correspondance, une information aux parents rédigée par les élèves eux-mêmes ;
– le cahier de littérature, les textes écrits à partir (ou à propos) des œuvres lues.

Ainsi, chaque écrit est réalisé en fonction d'une finalité propre et selon un format correspondant à cette finalité. On n'écrit pas un poème comme on écrit un compte rendu d'expérience !

Principe n°3 : Ce sont les écrits courts (une phrase, quelques phrases, un court paragraphe) qui doivent être privilégiés au cycle 2

> *Programmes 2016*
> Situations quotidiennes pour des écrits courts intégrés aux séances d'apprentissage ; écrits longs intégrés à des projets plus ambitieux moins fréquents. La variation sur la longueur peut être une variable différenciant les attentes selon l'aisance des élèves dans une même situation.

Les projets d'écriture ne sont bien sûr pas exclus, mais ils seront moins fréquents[1]. Les écrits courts cumulent de nombreux avantages :

– ils prennent évidemment moins de temps ;
– ils sont plus faciles à gérer en temps réel par les enseignants ;
– la vigilance orthographique peut être exercée au moment même où l'on écrit, et non reportée à plus tard ;
– ils permettent de conforter la confiance en ses propres compétences, dans la mesure où un écrit finalisé peut souvent être produit en une seule séance.

Principe n° 4 : Il est souhaitable de varier les modalités d'écriture

> *Programmes 2016*
> Variété de formes textuelles : récits, devinettes, poèmes et jeux poétiques, protocoles et comptes rendus d'expériences, règles de jeu, lettres, synthèses de leçons, questionnaires, réponses à des questions, courriels, contributions à des blogs, etc.
> Situations d'écriture à partir de supports variés (début de texte à poursuivre, texte à détourner, photos à légender…).

Il ne s'agit pas de faire écrire une « rédaction » chaque jour, mais de multiplier les formes d'écriture, non seulement pour éviter la lassitude, mais aussi pour habituer les élèves à explorer tous les types d'écrits. Par exemple, les situations génératives (chères à André Ouzoulias[2]) permettent, en un temps limité, de faire écrire les élèves en modifiant certaines caractéristiques d'un texte, tout en en conservant d'autres.

1 On peut, par exemple, travailler avec les albums de la collection « Histoires à écrire » aux Éditions Retz.
2 André Ouzoulias, *Lecture, Écriture – Quatre chantiers prioritaires pour la réussite*, Retz, 2014.

Principe n° 5 : Exercer une vigilance orthographique pendant les activités d'écriture

> **Programmes 2016**
> Exercice de la vigilance orthographique dans toutes les activités d'écriture ; correction avec échanges au sein d'une « doublette ». Au CE, conservation et utilisation des outils constitués au CP, et enrichissements.

Une longue tradition pédagogique veut qu'on reporte, la plupart du temps, cette vigilance orthographique à une étape de travail ultérieure ; on écrit d'abord, sans trop se soucier de l'orthographe ; on corrige ensuite. Nous préconisons pour notre part un **apprentissage de la vigilance orthographique intégré aux activités d'écriture**.
Cette option pouvant être, pour beaucoup d'entre vous, totalement nouvelle, nous allons la développer en détail.

Travailler de concert l'écriture et l'orthographe : quels fondements didactiques et psychologiques ?

Nous pensons qu'il est souhaitable et efficace d'habituer les élèves à exercer la vigilance orthographique dès leur découverte de l'écrit, à savoir dès la grande section. Pour défendre cette option, plusieurs éléments :

1 **Les élèves répugnent le plus souvent à inventer l'orthographe d'un mot.**
Quel.le enseignant.e n'a jamais été assailli.e de questions de type : « Maitre.sse, comment ça s'écrit, *éléphant* ? Maitre.sse, *bateau* c'est quel [o] à la fin ? » Nous détaillons (p. 56 et suivantes) une démarche, en lien avec l'utilisation d'outils, permettant d'assurer une certaine autonomie orthographique aux élèves.

2 **Les élèves se souviennent généralement mieux de l'orthographe erronée qu'ils ont d'abord produite que de l'orthographe corrigée à postériori.**
À ceci, une explication d'ordre psychologique : quand l'élève produit une graphie en essayant d'imaginer l'orthographe d'un mot, il est dans une phase très soutenue de réflexion et de production. S'il écrit **farmassie*, par exemple, ce n'est pas le fruit du hasard, mais le résultat d'efforts intenses. La correction ultérieure, venant de l'extérieur (de l'enseignant.e, le plus souvent), n'effacera pas en mémoire la trace de cet effort initial. Lorsqu'ils recopient leur premier jet, bien des élèves commettent à nouveau les mêmes erreurs, qu'on avait pourtant passé beaucoup de temps à corriger… Ces erreurs, qu'on prend souvent pour de l'inattention, sont la résultante d'un premier encodage – hélas – erroné. André Ouzoulias disait : **« Il vaut mieux *établir* l'orthographe que la *rétablir*. »** Autrement dit, en limitant le nombre d'erreurs évitables, et donc en offrant des démarches et des outils adaptés aux élèves, on leur fait vivre des expériences d'encodage réussies, laissant en mémoire des traces utiles, car « justes du premier coup ». C'est la multiplication de ces expériences réussies qui assure, à moyen et long terme, une orthographe sure et exacte.

3 D'un point de vue psychologique, en séparant explicitement les deux phases (une phase de production suivie d'une phase de correction), **on n'entraine pas l'élève à porter une attention conjointe au sens et à la forme**. C'est pourtant le but ultime de la scolarité obligatoire en matière de maitrise de la langue, et nous pensons que les bonnes habitudes s'acquièrent tôt.

Osons cette analogie : en matière de maitrise de l'énergie, on dit que le kilowatt le moins cher est celui qu'on ne consomme pas. D'un point de vue ergonomique, **l'énergie et le temps fournis par l'élève et son enseignant.e pour corriger des erreurs qui auraient pu**

être évitées sont évidemment de l'énergie et du temps qui auraient pu être dépensés autrement en classe. Le cout de l'erreur orthographique est sans conteste important : temps passé ; baisse de motivation pour l'écriture ; mémorisation de formes erronées difficiles à remplacer par les formes exactes ; piètre confiance en ses propres capacités à bien orthographier ; etc.

Évidemment, toutes les erreurs orthographiques ne peuvent être évitées d'emblée. Des temps de correction sont donc nécessaires, mais nous pensons qu'ils seront plus efficaces si le nombre d'erreurs initial est moins important. Quand on adopte la vigilance orthographique intégrée à l'écriture, les erreurs d'ordre grammatical qu'on peut corriger en faisant appel à des savoirs acquis ou en cours d'acquisition deviennent plus fréquentes, en proportion, que les erreurs d'ordre lexical.
L'enseignant.e a plus de temps à consacrer à chaque élève, dans la mesure où le nombre total d'erreurs commises est moins grand, et que l'élève a davantage de ressources pour corriger lui-même certaines erreurs (recours à des outils de référence).

Comment limiter les erreurs en production d'écrit ?

C'est une démarche à déployer sur le cycle entier : mettre en place, dès le CP, des outils orthographiques évolutifs : listes thématiques, outils de référence analogique, listes d'expressions et de structures très fréquentes en écriture. Ces outils peuvent prendre la forme d'un cahier, d'un porte-vue, d'affichages, etc. qui seront transmis tout au long du cycle.

Exemple d'outils de référence analogique

Ils permettent de travailler sur les homophones grammaticaux avant qu'une réflexion grammaticale soit possible, et ce, sans opposer ces homophones deux à deux.

à	et	a	est
un sac à main	le jour et la nuit	Zoé a sept ans.	Il est midi.
une machine à laver	du sel et du poivre	On a chanté.	Elle est malade.
J'ai mal à la tête.	toi et moi	Il a de la chance.	On est arrivé.
On va à la piscine.	un chat et un chien	Le chien a faim.	Max est au CE1.
…	…	…	…

Ces listes peuvent prendre la forme d'affiches ou être rassemblées dans un outil individuel (cahier, classeur, porte-vues...).

Exemple d'expressions et de structures très fréquentes en écriture

On est allés…	Je voudrais…
Nous sommes allés…	J'aimerais bien…
C'est bien.	mon meilleur copain
C'était super…	ma meilleure copine
On s'est bien amusés.	…
Il y a…	

Outils ponctuels

Proposer, sur une fiche individuelle ou en affichage au tableau, une liste de mots et d'expressions présentant le champ lexical de l'écrit qui sera produit. Par exemple, si l'on travaille sur la germination :

le cotylédon	les cotylédons	arroser
la croissance		germer
la graine	les graines	pousser
la feuille	les feuilles	
le germe		
la jeune pousse		
la germination		
la racine	les racines	
la terre		
…		

Outils publiés

Dans la collection C.L.É.O., *Mon répertoire orthographique pour écrire* peut devenir l'un des outils de référence de l'élève de cycle 2. Regroupant dans un format concis un grand nombre de ressources (orthographe lexicale, orthographe des accords, terminaisons verbales, principaux homophones grammaticaux), il permet à l'élève, dès la fin du CP et jusqu'au CE2, de gagner un certain degré d'autonomie dans sa conquête de l'orthographe. Les élèves y trouveront la grande majorité des mots qu'ils utilisent spontanément en écriture (par exemple, ils y trouveront « coccinelle », mais pas « coléoptère ».)
Vous en trouverez une présentation complète sur le site compagnon www.cleofrancais.fr.

D'autres outils sont disponibles chez d'autres éditeurs :

- *Mes outils pour écrire*, Ribambelle, Hatier.
- *Chouette, j'écris*, coll. ICEM, PEMF, diffusion BPE.
- *3 000 mots pour écrire et se corriger tout seul*, coll. ICEM, PEMF, diffusion BPE.

L'idéal est que chaque élève possède un de ces outils, se l'approprie et l'utilise au quotidien pour gagner en autonomie. De tels outils demandent un temps d'apprentissage explicite, afin que les élèves apprennent à les utiliser avec efficacité.

Comment limiter la surcharge cognitive pendant l'écriture ?

La mémoire de travail étant limitée, l'élève parvient difficilement à gérer en temps réel les différentes dimensions de l'écriture : recherche et organisation des idées, geste graphomoteur, choix lexicaux, organisation syntaxique des phrases, vigilance orthographique. Il faut donc veiller à supprimer ou à alléger un certain nombre de tâches afin de lui permettre d'écrire.

On peut limiter cette surcharge cognitive :

- En orientant les élèves vers tous les outils disponibles dans la classe.
- En faisant produire à l'oral les phrases que l'on se prépare à écrire. Cette pratique particulière de l'oral, un « oral pour écrire », est très efficace pour donner une première réalité sonore à la future phrase écrite. L'élève produit un premier énoncé à l'oral, qu'il sera souvent utile de faire reformuler jusqu'à obtention d'une phrase prête à écrire.

– En faisant écrire à partir de structures données, de situations génératives, d'écrits divers à réorganiser ou à transformer.
– En limitant le temps d'écriture : faire écrire peu, mais souvent.
– En répartissant le travail entre les élèves (ou binômes).
– En fournissant aux élèves des aides ponctuelles (aide à l'utilisation des outils ; aide à la recherche de mots ou d'informations dans les outils de la classe ; aide au repérage dans l'ordre alphabétique ; écriture au tableau d'un mot absent des outils disponibles).
– En aidant les élèves les plus fragiles et en leur « prêtant notre savoir » : la pratique de la dictée à l'adulte peut perdurer pendant le cycle 2 pour les élèves les plus en difficulté avec l'écrit[3].

Quelques exemples de mise en œuvre en classe

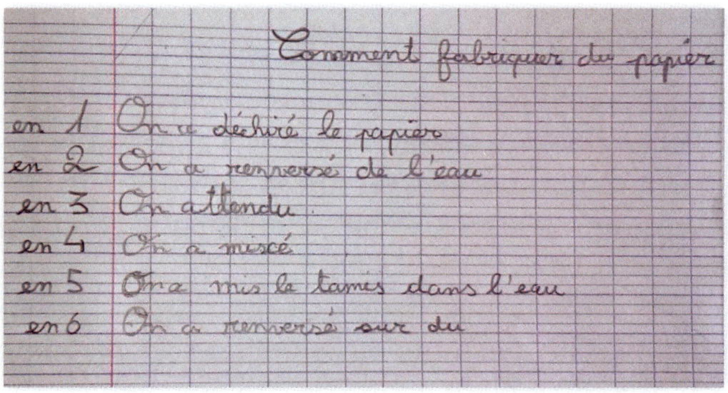
Comment fabriquer du papier
en 1 On a déchiré le papier
en 2 On a renversé de l'eau
en 3 On attendu
en 4 On a mixcé
en 5 On a mis le tames dans l'eau
en 6 On a renversé sur du

Dans cet exemple (texte en cours d'écriture, premier jet), la tâche a été allégée en donnant la structure « On a + -é » et en préparant, à l'oral, les phases de la fabrication au moyen d'une série de photos.

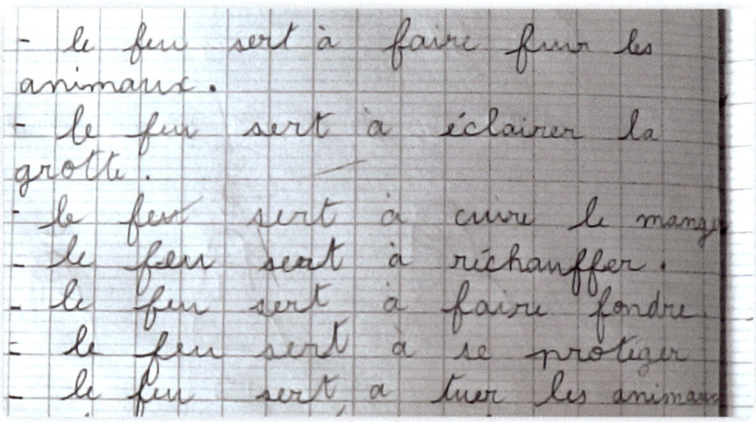
- le feu sert à faire fuir les animaux.
- le feu sert a eclairer la grotte.
- le feu sert à cuire le mang
- le feu sert à réchauffer.
- le feu sert à faire fondre
- le feu sert à se protéger
- le feu sert a tuer les animaux

Dans cet autre exemple, la structure « Le feu sert à + -er » a été écrite au tableau (premier jet).

3 « Dans la continuité de ce qui a été pratiqué à l'école maternelle, dictée à l'adulte aussi longtemps que nécessaire pour les élèves peu autonomes pour écrire. », Programmes 2016 cycle 2.

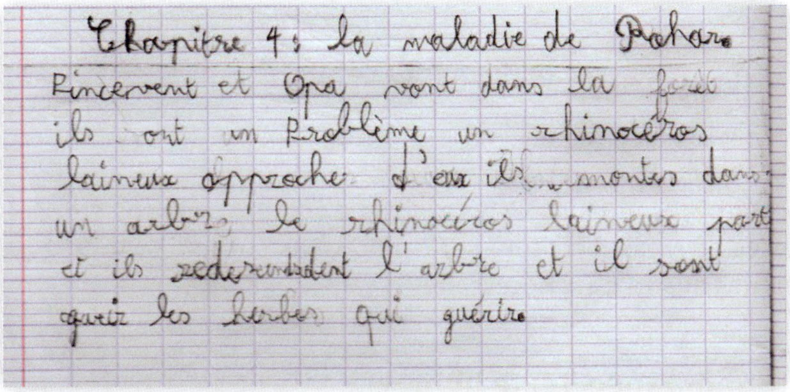
Chapitre 4 : la maladie de Rohar
Rincevent et Opa vont dans la forêt
ils ont un problème un rhinocéros
laineux approche d'eux ils montes dans
un arbre, le rhinocéros laineux part
et ils redescendent l'arbre et il sont
queiz les herbes qui guérire

Cet exemple témoigne de la création collective d'un chapitre intitulé « La maladie de Rohar », pour faire suite à la lecture du roman *La Tribu des Préhistos*. La tâche de rédaction a été répartie entre les élèves, chaque binôme n'ayant à rédiger qu'une phrase (ou un court paragraphe). On voit ici une bonne maitrise de l'orthographe lexicale et grammaticale, sauf dans les deux dernières lignes : les deux élèves voulaient aller au bout de leur travail, mais manquant de temps, et victimes d'une baisse certaine de leurs capacités attentionnelles, voient leur performance orthographique s'effondrer. (Ils voulaient écrire : *ils ont cueilli les herbes qui guérissent*.) D'où l'importance de prévoir des séances d'écriture nombreuses mais courtes.

Comment apprendre aux élèves à retravailler sur leur premier jet ?

Indépendamment des problèmes orthographiques à traiter, les élèves sont souvent peu habitués à retravailler leurs écrits.
Il est donc utile de leur montrer explicitement comment le faire.
Une manière efficace de le faire est de scanner ou de prendre en photo des écrits d'élèves, puis de les projeter au tableau (*cf.* photo ci-contre).

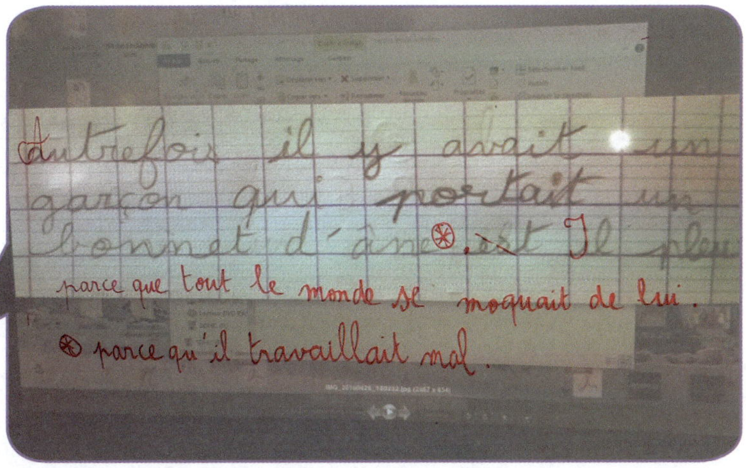

Ici, l'enseignant a fait compléter à l'oral la phrase « Il pleurait *parce que tout le monde se moquait de lui.* » Dans ce cas, il n'est pas difficile d'ajouter la proposition, car il y a la place de le faire. La phrase précédente est ensuite complétée à l'oral : « Il y avait un garçon qui portait un bonnet d'âne *parce qu'il travaillait mal.* » L'enseignant montre alors comment se servir des astérisques, et fait relire le paragraphe entier en insistant sur le parcours de lecture qui doit tenir compte de l'ajout, et donc faire le détour par l'astérisque.

On peut aussi prendre l'habitude d'écrire une ligne sur deux, ce qui facilite le travail ultérieur. Barrer, entourer, faire des flèches, raturer, toutes ces actions sur le texte sont à encourager, car les élèves répugnent généralement à « défigurer » leur premier jet.

Gamme d'activités d'écriture

Voici différentes pistes pour varier les ateliers d'écriture avec vos élèves.
De nombreuses activités d'écriture sont proposées sur le CD-Rom, avec des commentaires spécifiques quand c'est nécessaire. ➡

Écriture spontanée, texte libre

Il arrive que les élèves souhaitent écrire un texte très personnel. Cette forme d'écriture, mise en avant par le mouvement Freinet[4], permet à l'élève d'assumer sa posture d'auteur, et d'éprouver l'acte d'écriture dans toutes ses dimensions.

La difficulté pour l'enseignant est de gérer l'écriture d'une classe entière dans ces conditions. On profitera d'occasions privilégiées pour pratiquer ce type d'écriture : Activités Pédagogiques Complémentaires, travail en atelier, travail avec le maitre supplémentaire, etc.

Le texte suivant a été produit en APC par un élève en difficulté de CE2. C'est l'élève lui-même qui a choisi le thème de son texte. La correction orthographique a été assurée par quelques interactions avec l'enseignant, ainsi qu'en ayant recours à un répertoire orthographique.

Texte rédigé directement sur tablette et aussitôt publié sur le blog de la classe.

Comment il faut s'occuper d'un poisson.

Mon poisson s'appelle monsieur Bubulle.
Dans son bocal il y a des cailloux.
– Il mange de la nourriture de poisson.
– Il faut le nourrir le matin et le soir.
– Il faut changer l'eau du bocal.

Thomas

Situations génératives : listes, abécédaires

On peut imposer 5, 8, 10 items par liste ou laisser ce nombre non précisé : les élèves s'adapteront à leur appétit d'écriture et à leurs capacités.
On part de listes simples, pour peu à peu les enrichir (les thèmes possibles sont infinis).

4 Voir par exemple http://www.icem-pedagogie-freinet.org/node/11154

Listes

Prenons pour exemple ce thème : **Mes fruits préférés**

Établir une liste simple

- les poires
- les cerises
- le melon
- les fraises
- le raisin
- …

Associer un verbe à l'infinitif à chaque fruit listé

- **croquer** dans une pomme
- **déguster** une fraise
- **sucer** un noyau de cerise
- **caresser** la peau d'une pêche
- **éplucher** une banane
- …

Associer fruits et saison

- Mon fruit d'**hiver** préféré, c'est la **mandarine**.
- Au **printemps**, le fruit que je préfère, c'est la **fraise**.
- En **été**, rien n'est meilleur que le **melon**.
- En **automne**, j'adore la **pomme**.

Associer un adjectif à chaque fruit listé

- les poires **juteuses**
- les cerises **délicieuses**
- le melon **sucré**
- les fraises **rouges**
- les kiwis **poilus**
- …

Associer un fruit et une phrase qui l'évoque

- les poires : **J'aime croquer dedans.**
- le melon : **Il me fait penser à l'été.**
- les cerises : **Elles sont rigolotes, on peut se faire des boucles d'oreilles.**
- les fraises : **Avec de la crème chantilly, miam !**
- les kiwis : **J'aime les creuser comme un œuf à la coque.**

Les thématiques sont infinies

- Dix choses que je n'aime pas / Dix choses que j'adore
- Les disciplines scolaires
- Les activités extrascolaires
- Les couleurs
- Le matériel scolaire
- Les sports
- Les aliments
- Les cadeaux qu'on aimerait recevoir
- Les animaux
- Cinq objets rouges / bleus / transparents…
- Ce qui sent bon / Ce qui est doux à toucher / Ce qui est difficile…
- Ce qui me fait envie / Ce qui me fait rêver…
- Ce que je voudrais changer dans le monde

Selon les notions en cours d'apprentissage en étude de la langue, on peut aisément associer un thème de liste à la notion étudiée, par exemple :

Les dix meilleurs moments de la journée → utilisation de « Quand + présent » :

- Quand je fais un câlin à maman.
- Quand papa me lit une histoire.
- Quand la cloche sonne pour la récréation.
- …

Dix choses que je ferai plus tard → utilisation du futur :

- Je voyagerai dans des pays inconnus.
- J'irai sur la Lune.
- Je deviendrai infirmier.
- …

Dix souhaits → utilisation de l'embrayeur « Si j'avais une baguette magique, voilà ce que je ferais : » + verbes à l'infinitif :

Si j'avais une baguette magique, voilà ce que je ferais :
- voler dans les airs ;
- explorer l'Amérique ;
- rencontrer une star ;
- jouer de la batterie ;
- acheter mille bonbons ;
- avoir un hamster ;
- me transformer en super-héros ;
- habiter un palais.
- …

Dix choses que je faisais quand j'étais petit.e → utilisation de l'imparfait :

- Je buvais au biberon.
- Je marchais à quatre pattes.
- Je tirais la queue du chat.
- …

Abécédaires simples, autour d'un thème

Exemple autour du thème des fruits

Bien sûr, certaines initiales, quel que soit le thème choisi, sont difficiles à utiliser. Dans ce cas, c'est l'enseignant.e qui proposera les mots manquants.

Ananas
Banane
Cerise
Dattes
…

On peut complexifier peu à peu, par exemple en cherchant un mot se rapportant au fruit et en l'insérant dans une courte phrase :

L'ananas : il m'ouvre l'appétit.
La banane : elle est bonne.
La cerise : je la croque.
Les dattes : elles sont délicieuses.
…

Au CE2, on pourra se montrer plus ambitieux : écrire, pour chaque lettre, une phrase reprenant le plus possible de mots commençant par cette lettre (pratique du **tautogramme**) :

C : Le canard, le cochon, le chat
et le canari chantent une comptine.

On peut partager les lettres de l'alphabet entre les élèves ou les binômes, pour limiter la durée de l'activité.

Abécédaires en fonction des classes grammaticales

Par exemple, lister des verbes d'action, des adjectifs, des adverbes en *-ment*:

amicalement
bizarrement
calmement
difficilement
...

On peut ensuite inventer une histoire simple, en utilisant ces adverbes dans l'ordre alphabétique:

J'ai dit bonjour amicalement à la nouvelle élève.
Elle m'a regardé bizarrement.
Je lui ai parlé calmement.
Elle me comprenait difficilement.
...

Portrait en adjectifs, en noms, en verbes...

Une modalité d'écriture, en lien direct avec l'étude de la langue et de l'utilisation d'un répertoire, consiste à sélectionner les adjectifs qualifiant un personnage.

Jeune, belle, travailleuse, souriante, gentille, courageuse,
c'est Blanche-Neige
Jalouse, méchante, cruelle, furieuse, empoisonnante, c'est la reine.
Travailleurs, petits, gentils, nombreux, ce sont les sept nains.
Rusé, cruel, dangereux, affamé, féroce, c'est le loup.

Classe de CE2

Selon le même principe, on peut décrire des personnes ou des personnages de fiction à partir de verbes ou de noms.

Ils apprennent, ils écrivent, ils copient, ils récitent, ils travaillent,
ils dessinent, ce sont les élèves.
Il vole, il se bagarre, il protège, il sauve, il menace, il repousse,
il se transforme, il voyage, il se déguise, c'est Superman.
Douceur, gentillesse, beauté, calme, force, joie, protection, travail,
AMOUR, c'est ma maman.

Classe de CE2

Situations génératives: écrire à partir de poèmes, de comptines...

Une infinité d'œuvres littéraires peuvent se prêter à l'imitation, à la transformation, au détournement, à l'invention d'une suite, etc.
Nous vous proposons dans le CD-Rom une large gamme d'activités, adaptables et modifiables selon les compétences travaillées et les aptitudes de vos élèves. Un guidage pour l'enseignant y est proposé.

À partir du poème « Autocritique » de Jean-Pierre Develle

Autocritique

Qu'est-ce qui ne va pas sur la terre ?
C'est le chat dit la souris
C'est le lion dit la gazelle
C'est le loup dit l'agneau
C'est l'homme dit l'homme.

À partir de la chanson « Hou hou le loup » de Philippe Roussel

Hou, hou, le loup !

Refrain :
Hou, hou, hou, hou,
Je suis le loup je suis le loup
Hou hou, hou, hou,
Gare à vous, cachez-vous !

Je vais manger un oiseau.
Un oiseau c'est bien trop beau.

Je vais manger un lapin.
Un lapin ça court trop loin.

Je vais manger un éléphant.
Un éléphant c'est bien trop grand.

Je vais manger une chaussure.
Une chaussure c'est bien trop dur.

À partir du poème « J'ai trempé » de René de Obaldia

J'ai trempé

J'ai trempé mon doigt dans la confiture
turelure
Ça sentait les abeilles
Ça sentait les groseilles
Ça sentait le soleil
J'ai trempé mon doigt dans la confiture
Puis je l'ai sucé
Comme on suce les joues de bonne grand-maman
Qui n'a plus mal aux dents
Et qui parle de fées...
Puis je l'ai sucé
Sucé
Mais tellement sucé
Que je l'ai avalé.

René de Obaldia, in *Innocentines*,

À partir du poème « Si... » de Jean-Luc Moreau

Si...

Si la sardine avait des ailes,
Si Gaston s'appelait Gisèle,
Si l'on pleurait lorsqu'on rit,
Si le pape habitait Paris,
Si l'on mourait avant de naitre,
Si la porte était la fenêtre
Si l'agneau dévorait le loup,
Si les Normands parlaient Zoulou,
Si la mer Noire était la Manche,
Et la mer Rouge la mer Blanche
Si le monde était à l'envers,
Je marcherais les pieds en l'air,
Le jour je garderais la chambre,
J'irais à la plage en décembre,
Deux et un ne feraient plus trois
Quel ennui ce monde à l'endroit !

Jean-Luc Moreau, in *La Nouvelle guirlande de Julie* : poèmes inédits pour enfants, J. Charpentreau, © Éditions ouvrières, 1977.

L'objectif peut être de faire écrire à l'imparfait, et pourquoi pas... au conditionnel : bien que ce temps ne soit pas étudié au cycle 2 (ni même au cycle 3), on peut tout à fait l'utiliser en s'appuyant sur sa connaissance intuitive à l'oral, et en orthographiant les terminaisons comme s'il s'agissait de l'imparfait.

À partir de la comptine « Ça serait... »

Ça serait...

Ça serait bien
un ours brun

Ça serait chouette
des lunettes violettes

Ça serait super
des gâteaux verts

Ça serait génial
une voiture rose pâle

Ça serait merveilleux
un dinosaure bleu

Ça serait amusant
un chameau blanc

ça serait étrange
des yeux orange

Ça serait grandiose
un superhéros rose

Ça serait bizarre
un clown noir

Ça serait monotone
des policiers jaunes

Ça serait mignon
des moutons marron

À partir du poème « Mon filet à papillons » de Pierre Coran

Mon filet à papillons

Dans mon filet à papillons,
J'ai un criquet, dix pucerons,

Un limaçon
Qui fait des bulles,
Des libellules
Qui font des bonds,

Trois sauterelles
Et leur échelle,
Trois faux bourdons
Et leur bedon...

Quand verra-t-on dans les parages
Un papillon qui déménage ?

Pierre Coran, in *Comptines pour jongler avec les rimes – Direlire*, © Casterman.

À partir de la comptine « La souris »

La souris

La souris grise
passe sous ma chemise
La souris blanche
ressort par une manche
La souris jaune
se faufile derrière le téléphone
La souris noire
se glisse sous l'armoire
La souris bleue
se réchauffe au coin du feu
La souris rose
fait une petite pause
La souris verte
sort par la fenêtre ouverte.

À partir du poème « Pour un enfant lointain » d'Alain Bosquet

Pour un enfant lointain

Tu peux jouer au caillou :
il suffit de ne pas bouger
très longtemps, très longtemps.

Tu peux jouer à l'hirondelle :
il suffit d'ouvrir les bras et de sauter
très haut, très haut.

Tu peux jouer à l'étoile :
il suffit de fermer l'œil
puis de le rouvrir
beaucoup de fois, beaucoup de fois.

Tu peux jouer à la rivière :
il suffit de pleurer
pas très fort, pas très fort.

Tu peux jouer à l'arbre :
il suffit de porter quelques fleurs
qui sentent bon, qui sentent bon.

Alain Bosquet, in *Le Cheval applaudit*, © Éditions ouvrières, 1977.

À partir du poème « Quand la vie est un collier » de Jacques Prévert

Quand la vie est un collier

Quand la vie est un collier
chaque jour est une perle
Quand la vie est une cage
chaque jour est une larme
Quand la vie est une forêt
chaque jour est un arbre
Quand la vie est un arbre
chaque jour est une branche
Quand la vie est une branche
chaque jour est une feuille

Quand la vie est la mer
chaque jour est une vague
chaque vague une plainte
une chanson un frisson

Quand la vie est un jeu
chaque jour est une carte
le carreau ou le trèfle
le pique le malheur
Et quand c'est le bonheur
les cartes de l'amour
c'est le cul et le cœur.

Jacques Prévert, in *Fatras*,

À partir du poème « Dans Paris » de Paul Éluard

Dans Paris

Dans Paris il y a une rue ;
Dans cette rue il y a une maison ;
Dans cette maison il y a un escalier ;
Dans cet escalier il y a une chambre ;
Dans cette chambre il y a une table ;
Sur cette table il y a un tapis ;
Sur ce tapis il y a une cage ;

Dans cette cage il y a un nid ;
Dans ce nid il y a un œuf ;
Dans cet œuf il y a un oiseau.

L'oiseau renversa l'œuf ;
L'œuf renversa le nid ;
Le nid renversa la cage ;
La cage renversa le tapis ;
Le tapis renversa la table ;
La table renversa la chambre ;
La chambre renversa l'escalier ;
L'escalier renversa la maison ;
la maison renversa la rue ;
la rue renversa la ville de Paris.

Paul Éluard, in *Poésie involontaire et poésie intentionnelle*,
coll. « Poésie d'abord », © Seghers, 1963, 2011.

À partir du poème « Le château de Tuileplatte » de Glyraine

Le château de Tuileplatte

Au château de Tuileplatte
La révolution éclate.

J'ai trouvé
Vrai de vrai

Le poulet
Dans le lait.

Le lapin
Dans le vin.

Le cochon
Dans le charbon.

Le cheval
Dans le bocal.

Le chevreau
Dans le pot.

Le dindon
Sur l'édredon.

L'hirondelle
Dans le sel.

Le pigeon
Dans le son.

La tortue
Dans le bahut.

La grenouille
Dans les nouilles.

La souris
Dans le riz.

Et le chat
Tra la la

Dans le plat
De rutabaga.

Glyraine, in *La Poèmeraie. Poésies modernes*,
Got / Vildrac / Couteau, © Armand Colin, Paris, 1980.

Situations génératives : écrire à partir d'albums, de romans, etc.

À partir de l'album *Quand j'étais petit* de F. Pittau et B. Gervais, Ed. Gallimard Jeunesse

Raconte ta journée quand tu étais encore un bébé, ou presque : restais-tu à la maison, allais-tu à la crèche, ou chez une gardienne ? Comment se passaient tes journées, du matin jusqu'au soir ?

À partir de la chanson « *Le matou revient* » de Steve Waring[5]

Dans cette chanson à l'humour grinçant, un fermier cherche par tous les moyens à se débarrasser de son chat.

Vos élèves ne manqueront pas d'imaginer mille moyens de se débarrasser du chat, tous plus horribles les uns que les autres ! Le moteur de l'écriture est ici... la transgression ! Il est intéressant de noter que les couplets d'origine de cette chanson sont composés de manière très libre. Il sera donc assez aisé de s'essayer à chanter les couplets inventés par la classe.

À partir de *Ma boite à bonheur* d'Isabelle Hoarau, illustrations d'Aurélia Moynot, © Océan Jeunesse, 2007

Lire l'album et s'imprégner de la structure du texte :

> Dans ma chambre j'ai une boite à bonheur.
> Quand je l'ouvre, je contemple les trésors que j'ai ramassés.
> IL Y A un doudou, tout chaud, tout doux qui me câline
> quand je me sens seule et perdue dans le vaste monde.

Les pages qui suivent sont toutes construites à partir de cette structure :

> Il Y A + [objet] qui … / que …

La dernière page conclut ainsi :

> Quand je suis triste, j'ouvre ma boite à trésors, alors tous mes petits bonheurs se mettent à danser autour de moi et mes larmes s'envolent…

L'acte d'écrire peut être un acte éminemment personnel, intime, et cette dimension fait de nos élèves, dès leurs premières productions, des auteur.e.s au sens plein. Pour autant, cette expression toute personnelle d'émotions, de souvenirs, d'impressions, de réflexions, n'est rendue possible que par des apports extérieurs, tels que des textes constituant des matrices et des déclencheurs d'écriture.

---

5 Steve Waring, CD « Les grenouilles », *Chant du Monde*.

Au cycle 2, les élèves, dans un double mouvement, **incorporent** des formes, des éléments langagiers et linguistiques, qui leur sont extérieurs pour les **restituer** dans leurs écrits d'une manière tout à fait personnelle et singulière.
C'est pour cette raison que l'écriture «à partir de», «à la manière de», le pastiche, le détournement... sont des modalités particulièrement fécondes, permettant aux élèves de s'engager dans l'écriture dans un environnement balisé, sécurisant, ce qui leur permettra de prendre ensuite des libertés avec cette structure.
Observez de quelle manière trois élèves se sont d'abord approprié le texte de l'auteure, avant d'en faire un point d'appui pour développer une expression singulière.

Texte original

IL Y A une plume douce et grise. C'est le souvenir de la caresse de maman, un matin d'été. Le soleil brillait et les cardinaux sifflaient dans les arbres.

Texte d'Annabelle, CE1

Dans ma boite à bonheurs
IL Y A
une belle plume noire et blanche.
C'est mon martin Miss Cacahouète
qui me l'a donnée.
Elle est jolie et douce comme mon martin.

Texte original

Il y a un caillou en forme de cœur. Je l'ai trouvé en me promenant dans un sentier au milieu de la forêt (...)

Il y a une perle aux couleurs de l'arc-en-ciel que m'a offerte une sirène. (...)

Texte de Nathygane, CE1, qui incorpore des éléments de deux pages différentes.

Dans ma boite à bonheurs
IL Y A
un diamant que maman m'a offert.
Je l'aime beaucoup
parce qu'il est en forme de cœur.

Texte original

IL Y A un doudou, tout chaud, tout doux qui me câline quand je me sens seule et perdue dans le vaste monde.

Texte d'Alice, CE1

Dans ma boite à bonheurs
IL Y A
mon doudou. Il s'appelle Takinou.
C'est mon doudou préféré.
C'était le doudou de ma sœur.
Il est très vieux, mais très doux.
C'est un doudou d'enfance très très douce.
Je l'adore.
À chaque fois que je le serre contre moi,
une chaleur en sort.
Il est magique, mon doudou.

À partir de *Va t'en grand monstre vert*, de Ed Emberley, L'École des loisirs

Cet album dévoile à chaque page tournée les caractéristiques d'un monstre aux grands yeux jaunes, au long nez bleu turquoise, à la grande bouche rouge, aux dents blanches et pointues, etc.

Après avoir lu l'album et repéré les adjectifs qui précisent comment sont les différentes parties du visage, il est facile de dresser différentes listes (parties du visage, adjectifs précisant la forme, la couleur, la taille, l'aspect...), puis de compléter ces listes avec d'autres noms et adjectifs possibles.

On cherchera toutes les manières possibles d'écrire noms et adjectifs, au singulier et au pluriel, au masculin et au féminin.

Les parties du visage

l'œil	les yeux
la bouche	les bouches
le nez	les nez
la narine	les narines
la joue	les joues
	…

Les adjectifs pour préciser la forme

pointu - pointue - pointus - pointues
tordu - tordue - tordus - tordues
étroit - étroite - étroits - étroites
…

Les adjectifs pour préciser la taille

grand - grande - grands - grandes
long - longue - longs - longues
petit - petite - petits - petites
…

Une fois ce « matériau de base » préparé, chaque élève peut s'engager avec assurance dans la description, puis dans l'illustration de son monstre.
On pourra ensuite, dans une autre séance, lister les différentes parties du corps et compléter le portait du visage par une description plus générale du monstre. Cette production d'écriture sera engagée en lien avec l'étude de l'accord de l'adjectif avec le nom.

À partir de *Bon appétit ! Monsieur Lapin*, de Claude Boujon, L'École des loisirs, 1985

Dans cet album, Monsieur Lapin, lassé des carottes, interroge toutes sortes d'animaux sur leur régime alimentaire, jusqu'à rencontrer le renard…

Suite à l'étude du régime alimentaire des animaux, ce célébrissime album permet d'écrire une version en liaison avec le domaine « Questionner le monde » : *Connaitre des caractéristiques du monde vivant, ses interactions, sa diversité ; présenter les régimes alimentaires de quelques animaux*, etc.

À partir de *My Friends* de Taro Gomi, Ed. Turtleback Books

Cet album en anglais constitue d'abord un support très adapté pour une séquence de storytelling au cycle 2 :

I learned to walk from my friend the cat.
I learned to jump from my friend the dog.
Etc.

Sa structure répétitive permet ensuite un travail d'écriture en français :

Mon ami le chat m'a appris à marcher.
[traduction alternative : J'ai appris à marcher grâce à mon ami le chat.]

On peut commencer par lister les verbes de mouvement présents dans l'album original : *marcher, sauter, grimper, courir,* etc.
Puis élargir les possibilités d'écriture en associant un verbe et un animal :

> se camoufler → le caméléon
> dormir → la marmotte
> …

Il faudra attirer l'attention des élèves sur les accords au masculin ou au féminin :

> mon amie la marmotte /
> mon ami le caméléon.

La présence, dans les deux cas, du déterminant « mon » ne rend pas les choses faciles !

À partir de *Mes parents sont marteaux* et *Mes grands-parents sont timbrés* de Philippe Besnier et Lynda Lorazza © Le Rouergue, 2009, ou de *Maman m'a dit que…* d'Alain Le Saux, © Éd. Payot Rivages, 1996

Dans les deux albums de Philippe Besnier, l'auteur illustre deux fois les mêmes phrases de manière très élaborée :

– la première en tenant compte du sens normal de tous les mots selon le contexte ;
– la seconde en illustrant un autre sens, ou encore un homophone, par exemple : *« Dans la boulangerie, il y avait un vieux monsieur avec une canne [une cane] qui hésitait entre une religieuse [gâteau ou personne] et un chausson aux pommes [gâteau ou pantoufle]. »*

L'album d'Alain Le Saux, sans doute plus accessible aux CE1, fonctionne selon le même principe : l'illustration détourne le sens attendu d'une phrase ou d'une expression. Par exemple : *Maman m'a dit que son amie Yvette était vraiment chouette.* », l'amie étant effectivement dessinée avec un visage de chouette. L'effet comique de ces quiproquos ne manquera pas d'inspirer vos élèves.

Des mots très courants, polysémiques, (tels *couverture, feuille, branche, buche, bouchon, tableau, dossier…*) serviront de matériau de base. Proposez-les à vos élèves sans les commenter. Ils devront imaginer un contexte possible pour illustrer ce mot avec un autre sens que celui attendu.

C'est une excellente activité pour initier vos élèves au montage d'images sur support numérique.

Production d'une classe de CE2

Ma chaise a un beau dossier.

Mon livre a une jolie couverture.

Maman m'a dit qu'elle avait été prise dans un bouchon en rentrant du travail

Écrire un fait divers

programmes 2016

> « **La diversification des textes produits est liée à la diversité des situations offertes par l'ensemble des activités de la classe. C'est le travail "méthodologique" en continu sur le cycle, en interaction avec la lecture et l'étude de la langue, qui fera progresser les élèves, alors que les activités dans lesquelles il s'insère apporteront la matière aux productions.** Les occasions d'écrire très nombreuses devraient faire de cette pratique l'ordinaire de l'écolier. Celui-ci gagne à se représenter l'enjeu du texte, l'intérêt de son ou de ses lecteur(s) pour s'engager dans la tâche (élaboration d'écrits en interaction avec la lecture pour donner envie de lire un livre, rédaction de synthèses partielles puis finale dans une séquence d'apprentissage pour se remémorer l'essentiel de ce qui est à savoir, pastiches pour amuser, exposé de "faits divers" arrivés dans l'école pour informer via le journal ou le blog de l'école, etc.). »

L'écriture d'un fait divers permet de travailler de manière authentique sur une des fonctions de l'écrit : informer.

Pour que cette fonction d'information soit mise en œuvre d'une manière réaliste, il est intéressant de mobiliser les élèves dans des conditions proches de celles du travail des journalistes, en temps limité. Le blog de l'école ou de la classe est tout indiqué pour accueillir les textes produits, puisqu'il permet une diffusion quasi instantanée.

Voici le déroulé d'une séance improvisée dans un CE1. Le matin même, l'école avait été évacuée pour suspicion d'émanation de gaz toxiques. Belle occasion dont l'enseignant s'est emparé pour écrire à chaud un fait-divers. La séance a lieu en début d'après-midi.

1 Évocation orale du fait divers, en reprenant le déroulé temporel (5 à 10 minutes)

L'enseignant écrit au tableau les mots-clés, éventuellement des éléments de chronologie s'ils sont nécessaires pour structurer le récit.

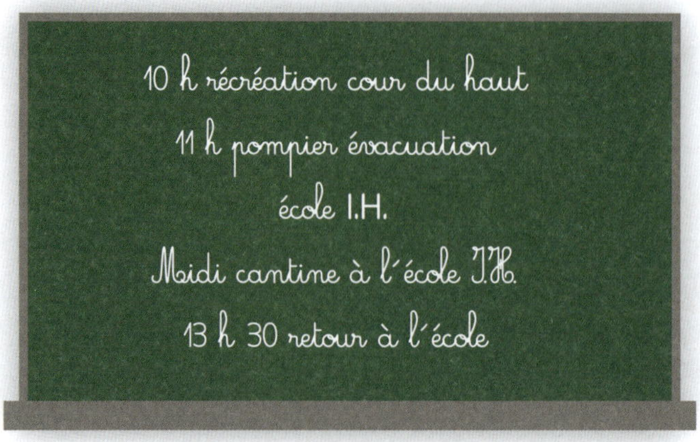

2 Répartition de la tâche d'écriture (15 minutes environ)
Les élèves choisissent un moment du fait-divers à raconter.
L'écriture se fait ensuite en binômes, avec vigilance orthographique intégrée à l'activité : utilisation d'un répertoire orthographique, des outils et référents disponibles en classe. Quelques mots sont écrits au tableau par l'enseignant.

3 Saisie à l'ordinateur (15 minutes environ)
Les premiers binômes ayant finalisé leur partie de texte le saisissent à l'ordinateur. L'enseignant projette au tableau ces fragments qui sont sélectionnés, assemblés et éventuellement édités pour assurer la cohérence textuelle. Un titre est choisi, le texte est relu et validé collectivement. Si un accès Internet le permet, le billet est aussitôt publié sur le blog.

L'évacuation de l'école

Ce matin, à 10 heures, Madame la Directrice a cru sentir une drôle d'odeur bizarre. On a fait la récréation dans la cour du haut.
À 11 heures, un pompier est arrivé dans la classe pour nous dire qu'il fallait évacuer toute l'école.
Les professeurs et les élèves sont allés dans l'école I. H. [école voisine]
On a eu un peu peur pour l'école et pour les autres, à cause du gaz toxique.
On a retrouvé des copines, c'était chouette.
On ne savait pas ce qui se passait et on a joué dans la cour.
Ensuite, à midi, on a mangé dans la cantine d'I. H.
Après le repas, on est allé en récréation dans la cour d'I. H.
À 13 heures 30, les pompiers nous ont demandé de retourner dans notre école. Tout allait bien.

Texte finalisé collectivement

Écrire dans toutes les disciplines : Exemples de démarches

À partir d'une séquence du domaine « Questionner le monde » sur l'école autrefois

La première séance est d'abord consacrée à l'observation collective, à l'oral, d'une série de photographies sur l'école autrefois. ➡

Cette première phase permet de relever au tableau le lexique peu ou pas connu des élèves : *plume, encrier, béret, sabots, tablier*, etc.

On forme des binômes à qui l'on confie une des photos précédemment commentées collectivement. Chaque groupe écrit un court paragraphe pour décrire sa photo.

Pour préparer l'écriture, on réactive les terminaisons de l'imparfait : *-ait, -aient*, ainsi que les expressions pour parler du passé : *autrefois, dans l'ancien temps, dans le passé*, etc.

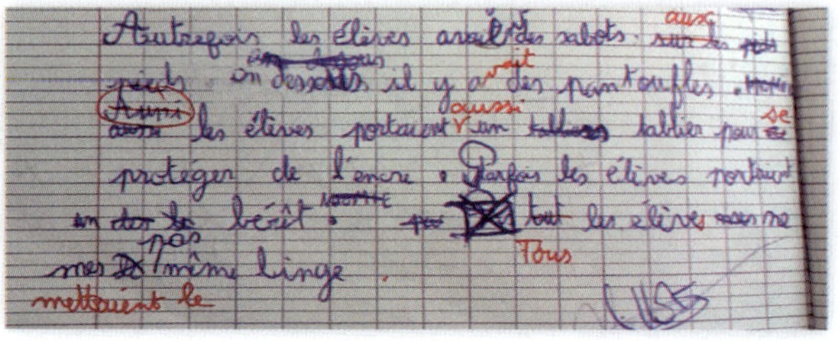

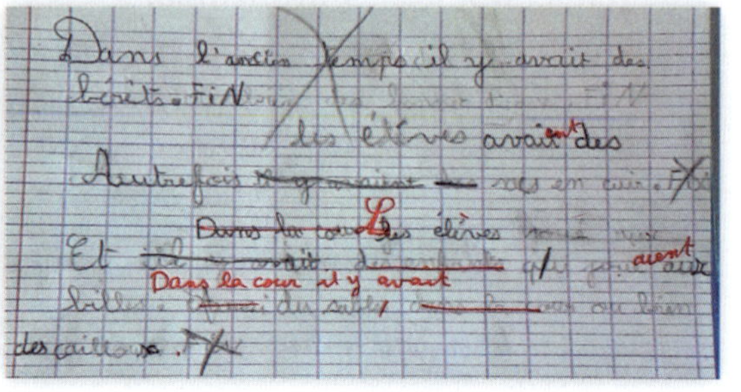

On voit que les interventions de l'enseignant concernent surtout l'organisation syntaxique du texte, des ajouts, mais très peu l'orthographe lexicale. Dans cette classe, les élèves ont pris l'habitude, pour la plupart, de ne pas inventer l'orthographe des mots inconnus et de se servir des outils à leur disposition.

C'est à l'enseignant que revient la tâche de montrer comment on intervient sur les premiers jets, car les élèves le font rarement spontanément. Le cahier d'essais, ou le cahier d'écriture, est souvent considéré comme un support trop léché, où l'erreur et la reprise ne sont pas permises... Le travail de réorganisation des premiers jets, à l'aide de ratures, flèches, symboles, astérisques, etc. est donc à faire voir aux élèves, sur leur cahier ou au tableau (en projetant des premiers jets scannés ou pris en photo), afin que, peu à peu, ils s'autorisent (et « s'auteurisent ») à faire eux-mêmes.

La séance suivante (20 minutes environ) permet de finaliser les textes, notamment en ajoutant des informations citées à l'oral lors de la première séance mais oubliés à l'écrit.

La dernière séance consiste en une lecture-puzzle : les textes finalisés sont à apparier à chaque photo, et l'ensemble constitue la trace écrite dans le cahier « Questionner le monde ».

Les élèves avaient des sabots aux pieds. En dessous, ils portaient des pantoufles. Ils portaient aussi des tabliers pour se protéger de l'encre.

Sur cette photo, on voit un garçon qui porte un bonnet d'âne. parce qu'il a mal travaillé. Il pleure parce que tout le monde se moque de lui.

Autrefois, il y avait des écoles pour les filles et des écoles pour les garçons. Les filles s'habillaient en jupes et en robes. Elles portaient de petits nœuds dans les cheveux pour les photos.

Dans l'ancien temps, il y avait du sable et des graviers dans la cour. Les enfants jouaient aux billes en terre. Les billes sont dans un petit sac de toile. Ils portaient tous des bérets sur la tête, des chaussures en cuir, des sacs en cuir ou des sacoches en bandoulière.

Les élèves n'avaient pas le droit de parler une autre langue que le français à l'école. Il y avait beaucoup de choses interdites, comme, par exemple, mettre son porteplume dans l'oreille (pour ne pas se percer le tympan).

Autrefois, les élèves écrivaient avec un Porteplume. Il fallait changer la plume quand elle était usée. Ils avaient une écriture magnifique.

Il n'y avait que des garçons dans cette classe. Au mur, il y avait des portemanteaux. Dans les pupitres en bois, on voit des encriers.

Cet exemple de démarche donne une idée de ce qu'il est possible de faire dans le domaine « Questionner le monde ».

On peut en dégager quelques principes généraux, afin de construire des séquences sur d'autres thèmes d'étude

– L'activité d'écriture ne se surajoute pas à la séance elle-même, *elle en constitue le cœur*.
– Il est toujours intéressant, dans un souci de limiter le temps consacré à l'activité, de *diviser la tâche d'écriture* entre élèves (ou groupes d'élèves).
– *Valoriser les écrits* des élèves en les utilisant en tant que traces écrites dans les cahiers donne une finalité évidente à l'activité d'écriture.
– Le binôme est, la plupart de temps, *le meilleur mode de regroupement pour l'écriture*. Au-delà de deux, il est très difficile de maintenir l'activité réelle de tous les élèves du groupe.
On peut constituer des *binômes homogènes* (permettant, par exemple, aux élèves les plus avancés de s'engager dans l'écriture de textes plus longs) ou *hétérogènes* (pour favoriser le transfert d'habiletés de l'élève le plus avancé vers le moins avancé). Ne pas oublier, par ailleurs, que l'élève le plus avancé tire lui aussi grand profit de ce type d'organisation : en explicitant, en corrigeant, et en proposant son aide à son camarade moins avancé, il renforce ses propres compétences.

Lier lecture et écriture

programmes 2016

Activités variées guidées par le professeur permettant aux élèves de mieux comprendre les textes : réponses à des questions, paraphrase, reformulation, titres de paragraphes, rappel du récit («racontage»), représentations diverses (dessin, mise en scène avec marionnettes ou jeu théâtral…).

Au cycle 2, les programmes donnent de nombreuses pistes pour travailler sur la compréhension de textes autrement qu'au moyen de questionnaires. Dans l'activité présentée ci-dessous, il s'agit de manifester sa compréhension d'un passage au moyen d'abord d'un dessin, puis d'une courte production.

Cette classe de CE1 est en train de lire *20 contes du pourquoi* (Michel Piquemal et Régis Delpeuch, Sedrap). L'un des contes explique comment trois baleines, nommées Jujuba, Jujube et Juba, inventent un stratagème assez compliqué pour mettre des pêcheurs en fuite.
Après un rappel de récit oral, l'enseignant a demandé aux élèves de rendre compte, par un dessin, du plan mis au point par les baleines :
– l'une pond des œufs-cailloux ;
– la deuxième fait glisser ces cailloux sur son corps comme sur un toboggan ;
– la troisième les expédie tels des boulets de canon sur les bateaux de pêche.

Ensuite, ils devaient légender l'action de chacune des baleines et le résultat obtenu.
Les élèves manifestent donc leur compréhension de la situation par un dessin, puis rédigent les quatre phrases demandées. La phase orale d'abord, l'appui sur le dessin ensuite ont été des aides efficaces pour un passage à l'écrit réussi. Bien sûr, dans ce type d'activité, c'est le conte lui-même qui fournit en premier lieu le matériau lexical et orthographique. C'est donc vers le texte du conte qu'il faut diriger les élèves demandeurs d'aide pour rédiger. Viennent ensuite les différentes ressources de la classe, par exemple le répertoire orthographique, et en dernier recours le maitre.

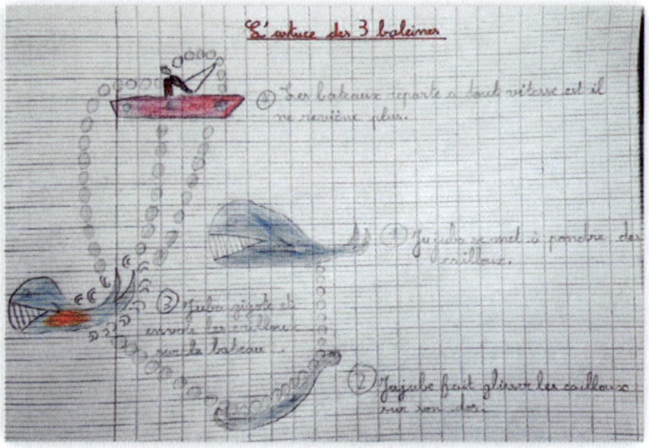

Dans le travail d'un élève, photographié ci-contre, on remarque (c'est souvent le cas) que la vigilance orthographique baisse nettement en fin de séance : la dernière phrase, écrite dans la précipitation, n'a pas la qualité des trois autres. Raison de plus pour faire écrire les élèves souvent, mais au cours de séances courtes. Ou encore, au cours de séances où la phase de production d'écrit n'est qu'un court moment d'une séance plus longue, ici, de lecture-compréhension.

Cette activité se substitue aux traditionnelles « questions de lecture ». Ainsi, le temps consacré à la lecture et à l'écriture se trouve confondu et on ne crée pas d'inflation démesurée du volume horaire attribué au domaine de la maitrise de la langue.

Écrire une fiction de manière collaborative

Beaucoup de structures narratives se prêtent à l'écriture collaborative.
Afin de ne pas se lancer dans un projet d'écriture trop long ou trop ambitieux à l'échelle des élèves, la tâche d'écriture est partagée : chaque élève (ou chaque binôme) apporte sa contribution à une récit impulsé par une idée de départ.
La structure « en randonnée » convient particulièrement bien, car elle permet la juxtaposition de paragraphes indépendants, sans poser de problème de cohérence textuelle ou de chronologie.
Dans ce type de narration, c'est la succession d'évènements, tous assez similaires, qui forme la colonne vertébrale du récit.

Exemple 1

Dans l'exemple suivant, les élèves ont habilement apporté des variantes à la structure de base pour rompre la monotonie inhérente à ce type de texte.
Ce texte est parti d'un dialogue improvisé en classe, librement inspiré de la scène, dans *Blanche-Neige*, où la Reine interroge son miroir.

Qui est la plus verte ?

Je suis allée voir le jardinier, et je lui ai demandé :
« Dis-moi, suis-je la plus verte ? »
Il m'a répondu : « Tu es verte, bien sûr, mais mes haricots sont plus verts que toi ! »

Je suis allée voir le pommier, et je lui ai demandé :
« Dis-moi, ne suis-je pas la plus verte ? »
Il m'a répondu : « Tu es verte, évidemment, mais mes pommes sont plus vertes que toi ! »

Je suis allée voir le bijoutier, et je lui ai dit :
« Dis-moi que c'est moi la plus verte. »
Il m'a dit : « Certainement, tu es verte, mais mes émeraudes sont plus vertes que toi ! »

Alors je suis rentrée chez moi, verte de déception.

Classe de CE2

Selon le même principe, on peut proposer par exemple :
Dis-moi que je suis le plus piquant / le plus long / le plus savant / le plus rapide, etc.

Exemple 2

L'exemple suivant est parti d'un échange oral faisant suite à la présentation par un élève de *Mon copain le monstre* (Nicolas de Hirsching, Mérel, Hatier). Les élèves se sont mis à imaginer comment réagiraient leurs parents s'ils avaient un monstre pour copain…

Mon copain est un monstre

Mon copain est un monstre mais je ne voulais pas en parler à maman. Je ne voulais pas qu'elle s'inquiète. En plus, j'avais peur qu'elle me dise : « Ne va plus jouer avec ce monstre ! »

Un jour, je rentre de l'école et maman remarque que je suis décoiffé.
« Pourquoi es-tu décoiffé ? me demande maman.
– Oh ça ? Ce n'est rien, c'est juste le vent qui m'a tiré les cheveux. »

Le lendemain, je rentre de l'école et maman remarque que mon bras est griffé.
« Qui t'a griffé ? me demande maman.
– Oh ça ? Ce n'est rien, c'est juste un petit chat qui m'a griffé. »

Un jour, je rentre de l'école et maman remarque que j'ai un bleu sur la peau.
« Pourquoi as-tu cette marque ? me demande maman.
– Oh ça ? Ce n'est rien, c'est juste un copain qui m'a bousculé dans la cour. »

Un jour, je rentre de l'école et maman remarque que quelqu'un m'a mordu.
– Qu'est-ce que c'est que cette morsure ? me demande maman.
– Oh ça ? Ce n'est rien, c'est juste un petit chien qui voulait jouer. »

Un jour, je rentre de l'école et maman remarque que mes vêtements sont déchirés.
« Qu'est-ce qui est arrivé à tes vêtements ? me demande maman.
– Oh ça ? Ce n'est rien, c'est juste des ronces sur le chemin. »

Mais un jour maman a découvert mon secret :
« C'est pas beau de mentir ! » Elle n'était pas contente.

Classe de CE2, REP

L'enseignant a profité de ce débat pour entamer un travail d'écriture collectif (dictée à l'adulte au tableau pour les deux premiers paragraphes).
Les élèves ont ensuite recherché tout ce qui pouvait arriver de problématique avec ce monstre de copain.
Chaque binôme a choisi une situation, et s'appuyant sur la structure de base, a écrit un paragraphe. Un rapide travail d'édition (sélection des paragraphes les plus réussis, et écriture de la chute) a donné à cette activité d'écriture, modeste à l'échelle de chaque binôme, une certaine allure, une fois achevé.
La pédagogie de la collaboration et la coopération mettent en pratique un principe fondateur de l'apprentissage : d'abord réussir **ensemble** ce qu'on saura, un jour, faire **seul.e**.

Nous espérons que vous trouverez, à travers les nombreux exemples de formats d'activité présentés dans les pages précédentes, des pistes de travail pratiques, efficaces et utiles pour faire écrire vos élèves au quotidien.

Je comprends ce qui est « caché » dans un texte

29 SÉANCES À RÉPARTIR SUR L'ENSEMBLE DE L'ANNÉE

DANS LES PROGRAMMES

Attendus de fin de cycle

Les démarches et stratégies permettant la compréhension des textes sont enseignées explicitement.
Deux éléments sont particulièrement importants pour permettre aux élèves de progresser : la répétition, la régularité, voire la ritualisation d'activités langagières d'une part, la clarification des objets d'apprentissage et des enjeux cognitifs des tâches afin qu'ils se représentent ce qui est attendu d'eux d'autre part.

Connaissances et compétences associées

Comprendre un texte (lien avec l'étude de la langue)
- Mobilisation de la compétence de décodage.
- Mise en œuvre (guidée, puis autonome) d'une démarche pour découvrir et comprendre un texte (parcourir le texte de manière rigoureuse et ordonnée ; identifier les informations clés et relier ces informations ; identifier les liens logiques et chronologiques ; mettre en relation avec ses propres connaissances ; affronter des mots inconnus ; formuler des hypothèses…).
- Mobilisation des expériences antérieures de lecture et des connaissances qui en sont issues (sur des univers, des personnages types, des scripts…).
- Mobilisation de connaissances lexicales et de connaissances portant sur l'univers évoqué par les textes.

Exemples de situations, d'activités et de ressources pour l'élève

Deux types de situation pour travailler la compréhension :
- textes lus par le professeur ou un autre adulte expert (enregistrement), comme en maternelle, mais sur des textes un peu plus complexes ;
- **découverte de textes plus accessibles que les précédents (plus courts, plus aisés à décoder surtout en début de cycle, plus simples du point de vue de la langue et des référents culturels).**

Variété des textes travaillés et de leur présentation (texte complet ; textes à trous ; texte-puzzle…).
Pratique régulière d'activités permettant la compréhension d'un texte :
- activités individuelles : recherche et surlignage d'informations ; écriture en relation avec le texte ; repérage des personnages et de leurs désignations variées ; repérage de mots de liaison...
- activités en collaboration : échanges guidés par le professeur, justifications (texte non visible alors).

Activités variées guidées par le professeur permettant aux élèves de mieux comprendre les textes : réponses à des questions, paraphrase, reformulation, titres de paragraphes, rappel du récit (« racontage »), représentations diverses (dessin, mise en scène avec marionnettes ou jeu théâtral…).

FICHIER DE L'ÉLÈVE
PP. 8-14

SITE COMPAGNON
- MATÉRIEL POUR LA SÉANCE « POUR COMMENCER »

CD-ROM
- MATÉRIEL POUR LA SÉANCE « POUR COMMENCER »
- ACTIVITÉS SUPPLÉMENTAIRES D'ENTRAINEMENT

LES CHOIX DE CLÉO

La compréhension en lecture est un domaine que l'on a trop souvent négligé d'enseigner, comme si la fréquentation de l'écrit, et en particulier de la littérature, suffisait à assurer son autoapprentissage.
Pour beaucoup d'élèves, il n'en est rien.
Le décryptage de l'implicite, la capacité à faire des inférences sont des habiletés décisives pour assurer la compréhension. Il semble que ce soit une erreur didactique de sensibiliser trop tard les élèves à cet aspect de la lecture. Sous prétexte de proposer des questionnaires « simples », qui entrainent à ne chercher que des éléments de réponses explicites du texte, on croit rendre service aux élèves. Notre conviction est au contraire qu'il n'est jamais trop tôt pour commencer cet apprentissage.
C'est parce que nous estimons que cette compétence est capitale et qu'elle doit être entrainée sur le très long terme, que nous avons choisi, comme dans C.L.É.O. CE1, de programmer des activités de compréhension en nombre important, sur l'ensemble de l'année.

RAPPEL POUR L'ENSEIGNANT

Compréhension des informations d'un texte

On distingue généralement trois types d'informations :

- **L'explicite textuel :** présentes en toutes lettres dans le texte, les informations sont données directement et ne posent pas de problème particulier de compréhension.
Par exemple : *François sortit la nappe du panier.*
→ *Que fit François ? Il sortit la nappe du panier.*

- **L'implicite textuel :** les informations sont également présentes dans le texte, mais sous forme métaphorique, ou dans une formulation imagée qu'il faut savoir interpréter. Par exemple : *François sortit la nappe du panier et l'étendit sur l'herbe.*
→ *Où se trouve François ? Dans un pré / À la campagne.*

- **L'implicite non textuel,** dont la compréhension dépend entièrement des connaissances sur le monde du lecteur.
François sortit la nappe du panier et l'étendit sur l'herbe. Ensuite, il appela « À table ! »
→ *Que va faire François ? Il va piqueniquer, probablement avec des amis ou sa famille (qu'il « appelle »), et bien qu'il dise « à table », le bon lecteur a compris qu'il n'y a pas de table : cette expression n'est pas à prendre au pied de la lettre.*

D'une manière générale, les questions posées par les manuels ou par les enseignants concernent trop fréquemment l'explicite textuel. Ce sont des questions sans véritable enjeu, auxquelles on peut trouver directement une réponse dans le texte. Elles font uniquement appel à la mémoire qu'on a d'un texte lu ou à la capacité de retrouver une information dans le corps du texte. En soumettant majoritairement les élèves à ce type de questions, on court le risque qu'ils construisent une représentation faussée de la lecture et de la compréhension, car ils peuvent très bien répondre aux questions posées, recevoir une excellente appréciation de leur enseignant... sans avoir réellement compris le texte. Plus grave encore, certains élèves mettent en place des stratégies de contournement ou d'évitement des tâches de compréhension, parce qu'ils finissent par penser que répondre à une question dans un contexte scolaire n'a rien à voir avec un questionnement authentique, qui demande un effort de réflexion.
Or, pour comprendre les inférences, il leur faut se lancer dans un travail de mise en relation des informations, que celles-ci soient fournies par le texte ou qu'elles fassent partie de leur connaissance du monde, pour en tirer de nouvelles informations.

Pour commencer

Projetez (à partir du CD ou du site compagnon) ou reproduisez le texte suivant au tableau, puis demandez aux élèves de le lire silencieusement :

> Margot poussa un grand soupir en voyant sa maman s'éloigner dans le couloir. Elle serra son doudou contre elle et alla retrouver sa copine au coin des poupées.
>
> a. À ton avis, quel âge a Margot ?
> b. Où se trouve-t-elle ?
> c. Pourquoi pousse-t-elle un grand soupir ?

Version collective (à projeter) ; il existe une version individuelle à distribuer.

Relisez ou faites relire le texte à haute voix. Lisez ensuite les trois questions et demandez aux élèves d'y répondre sur leur cahier d'essais.
Faites-les ensuite réagir aux réponses données par les élèves fictifs, Mounia, Julien et Sabri que vous projetterez :

Exemples de réponses d'élèves :

	Voici les réponses de Mounia	Voici les réponses de Julien	Voici les réponses de Sabri
À ton avis, quel âge a Margot ?	Je pense qu'élle a 4 ans.	Elle a 7 ans.	Margot a peut-être un an et demi.
Où se trouve-t-elle ?	à l'école maternelle	Elle est à l'école.	à la crèche
Pourquoi pousse-t-elle un grand soupir ?	Parce qu'élle est fatiguée.	Parce qu'élle a peur que maman s'en aille.	Elle est triste, parce que sa maman s'en va.

Faites expliciter précisément les raisons pour lesquelles les réponses sont acceptables ou non :

Par exemple, pour Mounia

Je pense qu'elle a 4 ans → acceptable, car Margot a encore un doudou.

À l'école maternelle → acceptable, car Margot va au coin des poupées.

Parce qu'elle est fatiguée → non acceptable, car la fatigue ne fait pas soupirer, elle fait bâiller.

Procédez de même pour les réponses de Julien et de Sabri.

Concluez en mettant particulièrement en lumière :
- qu'il n'y a pas forcément qu'une réponse exacte : Margot peut avoir 1 an et demi comme elle peut avoir 4 ans ;
- qu'en revanche, toutes les réponses ne sont pas acceptables ! On ne vient plus avec son doudou à l'école primaire, Margot ne peut donc pas avoir 7 ans ;
- qu'on ne trouve pas toutes les réponses directement dans le texte ; que c'est en réfléchissant à la situation et en cherchant « dans sa tête » qu'on trouve la réponse ;
- qu'il faut systématiquement retourner au texte pour vérifier sa réponse ; qu'il y a toujours un ou plusieurs indices qui permettent de savoir si la réponse est recevable ou non.

Pour s'entrainer

Cette très longue série, constituée de 29 entrainements, est à répartir sur l'ensemble de l'année.

Les premières séances sont collectives, de manière à bien stabiliser les procédures nécessaires à l'activité. Une fois les réponses élaborées oralement, puis rédigées et copiées au tableau, et les indices repérés, le tableau est effacé et les élèves exécutent à nouveau la tâche, mais individuellement.
Progressivement, les élèves travaillent sur cette série de manière autonome. Il faudra bien sûr accompagner plus longtemps, de manière individuelle, les élèves faibles compreneurs ou rencontrant des difficultés à formaliser et à rédiger leur réponse.

Le temps de mise en commun et de correction collective est déterminant pour la progression des habiletés en compréhension de tous les élèves. Il faut donc l'organiser le plus souvent possible, directement après le travail individuel, ou le lendemain.
Nous vous suggérons ce déroulement :
1. Recueillez toutes les réponses (soit en passant dans les rangs, soit en les relevant au début de la correction) et listez-les au tableau.
2. Demandez aux élèves de réagir aux réponses proposées et faites systématiquement justifier les réponses, qu'elles soient exactes ou non.
3. Prenez un peu de temps, si nécessaire, pour améliorer la formulation écrite de la ou des réponses exactes.

Exemple :

18 date : ....

Stéphane mit en marche la sirène et les gyrophares.
« Tenez bon, Madame, nous y serons dans quelques minutes », dit-il à Fabienne qui se tenait le ventre. Elle lui fit un petit sourire en pensant à son bébé.

a. Quel est le métier de Stéphane ? ▸

b. Où vont ces deux personnes ? ▸

Réponses proposées par les élèves :
Stéphane est policier / pompier / médecin / infirmier.
Ils vont dans l'ambulance / à l'hôpital / à la clinique / à la maternité / à la maison.

a. Stéphane n'est certainement pas policier, même s'il met en route sirène et gyrophare. Ce n'est pas une histoire avec des voleurs ou un problème d'excès de vitesse.
Il peut être pompier, infirmier ou ambulancier : dans ce cas, les personnages sont dans une ambulance ou dans un véhicule de pompiers. [Certains élèves contesteront peut-être la réponse « pompier », car ils pensent qu'un pompier n'intervient qu'en cas d'incendie : ce sera l'occasion de leur faire découvrir les diverses missions des pompiers.]

b. Ils ne vont pas dans l'ambulance, puisqu'ils y sont déjà : la réponse est donc irrecevable.
Ils ne vont pas à la maison car il y a une urgence (décelée dans ces indices : « courage / nous y serons dans quelques minutes »).
Ils vont donc à l'hôpital / à la clinique / à la maternité car cette dame qui « se tient le ventre » et « pense à son bébé » est certainement en train d'accoucher.

Notez qu'on passe autant de temps – sinon plus ! – sur les réponses erronées que sur les réponses exactes.
Toutes sont systématiquement explicitées, avec retour aux éléments du texte qui permettent de se déterminer.

CONSEIL POUR L'ENSEIGNANT

Quelle exigence pour la rédaction d'une réponse ?

Ce chapitre nous permet d'aborder la question de la rédaction des réponses. On demande généralement aux élèves de répondre « par une phrase ».
Vous pouvez outiller vos élèves de stratégies qu'ils n'ont sans doute pas encore automatisées :

- S'appuyer sur l'énoncé de la question pour amorcer la réponse :
  De qui parle ce petit texte ? → Ce texte parle de…
- Encourager l'emploi du présentatif « c'est… qui » dans les réponses :
  Qui raconte ses souvenirs ? → C'est un danseur qui raconte ses souvenirs.
- Prendre en compte que les questions sont la plupart du temps rédigées au singulier, et qu'il faut parfois répondre en utilisant le pluriel :
  Qui est allé à la piscine ? → C'est Sophie et David qui sont allés à la piscine.
- Préparer mentalement une réponse complète avant de commencer à l'écrire.

Quelques commentaires sur certains textes du chapitre

Activité 2. Insistez au besoin sur la différence entre carapace et coquille.

Activité 5. Un « sac à puces » désigne un chien et peu de chats sont capables de renverser leur gamelle !

Activité 6. Réponse attendue : « elle cueille des cerises » ; d'autres fruits peuvent convenir : des prunes, éventuellement des pommes, mais alors la scène se passe en octobre.

Activité 12. Ce texte donne l'occasion d'explorer la série lexicale autour de garde-chasse : garde-forestier, garde-pêche, garde champêtre, garde du corps, gardien de musée…

Activité 16. Demandez aux élèves d'imaginer les circonstances concrètes qui valent à Duval les félicitations du président de la République.

Prolongement : consolidation et transfert des acquisitions

Ces entrainements à la compréhension perdraient de leur pertinence si l'on ne saisissait pas toutes les occasions de transférer les savoir-faire en cours d'acquisition dans toutes les situations de lecture qui se présentent en classe.
Voici quelques pistes pour assurer le déploiement des compétences dans des situations de lecture littéraire :

Utilisation de la technique de lecture par dévoilement progressif

À certains moments clés d'un récit, interrompre la lecture et faire élaborer des hypothèses afin de vous assurer de la compréhension de la situation. Pour illustrer cette technique, observer cet extrait d'album :

« Il faut dire qu'elle était de plus en plus fatiguée, la maitresse. J'ai même pensé qu'elle devait être malade. Elle grossissait chaque jour un peu plus, elle passait du rire aux larmes, je n'y comprenais plus rien. »

L'Autre, Zaza Pinson et Geoffroy de Pennart, Paris, Éditions Kaléidoscope / L'École des Loisirs, 2007.

Organiser un court débat explorant les raisons possibles de l'état de santé de la maitresse de ce chien. Si, pour un lecteur expert, l'attente d'un heureux évènement ne fait aucun doute, pour de nombreux élèves de cycle 2, c'est beaucoup moins clair... Faire remarquer aux élèves que chaque indice pris isolément n'est pas suffisant pour être sûr de son interprétation, mais que plusieurs indices concordants (la fatigue + les brusques changements d'humeur + le fait de grossir) évoquent avec certitude l'état d'une femme enceinte.

Organisation d'un débat interprétatif

Lorsqu'un texte présente des creux, des zones d'ombre, des non-dits, des ellipses, il est souvent intéressant d'organiser un débat interprétatif. Dans ce passage de *J'veux pas de piqure*, par exemple, le personnage principal, Zoé, doit aller le lendemain matin chez le médecin pour un vaccin :

« Cette nuit-là, un monstre armé d'une énorme seringue s'approche de Zoé. Terrifiée, Zoé voudrait s'enfuir... mais elle n'arrive pas à courir ! Zoé est glacée de peur, elle a l'impression qu'elle rapetisse, et elle se sent tomber... "Au secours ! Au secours ! Je veux sortir !" Le lendemain matin, la maman de Zoé l'aide à se lever. [...] »

J'veux pas de piqure, Arnaud Alméras et Clotilde Perrin, Paris, Mila éditions, 2002.

Repérer les indices qui indiquent au lecteur qu'il s'agit d'un cauchemar. L'ellipse, qui fait passer sans transition du milieu de la nuit au réveil le lendemain matin, est également à commenter. Son interprétation nourrit le débat : *« Pourquoi cette maman n'est-elle pas intervenue pour sauver sa petite fille la nuit dernière ? Pourquoi ne lui parle-t-elle pas du tout de cet évènement pourtant terrifiant ? Etc. »*

Intertextualité et connivence culturelle

Dans *Vive la pluie*, comme dans de très nombreux albums de littérature jeunesse, l'auteur multiplie les références à des personnages archétypaux des contes pour enfants, sans d'abord les nommer. Cette complicité entre l'auteur et ses lecteurs contribue pour beaucoup au plaisir de lire :

« Soudain, une dame bizarre entre dans le magasin. Son chapeau noir est biscornu et ses pieds sentent le fromage. [...] Un grand et gros bonhomme entre dans le magasin. Bing ! Il cogne son énorme ventre contre la porte. Oh là là, il a des dents comme des épées ! [...] Puis arrive une petite fille. Elle est habillée d'une cape rouge et elle porte un panier. [...] »

Vive la pluie, Mymi Doinet et Marc Boutavant, Paris, Nathan, 2001.

Je repère le passé, le présent et le futur

6 SÉANCES À RÉPARTIR SUR 2 MOIS ENV.

DANS LES PROGRAMMES

Connaissances et compétences associées

Réviser et améliorer l'écrit qu'on a produit (lien avec l'étude de la langue)
- Repérage de dysfonctionnements dans les textes produits (omissions, incohérences, redites…).
- Mobilisation des connaissances portant sur le genre d'écrit à produire et sur la langue.
- Vigilance orthographique, exercée d'abord sur des points désignés par le professeur, puis progressivement étendue.
- Utilisation d'outils aidant à la correction : outils élaborés dans la classe, correcteur orthographique, guide de relecture.

Exemples de situations, d'activités et de ressources pour l'élève
- Activités permettant de s'habituer à intervenir sur des textes, notamment modifications de textes (enrichissement de phrases, recours aux pronoms pour éviter les répétitions, changement ou ajout d'éléments…) d'abord effectuées de façon collective, notamment au moyen du TBI, puis individuelle ; modifications d'écrits réalisés sur traitement de texte.
- Relecture à voix haute d'un texte par l'élève qui en est l'auteur ou par un pair.
- Comparaison de textes produits en réponse à une même consigne.
- Relectures ciblées (vérification d'un point précis d'orthographe ou de syntaxe travaillé en classe, du respect d'éléments de la consigne…).
- Repérage des erreurs à l'aide du correcteur orthographique, une fois le texte rédigé.
- Élaboration de guides de relecture adaptés aux écrits à produire.
- Relecture de son texte après un délai permettant de prendre de la distance.

FICHIER DE L'ÉLÈVE **PP. 15-17**

SITE COMPAGNON
- MATÉRIEL POUR LA SÉANCE « POUR COMMENCER »

CD-ROM
- MATÉRIEL POUR LA SÉANCE « POUR COMMENCER »
- ACTIVITÉ « POUR ALLER PLUS LOIN »

LES CHOIX DE CLÉO

Cette séquence se situe à l'interface de la lecture et de l'écriture. Les connecteurs temporels prennent ici toute leur importance pour assurer la cohérence des textes. Le choix des formes verbales au passé, au présent ou au futur est opéré à la fois de manière implicite (dépendant étroitement du « sens de la langue » de chaque élève) et explicite (recherche précise d'éléments dans le texte permettant de conforter un choix d'abord intuitif.)

Pour commencer

Reproduisez au tableau (ou projetez à partir du CD ou du site compagnon) ce court texte proposé :

> – Qu'est-ce que tu fais, papa ?
> – Je plante le pommier que j'ai acheté ce matin. Ensuite, je l'arroserai.
>
> ○ ○ ○

Faites-le lire deux ou trois fois, puis cachez le texte. Demandez aux élèves :
« Réfléchissez bien et demandez-vous ce que fait le papa, en premier, en deuxième, en troisième dans cette petite histoire. »
Laissez aux élèves suffisamment de temps pour réfléchir : n'acceptez pas les réponses qui fusent de la part des meilleurs élèves de votre classe, pour permettre à tous de préparer une réponse.
Comparez la réponse attendue (*achat* → *plantation* → *arrosage*) à l'ordre dans lequel se succèdent les actions dans la phrase. Faites remarquer qu'un texte ne suit pas toujours l'ordre dans lequel se passent les évènements.

Une version individuelle est également disponible sur le CD, à distribuer aux élèves (facultatif).
Même activité avec le texte suivant (*appel* → *diner* → retour) :

> – Qui a téléphoné tout à l'heure ?
> – C'est Simon qui a appelé. Il rentrera assez tard ce soir, car il mange en ville.

Puis demandez aux élèves de déterminer si les verbes en violet sont au présent, au passé ou au futur.
Prenez ensuite le temps de faire expliciter les réponses données : « *Simon a appelé, ça s'est passé tout à l'heure, par exemple cinq minutes avant : c'est du passé.* », etc.

Proposez tout de suite après l'activité n°1 p. 15. Vous pouvez réaliser d'abord l'activité oralement et collectivement, en explicitant la procédure de la manière suivante :
« *Au printemps dernier, j'... des graines de potiron. Alors, essayons avec* planterai. *En avril dernier, je planterai des graines de potiron. Est-ce que ça va ? Non, parce que au printemps dernier, c'est du passé, alors que je planterai, c'est du futur.* », etc.

Conclure ce moment de réflexion collective en récapitulant la procédure : il faut essayer les trois propositions dans sa tête et se demander laquelle convient avant d'écrire.

Pour s'entrainer

Les autres entrainements de la série seront proposés dans les semaines suivantes.
Une activité supplémentaire est proposée sur le CD.

Pour aller plus loin

Johan est parti en classe de mer : il a écrit une lettre avant son départ, une autre pendant son séjour et une troisième après son retour.

Recopie les trois lettres en ajoutant les verbes manquants.

Chère mamie, Au mois de mai, avec l'école, on partira en classe de mer : le matin, on travaillera normalement, et l'après-midi, on ………… plein d'activités : on étudiera les animaux du rivage, on ………… à faire du voilier, on ………… la région et on fera des enquêtes la sur mer. Ce sera super ! Grosses bises, Johan	Chère marraine, En ce moment, avec l'école, on est en classe de mer : le matin, on ………… normalement, et l'après-midi, on a plein d'activités : on ………… les animaux du rivage, on apprend à faire du voilier, on ………… la région et on ………… des enquêtes sur la mer. C'est super ! Grosses bises, Johan	Cher tonton, Le mois dernier, avec l'école, on est parti en classe de mer : le matin, on ………… normalement, et l'après-midi, on ………… plein d'activités : on ………… les animaux du rivage, on ………… à faire du voilier, on visitait la région et on ………… des enquêtes sur la mer. C'était super ! Grosses bises, Johan

Si les élèves éprouvent de la difficulté à comprendre la tâche, faites-leur observer la similitude de structure des trois lettres et mettez-les sur la voie en écrivant, dans les trois colonnes, les premiers verbes accompagnés de leur sujet :

Au mois de mai, on travaillera, on...	En ce moment, on travaille, on...	Le mois dernier, on travaillait on...

Prolongement

Saisir les occasions qui se présentent dans le cours des activités de la classe (lecture, domaine « questionner le monde », etc.) pour s'interroger collectivement sur l'utilisation des temps verbaux.

Je comprends les réactions des personnages

12 SÉANCES
À RÉPARTIR
SUR 4 MOIS ENV.

DANS LES PROGRAMMES

Connaissances et compétences associées

Comprendre un texte (lien avec l'étude de la langue)

- Mobilisation des expériences antérieures de lecture et des connaissances qui en sont issues (sur des univers, des personnages types, des scripts…).

- Mobilisation de connaissances lexicales et de connaissances portant sur l'univers évoqué par les textes.

Exemples de situations, d'activités et de ressources pour l'élève

Deux types de situation pour travailler la compréhension :

- textes lus par le professeur ou un autre adulte expert (enregistrement), comme en maternelle mais sur des textes un peu plus complexes ;

- découverte de textes plus accessibles que les précédents (plus courts, plus aisés à décoder surtout en début de cycle, plus simples du point de vue de la langue et des référents culturels).

Variété des textes travaillés et de leur présentation (texte complet ; textes à trous ; texte-puzzle…).

Pratique régulière d'activités permettant la compréhension d'un texte :

- activités individuelles : recherche et surlignage d'informations ; écriture en relation avec le texte ; repérage des personnages et de leurs désignations variées ; repérage de mots de liaison...
- activités en collaboration : échanges guidés par le professeur, justifications (texte non visible alors).

Activités variées guidées par le professeur permettant aux élèves de mieux comprendre les textes : réponses à des questions, paraphrase, reformulation, titres de paragraphes, rappel du récit (« racontage »), représentations diverses (dessin, mise en scène avec marionnettes ou jeu théâtral…).

FICHIER DE L'ÉLÈVE
PP. 18-21

SITE COMPAGNON
- MATÉRIEL POUR LA SÉANCE « POUR COMMENCER »

CD-ROM
- MATÉRIEL POUR LA SÉANCE « POUR COMMENCER »
- ACTIVITÉS SUPPLÉMENTAIRES D'ENTRAINEMENT
- ACTIVITÉ « POUR ALLER PLUS LOIN »

LES CHOIX DE CLÉO

Les attitudes des personnages, leurs réactions, la manière dont le texte rend compte de leurs émotions, de leurs sentiments, tout ceci peut faire obstacle à la compréhension si ce n'est pas bien décrypté.

Il est essentiel également que les élèves prennent conscience qu'il peut y avoir une grande différence entre ce qui est dit par le texte et ce qui est ressenti intimement par un personnage : par exemple, dans le second texte de la séquence « Pour commencer », le petit garçon qui reste seul à la maison dit à ses parents : « Pas de problème, vous pouvez sortir tranquilles ! » Pourtant, avant de se coucher, il vérifie deux fois que tout est bien fermé et ne réussit pas à s'endormir. Il y a des indices de son malaise et de sa peur de rester seul : combien de vos élèves sont sensibles, à la première lecture, à cet aspect du texte ? Preuve, s'il en était besoin, que cette compétence mérite un entrainement.

Pour commencer

Projetez ces 4 dessins disponibles sur le CD (et en ligne) :

Faites observer les quatre dessins à vos élèves, et sollicitez leurs remarques. Demandez-leur en particulier s'il y a des points communs entre ces dessins.
Les élèves décrivent précisément chaque situation : que fait le personnage, que peut-on dire de son état d'esprit, de ses sentiments ou émotions, et sur quels indices s'appuie-t-on pour comprendre les situations ?
Les élèves remarqueront sans doute les points communs entre les paires d'images :
- le jeune homme tapote sur une table (ou un guichet) dans les dessins 1 et 2 ;
- son visage est tout rouge dans les dessins 3 et 4.
Faites préciser aux élèves en quoi cela révèle (ou trahit) ce que ressent le personnage. Insistez sur le fait qu'une même réaction physique ne traduit pas forcément le même sentiment, la même situation (ainsi, la rougeur du visage peut évoquer un effort intense ou la timidité).
Faites également observer qu'il n'est pas toujours facile de comprendre pourquoi le personnage réagit de telle ou telle manière, que cela dépend de ce qu'il ressent, et que d'autres indices dans la situation permettent d'y voir plus clair.

Passez à la phase de travail individuel ou en groupe.

Préparez le matériel complémentaire présenté ci-contre (disponible sur le CD et en ligne) à raison d'un par élève ou un par groupe.
Si possible, agrandissez ce matériel en A3 pour faciliter le travail.
Distribuez d'abord le texte 1, sans les étiquettes comportant les phrases manquantes.
Après un temps de lecture silencieuse, faites reformuler son contenu.
Puis, relisez vous-même le texte à haute voix pour vous assurer que tous les élèves en ont bien pris connaissance.
Distribuez les étiquettes en précisant qu'elles ne serviront pas toutes, et demandez-leur de compléter le texte. (Il ne faut pas les coller à ce stade pour permettre d'éventuelles corrections.)
Effectuez une correction collective, en justifiant les choix.
Explicitez les relations de cause à effet :
– *J'ai entendu un grincement bizarre :* il est au milieu de l'étang, donc c'est sans doute la glace qui est en train de céder sous son poids.
– *Mes dents claquaient malgré moi / je tremblais comme une feuille* : à cause du froid intense qui provoque des réactions physiques incontrôlables.

N.B. : Nous vous conseillons fortement de ne pas mener le travail sur les deux textes en une seule séance :
il est préférable de laisser passer quelques jours.

Distribuez le texte 2, sans les étiquettes, et procédez de le même façon que pour le texte 1 jusqu'à la correction collective et les explicitations.
Organisez ensemble un court débat interprétatif :
– Pourquoi la maman pense-t-elle que son fils est gelé ?
– Comment savons-nous, nous les lecteurs, qu'il ne tremble pas de froid ?
– Comment se fait-il que la maman n'ait pas conscience que son fils a eu peur ?
– Pourquoi le fils ne dit-il pas à sa mère la raison réelle de son tremblement ?
Prenez le temps d'obtenir une compréhension approfondie pour que tous les élèves saisissent les subtilités du texte et fassent la part des choses entre ce que le lecteur, d'une part,

Texte 1
Hier après-midi, il m'est arrivé
une drôle d'aventure !
Comme l'étang était gelé,
avec des copains,
on s'est dit que ça serait rigolo de glisser,
même sans patins à glace !
Quand je suis arrivé au milieu de l'étang,

Horreur !
La glace était en train de casser !
Avant que j'ai le temps de retourner
au bord, la glace a craqué
avec un grand bruit

Heureusement, ce n'était pas très profond !

Je suis rentré à la maison,
et Papa m'a dit en me déshabillant :
« Je t'avais pourtant interdit
d'aller sur l'étang !
Ça aurait pu être beaucoup plus grave !
Oh,
a-t-il ajouté,
»

Texte 2
Hier soir, mes parents sont allés au cinéma.
« Tu es grand maintenant, m'ont-ils dit,
tu peux rester tout seul à la maison. »
Je leur ai répondu : « Pas de problème,
vous pouvez sortir tranquilles ! »
Avant de me coucher,
j'ai vérifié deux fois que tout était bien fermé :
la porte d'entrée, les volets, les fenêtres,

Je me suis couché,
mais je n'ai pas réussi à m'endormir…
Soudain, au milieu de la nuit,

Quelques instants plus tard,
aucun doute possible…
quelqu'un montait une à une
les marches de l'escalier !
Je me suis fait tout petit dans mon lit.

La porte de ma chambre
s'est ouverte doucement…
« Oh, tu ne dors pas encore ?
Mais

me dit Maman en m'embrassant.

et chacun des personnages, d'autre part, comprennent de la situation au moment où elle se déroule.

En conclusion, faites un retour sur les phrases ayant servi dans les deux textes : *j'ai entendu un grincement bizarre - je tremblais comme une feuille - mes dents claquaient malgré moi - tu es gelé - je vais te chercher une couverture.*
Faites observer que des phrases identiques en tout point peuvent rendre compte de réalités très différentes... En particulier, revenez sur ces deux phrases : « Mes dents claquaient malgré moi », « Je tremblais comme une feuille » dont l'interprétation diverge fortement d'un texte à l'autre.

Pour s'entrainer

Faites découvrir le format de la tâche en lisant la consigne avec les élèves. La difficulté tient ici non seulement à la tâche de compréhension, mais aussi à la rédaction d'une réponse. Nous vous conseillons d'accompagner patiemment et collectivement l'élaboration de ces réponses en début de CE2.
Collectivement ou individuellement, vous pouvez outiller vos élèves de stratégies qu'ils n'ont sans doute pas encore automatisées :
– s'appuyer sur l'énoncé de la question pour amorcer la réponse :
Quel est le métier de Patrick ? → Patrick est ... (ou : Le métier de Patrick est ...)
Pourquoi se frotte-t-il les mains ? → Il se frotte les mains parce que...
– rechercher dans le texte certains mots qu'on ne sait pas écrire ;
– préparer mentalement une réponse complète avant de commencer à l'écrire.

Voici un résumé récapitulant les attitudes ou gestes qui peuvent avoir des interprétations différentes selon le contexte :
– **se frotter les mains** → se réchauffer (texte 1) / se réjouir (texte 2)
– **avoir les yeux brillants** → se réjouir (texte 2) / avoir de la fièvre (texte 4)
– **avoir les bras croisés** → attitude de mécontentement, de reproche (texte 3) / obéissance (texte 5)
– **pleurer** → larmes de joie (texte 6) / larmes de peine, de déception (texte 10)
– **hausser les épaules** → dédain (texte 8) / ignorance, impuissance (texte 9)
– **tirer la langue** → examen médical (texte 7) / dédain, mépris (texte 12)

Incitez vos élèves à faire des rapprochements entre les textes, à remarquer que les réactions décrites ont des interprétations diverses dans des contextes différents.
Au moment de la mise en commun, assurez-vous que les divers indices textuels ont bien été repérés et prenez le temps d'expliciter les différences d'interprétation.

> Exemple pour les textes 1 et 2 :
> « Patrick est un bucheron : il entre dans le chalet, ôte son manteau et s'installe devant la cheminée : il a travaillé dehors, on est probablement en hiver, il se frotte donc les mains pour se réchauffer. En revanche, dans le texte 2, Myriam se frotte les mains non pas parce qu'elle a froid, mais parce qu'elle se réjouit de savourer toutes les bonnes choses préparées pour le gouter d'anniversaire. »

Répartissez les entrainements sur les semaines suivantes.
Des activités supplémentaires sont disponibles dans le CD.

Pour aller plus loin

Rappelle-toi !
Tu sais que certains gestes, certaines attitudes peuvent avoir des significations différentes.
Par exemple, on peut froncer les sourcils :
- pour montrer qu'on n'est pas content,
- ou parce qu'on se concentre sur quelque chose de difficile.

1. **Regarde cette liste de propositions et trouve, pour chacune, au moins deux situations différentes.**

tapoter avec les doigts	taper du pied
devenir tout rouge	cligner de l'œil
bâiller	mettre la main devant sa bouche
tousser	

sur ton cahier
• tapoter avec les doigts
– sens 1 : marquer le rythme d'une musique qu'on écoute
– sens 2 : ...

2. **Écris deux petits textes en te servant de la même expression utilisée dans deux sens différents.**

L'activité 2 est ambitieuse pour les élèves qui s'y consacrent, nous suggérons qu'elle soit envisagée comme un projet d'écriture à part entière, qui pourra avoir un prolongement : mise en page et édition d'un petit recueil, ou présentation sous la forme d'activités supplémentaires, avec rédaction de questions et proposition des activités à toute la classe.

Je fais attention à la logique des phrases (1)

6 SÉANCES
À RÉPARTIR SUR 6 SEMAINES ENV.

DANS LES PROGRAMMES

Connaissances et compétences associées

Comprendre un texte (lien avec l'étude de la langue)
[...] identifier les informations clés et relier ces informations ; identifier les liens logiques et chronologiques.

Exemples de situations, d'activités et de ressources pour l'élève

Deux types de situation pour travailler la compréhension :
- textes lus par le professeur ou un autre adulte expert (enregistrement), comme en maternelle mais sur des textes un peu plus complexes ;
- découverte de textes plus accessibles que les précédents (plus courts, plus aisés à décoder surtout en début de cycle, plus simples du point de vue de la langue et des référents culturels).

FICHIER DE L'ÉLÈVE
PP. 22-24

SITE COMPAGNON
- MATÉRIEL POUR LA SÉANCE « POUR COMMENCER »

CD-ROM
- MATÉRIEL POUR LA SÉANCE « POUR COMMENCER »
- ACTIVITÉ « POUR ALLER PLUS LOIN »

LES CHOIX DE CLÉO

La cohérence textuelle est un objectif difficile à atteindre par nos élèves quand ils rédigent : en effet, les différentes tâches (recherche d'idées, mise en mots, vigilance orthographique, gestion du geste graphique, etc.) se disputent âprement l'attention (limitée) et la mémoire de travail.

Cette séquence entraine une procédure qui sera utile en phase de révision de texte : en focalisant son attention sur la recherche de verbes et sur la mise en cohérence logique et chronologique de deux propositions d'une même phrase, l'élève apprend peu à peu à repérer plus rapidement et plus surement les mots qui assurent cette cohérence, notamment les connecteurs temporels et les verbes conjugués.

Pour commencer

Cette activité peut être proposée en travail individuel ou en groupe.
Imprimez et photocopiez le matériel complémentaire (un par élève ou un par groupe), disponible sur le CD et en ligne. Si possible, agrandissez le matériel en A3 pour faciliter le travail.

Dès que les tomates seront mures,	et je les mange.	je les ai cueillis
Chaque fois que je vois des fraises bien rouges,	je les cueillerai	et je les ai mangés.
et je les mangerai.	Quand les radis ont été assez gros,	je les cueille

Distribuez toutes les étiquettes en même temps.
Laissez les élèves observer les étiquettes et demandez-leur quelle va être la tâche, puis reformulez ou précisez la consigne au besoin :
« Il y a trois phrases mélangées sur ces étiquettes. Vous allez reconstituer trois phrases correctes, et vous vous préparerez à expliquer comment vous avez procédé. »
Après ce travail, procédez à une mise en commun. Écrivez les phrases au tableau (ou projetez-les) et demandez à quelques élèves d'expliquer leur procédure. Ces élèves viendront pointer au tableau les mots qui ont permis de reconstituer les phrases, à savoir les verbes.
Demandez maintenant à tous les élèves d'entourer les verbes sur leurs étiquettes, puis procédez à une nouvelle mise en commun : au tableau, entourez les verbes en utilisant trois couleurs différentes pour le passé, le présent et le futur. Demandez aux élèves de préciser ce que recouvrent ces trois termes.
Vous pourrez également faire remarquer les deux participes passés au masculin pluriel (cueillis / mangés) qui ne peuvent s'accorder qu'avec les radis.
Concluez cette phase en récapitulant la procédure :
« Pour que la phrase soit correcte, il faut que les verbes "aillent bien ensemble", qu'ils parlent de la même époque : du passé, du présent ou du futur. »

Pour s'entrainer

Le premier entrainement pourra être mené dans la continuité de « Pour commencer », si vous disposez d'assez de temps.
Faites découvrir le format de la tâche en lisant la consigne avec les élèves.
Faites reformuler les trois phases de l'activité (sélection de la proposition correcte / recherche des verbes conjugués / recherche du temps évoqué par la phrase).
Répartissez les entrainements sur les semaines suivantes.

Pour aller plus loin

Lis le début de ces phrases et invente la suite avec les mots qui te sont donnés entre parenthèses.

Fais bien attention aux temps des verbes !

Hier, nous avons fait une grande balade et nous... (piqueniquer dans la forêt)
Dès que je serai assez grand, j'... (apprendre la guitare)
Chaque fois que papa essaie de réparer la voiture, il... (dire des gros mots)
Quand le repas sera prêt, nous... (passer à table)
Quand il pleut, je... (prendre mon parapluie)
Quand j'étais petit, j'... (emporter mon doudou partout)

La tâche est du même type que les entrainements précédents, mais les élèves auront à sélectionner le temps verbal approprié. Ils utiliseront leur aide-mémoire pour s'assurer de l'orthographe des verbes.

J'organise des informations

5 SÉANCES
À RÉPARTIR SUR 1 MOIS ENV.

DANS LES PROGRAMMES

Connaissances et compétences associées

Réviser et améliorer l'écrit qu'on a produit (lien avec l'étude de la langue)
Repérage de dysfonctionnements dans les textes produits (omissions, incohérences, redites…).

Exemples de situations, d'activités et de ressources pour l'élève

Activités permettant de s'habituer à intervenir sur des textes, notamment modifications de textes (enrichissement de phrases, recours aux pronoms pour éviter les répétitions, changement ou ajout d'éléments…) d'abord effectuées de façon collective, notamment au moyen du TBI, puis individuelle ; modifications d'écrits réalisés sur traitement de texte. […]

FICHIER DE L'ÉLÈVE
PP. 25-26

SITE COMPAGNON
- MATÉRIEL POUR LA SÉANCE « POUR COMMENCER »

CD-ROM
- MATÉRIEL POUR LA SÉANCE « POUR COMMENCER »
- ACTIVITÉ « POUR ALLER PLUS LOIN »

LES CHOIX DE CLÉO

Ce chapitre mobilise autant des compétences de compréhension que d'écriture.
Dans C.L.É.O. CE1, les élèves ont déjà travaillé sur la segmentation d'une phrase en groupes fonctionnels, qui est très importante dans une perspective grammaticale mais aussi pour accéder plus efficacement au sens du texte en lecture ; un élève pour lequel un texte n'est qu'une juxtaposition de mots a de grosses difficultés de compréhension, car il est incapable de repérer les mots « noyaux » et « satellites » dans les groupes de sens : il n'est pas en mesure de construire des représentations mentales adéquates.

La segmentation en groupes de sens s'appuie sur la connaissance implicite des fonctions grammaticales, mais ne nécessite pas ici l'emploi de la terminologie spécifique (sujet, verbe, complément, etc.).
L'activité consiste à améliorer la présentation d'affiches ou de petites annonces (passage à la ligne s'appuyant sur les groupes de sens/groupes syntaxiques).

Pour commencer

Cette activité peut être proposée en travail individuel ou en groupe.
Imprimez et distribuez l'affiche disponible en matériel complémentaire, agrandie de préférence (une par élève ou par groupe). Une version collective vidéoprojetable est également disponible.

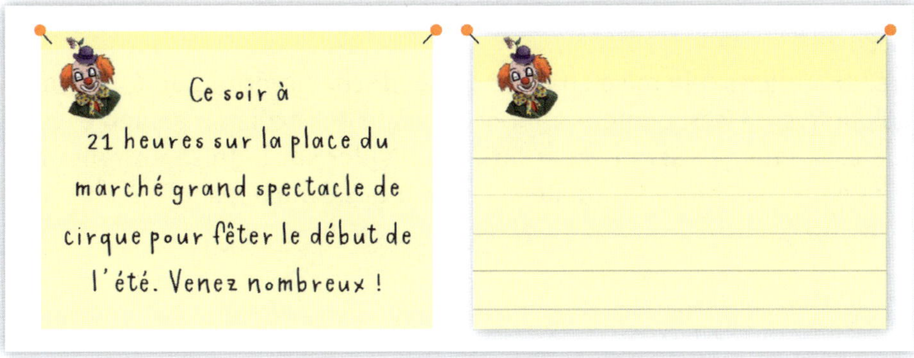

Faites lire cette affiche ; les élèves précisent le type de texte et son usage : une affiche, destinée à donner des informations de manière concise et lisible.
Suscitez leurs observations quant à la mise en page : qu'est-ce qui pose problème ? Comment améliorer la lisibilité ?
Travaillez collectivement sur le premier passage à la ligne : *Ce soir à / 21 heures sur la place du...* que l'on rectifie ainsi : *Ce soir à 21 heures / sur la...*
Demandez ensuite à chaque élève (ou à chaque groupe) de récrire l'affiche sur l'affiche vierge (à droite) pour que la mise en page soit plus satisfaisante.
Après mise en commun et correction collective, faites récapituler les éléments essentiels :
– on ne coupe pas n'importe où, mais à la fin d'un groupe de sens, de « mots qui vont bien ensemble » ;
– on ne met pas sur la même ligne deux informations différentes.

Comparez quelques affiches, en insistant sur l'importance des aspects visuels : taille et lisibilité des caractères, mise en valeur de certaines informations par l'utilisation de couleur ou de caractères gras (notamment les informations répondant à ces questions : où ? quand ? pourquoi ?), etc.

Pour s'entrainer

Programmez les 5 entrainements proposés dans le fichier sur une période d'un mois environ.

Peu à peu, les élèves seront invités à estimer la largeur de chaque ligne de l'affiche ou de l'annonce, et feront de leur mieux pour que le texte soit centré sur les lignes.

Pour aller plus loin

Deux annonces ont été complètement mélangées !
Récris-les correctement et présente-les de manière lisible.

> Très urgent à vendre Je recherche belle Renault Clio pour ma collection année 2010 des timbres étrangers couleur gris clair climatisation et des cartes postales anciennes visible au 12 rue Jacquemin. contact 07 34 56 78 91.

Les textes de deux annonces sont mélangés : pour les récrire, les élèves s'appuieront sur le sens, mais aussi sur la ponctuation et les majuscules.

Prolongement

Vous pouvez travailler sur la mise en page d'une affiche (information à communiquer aux parents, aux autres classes, ou pour annoncer la fête de l'école...), en lien avec les séances de pratique artistique. Ce sera l'occasion de travailler sur la mise en relief de certaines informations par divers procédés (taille et couleur des caractères, place sur l'affiche, choix d'illustrations, etc.).

Je lis différents types de documents

8 SÉANCES
À RÉPARTIR
SUR 4 MOIS ENV.

DANS LES PROGRAMMES

Attendus de fin de cycle

Lire et comprendre des textes adaptés à la maturité et à la culture scolaire des élèves.

Connaissances et compétences associées

Pratiquer différentes formes de lecture

Mobilisation de la démarche permettant de comprendre.
- Prise en compte des enjeux de la lecture notamment : lire pour réaliser quelque chose ; lire pour découvrir ou valider des informations sur… ; lire une histoire pour la comprendre et la raconter à son tour…
- Mobilisation des connaissances lexicales en lien avec le texte lu.
- Prise de repères dans les manuels, dans des ouvrages documentaires.

Exemples de situations, d'activités et de ressources pour l'élève

Diversité des situations de lecture :
- lecture fonctionnelle, notamment avec les écrits scolaires : emploi du temps, consignes, énoncés de problèmes, outils gardant trace des connaissances structurées, règles de vie… ;
- lecture documentaire : manuels, ouvrages spécifiques, encyclopédies adaptées à leur âge… ; texte éventuellement accompagné d'autres formes de représentation ; supports numériques possibles ; […].

FICHIER DE L'ÉLÈVE
PP. 27-30

SITE COMPAGNON
- MATÉRIEL POUR LA SÉANCE « POUR COMMENCER »

CD-ROM
- MATÉRIEL POUR LA SÉANCE « POUR COMMENCER »
- ACTIVITÉ SUPPLÉMENTAIRE D'ENTRAINEMENT

LES CHOIX DE CLÉO

Dans ce chapitre, nous proposons des documents de nature diversifiée : tableaux à double entrée, plans plus ou moins figuratifs et carte géographique. Il s'agit d'offrir aux élèves quelques expériences de lecture fonctionnelle. Ce type de lecture gagne, naturellement, à être travaillé en contexte, dans le cadre des différents champs disciplinaires, en particulier les mathématiques et le domaine « Questionner le monde ». C'est pourquoi nous n'y consacrons qu'un nombre limité de séances dans le cadre du fichier élève.

Pour commencer

Projetez ou reproduisez l'horaire de trains présenté ci-dessous (disponible sur le CD et sur le site). Explicitez l'organisation de ce tableau. Invitez à suivre le trajet du premier train : il part de Nancy à 8 h 18, arrive à Charmes à 8 h 53, puis à Châtel à 9 h 01, etc.

Ligne Nancy - Épinal - Remiremont				
Nancy	8 h 18	9 h 00	11 h 24	14 h 04
Charmes	8 h 53	9 h 36	11 h 57	14 h 40
Châtel	9 h 01	9 h 43	12 h 04	14 h 47
Épinal	9 h 16	10 h 04	12 h 29	15 h 02
Éloyes	9 h 33	10 h 20	12 h 46	15 h 18
Remiremont	9 h 40	10 h 28	12 h 54	15 h 26

la ligne express

Faites repérer les quatre trains présents sur cet horaire, en notant leur couleur différente pour chacun, et posez des questions à la complexité croissante :

- À quelle heure partent les trains de Nancy ?
- Si je prends le train à Épinal à 12 h 29, à quelle heure arriverai-je à Remiremont ?
- Si je veux arriver à 10 h 20 à Éloyes, à quelle heure dois-je prendre le train à Châtel ?
- Je suis monté dans un train à 14 h 47, et je suis descendu à 15 h 26. Où suis-je monté, puis descendu ?
- Je dois être à Épinal avant 10 h. À quelle heure dois-je prendre le train à Châtel ?
- Etc.

Demandez ensuite aux élèves d'inventer leurs propres questions orales, et d'y répondre.

Pour s'entrainer

Proposez l'activité n° 1 p. 27 directement après la séance « Pour commencer » ou quelques jours plus tard.
Les activités suivantes permettront de travailler sur des documents variés.
Des activités supplémentaires sont également disponibles sur le CD.

Prolongement

L'illustration de la page 30 est très riche et permettra d'organiser plusieurs séances d'écriture courte.
Des contraintes d'écriture peuvent être proposées, par exemple :

- Utiliser systématiquement des prépositions et locutions donnant des indications spatiales : *au-dessus / entre / en dessous de*, etc.
- Utiliser les caractéristiques physiques des habitants de l'immeuble et écrire des mini-portraits :
J'ai des lunettes bleues, les cheveux roux et une tête carrée.
- Employer seulement des phrases négatives :
Je n'ai pas les cheveux longs, je n'habite ni au rez-de-chaussée ni au dernier étage, je ne suis pas un garçon et mon voisin ne s'appelle pas Lucien.

Je comprends de qui on parle dans un texte

6 SÉANCES
À RÉPARTIR
SUR 2 MOIS ENV.

DANS LES PROGRAMMES

Attendus de fin de cycle
Lire et comprendre des textes adaptés à la maturité et à la culture scolaire des élèves.

Connaissances et compétences associées
Comprendre un texte (lien avec l'écriture)
Mise en œuvre (guidée, puis autonome) d'une démarche pour découvrir et comprendre un texte (parcourir le texte de manière rigoureuse et ordonnée ; identifier les informations clés et relier ces informations ; identifier les liens logiques et chronologiques ; mettre en relation avec ses propres connaissances ; affronter des mots inconnus ; formuler des hypothèses…).

Exemples de situations, d'activités et de ressources pour l'élève
Pratique régulière d'activités permettant la compréhension d'un texte :
– activités individuelles : recherche et surlignage d'informations ; écriture en relation avec le texte ; **repérage des personnages et de leurs désignations variées** ; repérage de mots de liaison… […].

FICHIER DE L'ÉLÈVE
PP. 31-32

SITE COMPAGNON
- MATÉRIEL POUR LA SÉANCE « POUR COMMENCER »

CD-ROM
- MATÉRIEL POUR LA SÉANCE « POUR COMMENCER »
- ACTIVITÉ SUPPLÉMENTAIRE D'ENTRAINEMENT
- ACTIVITÉ « POUR ALLER PLUS LOIN »

LES CHOIX DE CLÉO

Pour le jeune lecteur, le repérage des chaines anaphoriques (c'est-à-dire des différentes désignations d'un personnage au fil d'un texte) peut constituer un obstacle à la compréhension.
Les difficultés sont de plusieurs ordres :
– Interprétation de pronoms personnels (en particulier le pronom *lui*, souvent interprété comme substitut d'un personnage exclusivement masculin).
– Désignation d'un même référent par des groupes nominaux exigeant un traitement inférentiel *(le lion / le roi des animaux / ce félin / …)*.
– Présence de deux chaines anaphoriques mêlées dans un même texte *(l'alligator / le crocodile / le premier / le second / son cousin / l'un et l'autre / …)*.
Cette séquence traite de ces aspects dans des textes divers : récit, documentaire, fable.
Les consignes, dans les différents domaines disciplinaires, sont souvent riches en chaines anaphoriques : il est utile, quand l'occasion se présente, de travailler leur compréhension fine avec les élèves afin d'assurer une meilleure exécution des tâches.

Pour commencer

Cette activité peut être proposée en travail individuel ou en groupe.
Imprimez et photocopiez le matériel complémentaire disponible sur le CD ou en ligne (un par élève ou un par groupe). Une version collective est également proposée pour la projection.
Faites lire silencieusement le texte, puis demandez aux élèves de préparer trois crayons

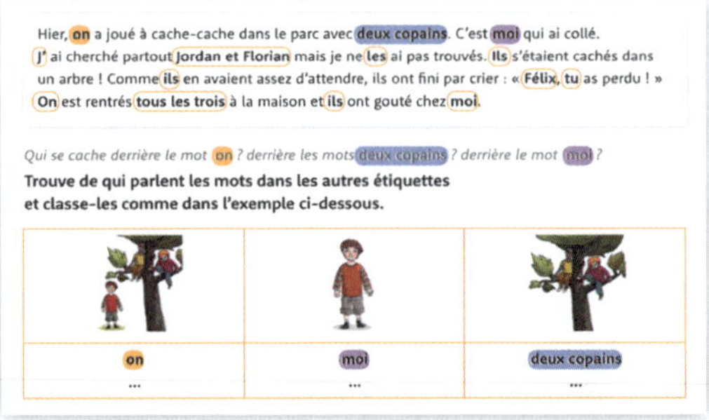
Hier, on a joué à cache-cache dans le parc avec deux copains. C'est moi qui ai collé. J' ai cherché partout Jordan et Florian mais je ne les ai pas trouvés. Ils s'étaient cachés dans un arbre ! Comme ils en avaient assez d'attendre, ils ont fini par crier : « Félix, tu as perdu ! » On est rentrés tous les trois à la maison et ils ont gouté chez moi.

Qui se cache derrière le mot on ? derrière les mots deux copains ? derrière le mot moi ?
Trouve de qui parlent les mots dans les autres étiquettes et classe-les comme dans l'exemple ci-dessous.

on	moi	deux copains
…	…	…

de couleur (vert, bleu et jaune par exemple) : relisez ensemble la première phrase, et coloriez *on* en vert (désigne les trois personnages de l'histoire), *deux copains* en bleu (Jordan et Florian) et *moi* en jaune (Félix).
Vous pourrez faire remarquer que le vert étant un mélange de bleu et de jaune, il est normal de l'utiliser quand on parle des trois personnages à la fois.
Ensuite, demandez aux élèves de continuer à colorier les mots entourés en respectant le code couleur, puis de classer ces mots dans le tableau.
Lors de la mise en commun, faites remarquer que cette série d'activités permettra d'apprendre à mieux comprendre un texte, en reconnaissant les personnages sous leurs désignations diverses.

Pour s'entrainer

L'activité n° 1 p. 31 pourra être donnée pour conclure la première séance.
Programmez les autres entrainements sur deux mois environ.
Une activité supplémentaire est proposée sur le CD.

Pour aller plus loin

Complète ce texte avec les mots proposés dans la liste ci-dessous (certains sont à utiliser deux fois).

Le .... est un .... Natif de l'Asie,

c'est le ....

.... se nourrit de viande, c'est un ....

qui pratique la chasse.

Ce .... a besoin de près de 10 kg de viande par jour.

Après 3 mois environ, la .... met au monde

deux à quatre ....

Le .... n'éduque pas les .... ,

c'est la .... qui les élève seule.

.... apporte de petites proies. Au bout de six mois,

.... peut laisser seuls dans la tanière pendant

qu' .... chasse.

Les .... restent 2 à 3 ans avec leur ....

Pour t'aider

tigre animal carnivore mâle mammifère carnivore plus grand des félins	prédateur il	tigresse femelle mère elle	bébés tigres jeunes petits les leur

La tâche est similaire aux entrainements précédents, mais suppose une bonne compréhension des termes employés (*prédateur, félin, mammifère, carnivore*). Faites remarquer l'organisation du tableau « Pour t'aider » (les 2 premières colonnes pour le tigre, les 2 autres pour la tigresse et les bébés tigres).
Conseillez aux élèves le recours au dictionnaire ou à un ouvrage de référence à la bibliothèque.

Je fais attention à la logique des phrases (2)

7 SÉANCES À RÉPARTIR SUR 2 MOIS ENV.

DANS LES PROGRAMMES

Connaissances et compétences associées

Comprendre un texte (lien avec l'écriture)

[…] identifier les informations clés et relier ces informations ; identifier les liens logiques et chronologiques.

Exemples de situations, d'activités et de ressources pour l'élève

Deux types de situation pour travailler la compréhension :
- textes lus par le professeur ou un autre adulte expert (enregistrement), comme en maternelle mais sur des textes un peu plus complexes ;
- découverte de textes plus accessibles que les précédents (plus courts, plus aisés à décoder surtout en début de cycle, plus simples du point de vue de la langue et des référents culturels).

FICHIER DE L'ÉLÈVE **PP. 33-35**

SITE COMPAGNON
- MATÉRIEL POUR LA SÉANCE « POUR COMMENCER »

CD-ROM
- MATÉRIEL POUR LA SÉANCE « POUR COMMENCER »
- ACTIVITÉ « POUR ALLER PLUS LOIN »

LES CHOIX DE CLÉO

Dans la séquence « Je fais attention à la logique des phrases (1) », les élèves ont centré leur attention sur l'emploi des temps verbaux. Cette seconde séquence les entraine à sélectionner une suite à un fragment de texte, et à réfléchir explicitement sur les problèmes de cohérence textuelle d'une manière plus large :
- **Cohérence de point de vue :** le point de vue reste le même (récit à la 1re personne, à la 3e personne, etc.).
- **Cohérence thématique :** l'enchainement des informations est logique et ne comporte pas de contradictions.
- **Cohérence des reprises d'information :** les substituts (généralement des pronoms) utilisés concordent avec la désignation initiale des personnages.
- **Cohérence temporelle :** les temps utilisés sont adéquats (concordance des temps).

Nous sommes conscients de la difficulté de cette séquence pour beaucoup d'élèves : ils auront besoin d'un étayage soutenu de leurs efforts. En sensibilisant les élèves à ces problèmes de cohérence, on escompte une amélioration des compétences de lecture mais aussi d'écriture (plus grande fermeté des choix énonciatifs).

Pour commencer

Projetez ou reproduisez la situation de travail ci-contre.

Faites lire l'encadré, puis demandez aux élèves d'expliquer l'activité telle qu'elle a été effectuée par des élèves fictifs.

Au moment où j'allais enfin gagner la partie, le maitre a frappé dans ses mains.

a. Je ~~mets~~ mes billes dans ma poche et je ~~cours~~ me ranger.

b. J'ai mis mes billes dans ma poche et j'ai couru me ranger.

c. Sylvain me ~~demande~~ : « Tu joueras encore avec moi, demain, à la récré ? »

Phrase a : ça ne va pas, les verbes sont au présent, alors que le début de l'histoire est raconté au passé.
Phrase b : ça va, c'est au passé.
Phrase c : ça ne va pas, il faudrait écrire : Sylvain me demanda.

Reformulez (ou faites reformuler) les étapes pour assurer la compréhension de tous :
1. Lire le début du texte.
2. Lire les trois suites possibles repérées par les lettres a., b. et c.
3. Déterminer quelle est la seule suite entièrement cohérente avec le début du texte.

4. Dans les deux autres suites, barrer les mots responsables de la rupture de cohérence.
5. Justifier le choix de la suite exacte et le rejet des deux autres.
(Comme on peut le voir, cette activité est complexe, c'est pourquoi il sera sans doute nécessaire d'accompagner fortement les élèves lors des premiers entrainements.)
Faites commenter ensuite les réponses données par les élèves fictifs. L'amélioration des suites rejetées est un excellent moyen de prendre conscience concrètement du problème de cohérence repéré et corrigé. Systématiquement, demandez aux élèves de modifier la phrase. Redites dans la continuité le début du texte et la phrase rectifiée en mettant en relief l'amélioration.

Exemple :
« … le maitre ***a frappé*** dans ses mains. J'***ai mis*** mes billes dans ma poche et j'ai couru me ranger. »

Projetez le second document. Demandez aux élèves (individuellement ou en groupes) de faire le même travail pour cette seconde activité.
Puis procédez à une correction collective.

En arrivant à l'école, Lucile s'aperçut qu'elle avait oublié son sac.
a. ~~Il~~ repartit à toute allure en direction de la maison.
b. ~~Elle sortit ses affaires et~~ se mit au travail.
c. Elle demanda à sa voisine de lui prêter un crayon.

Phrase a : ça ne va pas, ça ne peut pas être « il » puisque c'est Lucile.
Phrase b : elle ne peut pas sortir ses affaires puisqu'elle a oublié son sac !
Phrase c : ça va, c'est logique.

Pour s'entrainer

Programmez les 7 entrainements sur une période de deux mois.
Dans chaque activité, vous pouvez choisir de traiter le 1er texte collectivement, puis le 2e texte individuellement.

Pour aller plus loin

a. À chaque promenade en forêt, mon petit chien court comme un fou, renifle les traces des renards et se cacha derrière les buissons.
b. Quand Johan s'aperçut qu'il n'y avait plus de pain, il s'en coupa une tranche et sauça son assiette.
c. Le jeune prince prit son épée, descendit dans le souterrain et prononcera la formule magique.
d. Quand le réveil sonna, Adrien descendit les escaliers et s'enfonça un peu plus sous sa couette.
e. La petite sirène nagea jusqu'au fond de la mer et rencontrera le roi de l'océan qui l'attendra.

Dans cette activité, les élèves ont à déterminer eux-mêmes comment modifier les phrases afin d'en supprimer les incohérences. Parfois, il suffit de changer un temps verbal ; parfois, il faut transformer radicalement une partie de la phrase.

Prolongement

Dans un atelier d'écriture, on peut demander aux élèves d'imaginer eux-mêmes des phrases comportant des problèmes de logique qu'ils soumettront à leurs camarades.
Proposer un certain nombre de situations de départ sera un déclencheur d'écriture efficace :
– Un garagiste répare une voiture…
– Un enfant se réveille dans sa chambre…
– Un magicien présente un tour…
– La maitresse corrige les cahiers…

J'explore des familles de mots (1)

6 SÉANCES À RÉPARTIR SUR 3 MOIS ENV.

DANS LES PROGRAMMES

Attendus de fin de cycle
Utiliser ses connaissances sur la langue pour mieux s'exprimer à l'oral, pour mieux comprendre des mots et des textes, pour améliorer des textes écrits.

Connaissances et compétences associées
Identifier des relations entre les mots, entre les mots et leur contexte d'utilisation ; s'en servir pour mieux comprendre (lien avec la lecture et l'écriture)
Familles de mots et dérivation (préfixe, suffixe).
[...]

Exemples de situations, d'activités et de ressources pour l'élève
– Réflexion sur les mots et leurs relations telle que commencée en maternelle, continuée au CP : constitution de listes traduisant les liens relevés.
– Réflexion en lien avec la lecture quand les élèves achoppent sur des mots inconnus (constitution du mot, ressemblances avec d'autres ; hypothèse sur le sens dans le contexte ; identification d'un registre inhabituel ; etc.) ou rencontrent des mots qu'ils connaissent avec une autre acception que la plus usuelle.
– Séances spécifiques de mise en ordre de ce premier savoir aboutissant aux « étiquettes savantes ». Synthèses de ces phases réflexives et structurantes complétées d'exemples issus des lectures ou des apprentissages.
– Utilisation des catégories dès qu'elles sont identifiées, dans des échanges, voire des débats, pour justifier des analyses, des points de vue.

FICHIER DE L'ÉLÈVE **PP. 36-38**

AIDE-MÉMOIRE **Leçon n°4**

SITE COMPAGNON
- MATÉRIEL POUR LA SÉANCE « POUR COMMENCER »

CD-ROM
- MATÉRIEL POUR LA SÉANCE « POUR COMMENCER »
- ACTIVITÉS SUPPLÉMENTAIRES D'ENTRAINEMENT
- ACTIVITÉ « POUR ALLER PLUS LOIN »

LES CHOIX DE CLÉO

Ce chapitre constitue la première des deux séquences explorant la notion de famille de mots ; il s'agit de s'interroger à la fois sur la forme et sur le sens des mots : cheval et chevelu ne sont pas de la même famille, bien qu'ils soient proches formellement. En revanche, cheval et cavalier font partie de la même famille, bien que leur forme diffère beaucoup. C'est pour habituer les élèves à s'appuyer sur les deux types d'indices (formel et sémantique) qu'il nous a semblé intéressant de proposer ce type d'activités.
La seconde séquence consacrée aux familles de mots explorera plus précisément les procédés de préfixation.

Pour commencer

Cette activité peut être proposée en travail individuel ou en groupe.
Imprimez et distribuez le matériel complémentaire (via le CD ou le site compagnon), à chaque élève ou groupe :

chevaucher v.	Défilé de cavaliers.
cheveu n.m.	Se déplacer à cheval.
cavalier n.m., cavalière n.f.	Personne qui monte à cheval.
chevelu adj.	Ensemble des cheveux d'une personne.
cavalcade n.f.	Qui a beaucoup de cheveux.
chevelure n.f.	Qui a les cheveux en désordre.
cheval n.m	
échevelé adj.	

Explicitez rapidement les abréviations *v.*, *n.m.*, etc.
Demandez aux élèves d'apparier les étiquettes-mots et les étiquettes-définitions. Deux mots restent sans définition : ce sont les deux « chefs de famille », ***cheveu*** et ***cheval***. Les élèves trient les deux familles, en mettant en tête de colonne les deux mots « chefs de famille ».
La correction est collective, suivie d'observations : des mots qui se ressemblent ne sont pas forcément de la même famille, alors que d'autres, assez différents, font partie de la même famille. Il faut donc bien comprendre le sens des mots pour comprendre le lien de famille ; remarquer également que ***caval**ier* et ***cheval***, par exemple, ont effectivement certaines lettres en commun, même si on ne le remarque pas forcément d'emblée.

Pour s'entrainer

Les entrainements reprennent exactement les tâches de la rubrique « Pour commencer ». Programmez-les sur deux à trois mois.
N'hésitez pas à faire lire collectivement les mots et leurs définitions et rappelez aux élèves les différentes étapes.
Pendant toute cette séquence, vous pouvez demander oralement aux élèves d'expliquer les différentes abréviations (*n.m.*, *adj.*, etc) pour renforcer leur mémorisation. Vous pouvez également donner la leçon n°4 de l'aide-mémoire à apprendre, après quelques entrainements.
D'autres entrainements sont disponibles sur le CD.

Pour aller plus loin

Lis ce texte.

En attendant la livraison de ma nouvelle machine à laver, j'écoute mon disque préféré. J'essaie de lire les paroles sur le livret du CD, mais c'est écrit tellement petit que c'est presque illisible ! Une fois que le livreur sera passé, j'irai dans une librairie : je cherche un livre de contes et légendes. Comme la librairie est loin de chez moi, je n'aurai pas le temps de me faire à manger : pas grave, je me ferai livrer une pizza !

- **Cherche dans ce texte les mots de la famille de livraison et de livret. Attention, les mots de ces deux familles se ressemblent beaucoup !**
- **Complète ces définitions de dictionnaire en ajoutant les mots manquants et leur catégorie grammaticale (n.m., n.f., adj., v.). Si tu ne connais pas ces catégories, vérifie dans ton dictionnaire.**

....	Apporter un colis chez quelqu'un.
....	Personne qui fait des livraisons.
....	Action de livrer un paquet, un colis.

....	Objet composé d'une couverture et de pages.
....	Magasin où l'on vend des livres.
....	Impossible à lire.
....	Petit livre.
....	Déchiffrer et comprendre un texte.

Les deux activités proposées sont liées : la seconde partie permettra peut-être à certains élèves de repérer quelques mots oubliés dans la première tâche.
Pour faciliter la tâche, le premier mot de chaque famille a été mis en couleur (une famille par tableau).

Je fais attention aux lettres muettes

6 SÉANCES
À RÉPARTIR SUR 6 SEMAINES ENV.

DANS LES PROGRAMMES

Attendus de fin de cycle
Utiliser ses connaissances sur la langue pour mieux s'exprimer à l'oral, pour mieux comprendre des mots et des textes, pour améliorer des textes écrits.

Connaissances et compétences associées
Identifier des relations entre les mots, entre les mots et leur contexte d'utilisation ; s'en servir pour mieux comprendre (lien avec la lecture et l'écriture)
Familles de mots et dérivation (préfixe, suffixe).
[...]

Exemples de situations, d'activités et de ressources pour l'élève
Réflexion en lien avec la lecture quand les élèves achoppent sur des mots inconnus (constitution du mot, ressemblances avec d'autres...).

FICHIER DE L'ÉLÈVE
PP. 39-40

SITE COMPAGNON
- MATÉRIEL POUR LA SÉANCE « POUR COMMENCER »

CD-ROM
- MATÉRIEL POUR LA SÉANCE « POUR COMMENCER »
- ACTIVITÉ SUPPLÉMENTAIRE D'ENTRAINEMENT
- ACTIVITÉ « POUR ALLER PLUS LOIN »

LES CHOIX DE CLÉO

Depuis le CP, les élèves se sont habitués à rechercher un mot de la même famille ou à passer du masculin au féminin, pour trouver une éventuelle lettre muette finale. C'est cette stratégie qui est renforcée dans cette séquence, en l'élargissant à un ensemble de familles de mots peut-être moins familières à la plupart des élèves.

Pour commencer

Projetez le document (collectif) disponible sur le CD et en ligne :

- **respecter** v. : traiter quelqu'un ou quelque chose avec resp....
- **guichetier** n.m., **guichetière** n.f. : employé(e) de banque ou de la poste, qui travaille au ....
- **discrétion** n.f. : attitude de quelqu'un qui ne veut pas se faire remarquer, qui est ....
- **suspecter** v. : soupçonner, penser que quelqu'un est ....
- **débattre** v. : discuter d'une question, participer à un ....
- **marchandise** n.f. : objet vendu par un ....
- **lézarder** v. : se reposer au soleil comme un ....
- **diamantaire** n.m. ou f. : personne qui taille ou vend des ....

Faites lire les définitions. Invitez à chercher collectivement les mots manquants en fin de définitions. Assurez-vous que le vocabulaire a bien été compris.
Individuellement, sur leur cahier d'essais ou leur ardoise, les élèves écrivent ces mots et entourent les lettres muettes faisant partie du mot défini.
Collectivement, faites expliciter la procédure. Demandez aux élèves de proposer quelques exemples supplémentaires.

Pour s'entrainer

Enchainez immédiatement avec la première activité « Pour s'entrainer ». Faites lire et compléter les deux ou trois premières phrases oralement.
Une correction collective est utile seulement si de nombreuses erreurs sont commises.
Programmez les autres entrainements dans les semaines qui suivent.
Une autre activité supplémentaire est disponible sur le CD.

Pour aller plus loin

Ce sont les illustrations qui permettent de trouver les mots manquants. Dans certains cas, le mot est seulement tronqué.

Prolongement

Certains élèves pourront, en complément, inventer quelques phrases du même type que les activités d'entrainement.

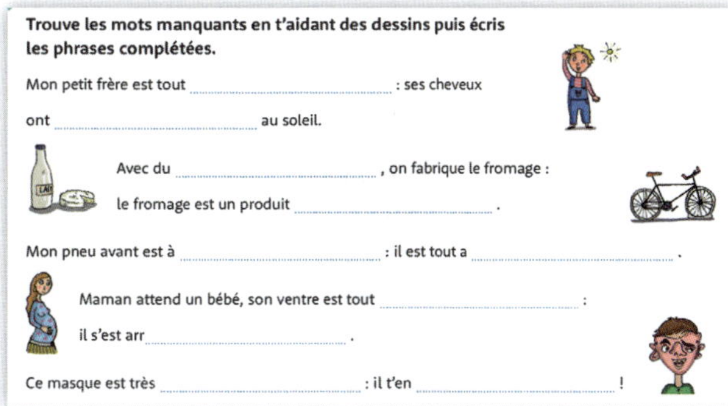
Trouve les mots manquants en t'aidant des dessins puis écris les phrases complétées.

Mon petit frère est tout .... : ses cheveux ont .... au soleil.

Avec du .... , on fabrique le fromage : le fromage est un produit ....

Mon pneu avant est à .... : il est tout a ....

Maman attend un bébé, son ventre est tout .... : il s'est arr............ .

Ce masque est très .... : il t'en .... !

Je maitrise l'ordre alphabétique (1)

6 SÉANCES
À RÉPARTIR SUR 2 MOIS ENV.

DANS LES PROGRAMMES

Attendus de fin de cycle
Orthographier les mots les plus fréquents (notamment en situation scolaire) et les mots invariables mémorisés.

Connaissances et compétences associées
Étendre ses connaissances lexicales, mémoriser et réutiliser des mots nouvellement appris
(lien avec l'expression orale et écrite)
Définition d'un mot ; compréhension d'un article de dictionnaire.

Exemples de situations, d'activités et de ressources pour l'élève
Utilisation du dictionnaire dès le CE1 ; usage des formes électroniques encouragé.

FICHIER DE L'ÉLÈVE
PP. 41-42

AIDE-MÉMOIRE
Leçon n°3

SITE COMPAGNON
- MATÉRIEL POUR LA SÉANCE « POUR COMMENCER »

CD-ROM
- MATÉRIEL POUR LA SÉANCE « POUR COMMENCER »
- ACTIVITÉS SUPPLÉMENTAIRES D'ENTRAINEMENT
- ACTIVITÉ « POUR ALLER PLUS LOIN »

LES CHOIX DE CLÉO

Au CP et au CE1, les élèves ont appris à ranger des mots dans l'ordre alphabétique. Au CE2, il s'agit de renforcer cette compétence pour la rendre plus sure et plus rapide, notamment quand il est nécessaire de prendre en compte la deuxième lettre des mots, voire la troisième, la quatrième, etc.

Le format d'activité choisi pour cette séquence aide l'élève à bien cerner les étapes du classement dans l'ordre alphabétique : prise en compte de l'initiale, puis des autres lettres des mots.

Pour commencer

Cette activité peut être proposée en travail individuel ou en groupe.
Distribuez le matériel individuel disponible sur le CD (et en ligne), présenté ci-contre.
Projetez l'image ci-dessous disponible sur le CD (et en ligne) :

Série 1	Série 2
agneau	cochon
brebis	guêpe
dindon	vache
canard	âne
grenouille	lapin
poule	bœuf
oie	poulain
veau	

Observe ces dessins.

Les animaux ont essayé de se ranger dans l'ordre alphabétique, mais ils font quelques erreurs.

Demandez aux élèves de placer la première série d'étiquettes dans le même ordre que sur l'image.
Demandez ensuite de vérifier que les animaux sont bien rangés dans l'ordre alphabétique et de rectifier les erreurs (*canard* avant *dindon* et *oie* avant *poule*). Rappelez que, pour ranger dans l'ordre alphabétique, on prend d'abord en compte l'initiale.
Faites découper la deuxième série d'étiquettes (*cochon*, *guêpe*, etc.) et demandez aux élèves de les placer dans la liste déjà constituée. Explicitez la procédure en traitant collectivement une ou deux étiquettes : « Je veux placer cochon dans l'ordre alphabétique : il y a déjà un mot qui commence par *c*, *canard* : je dois donc regarder les deux premières lettres : *c-o* pour *cochon*, *c-a* pour *canard* : *o* est après a dans l'ordre alphabétique, donc *cochon* se place après *canard*. »
Procédez à une correction collective en faisant justifier chaque placement d'étiquette.

Pour s'entrainer

Lors du premier entrainement, insistez sur les deux étapes de l'activité : pour les mots de la première colonne, les élèves ne s'appuient que sur l'initiale. Ceux de la seconde colonne nécessitent systématiquement la prise en compte de la 2e lettre des mots.
Donnez la leçon n° 3 de l'aide-mémoire de l'élève à apprendre, après deux ou trois entrainements. Soyez particulièrement exigeant sur l'apprentissage de l'alphabet qui doit être maitrisé avec habileté par tous les élèves en fin de CE2.
On complètera ces entrainements par un entretien de la compétence, de temps à autre, dans le cadre des « 5 minutes chrono » (voir p. 26).
Par ailleurs, des activités supplémentaires sont disponibles sur le CD.

Pour aller plus loin

La difficulté vient du fait qu'il faut tenir compte des 4 ou 5 premières lettres des mots pour les ranger dans l'ordre alphabétique.

Range ces mots dans l'ordre alphabétique.

ⓐ château – chatouiller – chaton – chauve – charbon – chaudement – chapeau – champignon – chameau – chanter

ⓑ transparent – traverser – transpirer – transporter – tranquillement – tranche – transformer – travailler – tracteur – transpercer

Je classe les mots en catégories : les suffixes

6 SÉANCES
À RÉPARTIR
SUR 2 MOIS ENV.

DANS LES PROGRAMMES

Attendus de fin de cycle

Utiliser ses connaissances sur la langue pour mieux s'exprimer à l'oral, pour mieux comprendre des mots et des textes, pour améliorer des textes écrits.

Connaissances et compétences associées

Identifier des relations entre les mots, entre les mots et leur contexte d'utilisation ; s'en servir pour mieux comprendre (lien avec la lecture et l'écriture).
- Familles de mots et dérivation (préfixe, suffixe).
- Catégorisation et relations entre termes génériques et termes spécifiques. [...]

Exemples de situations, d'activités et de ressources pour l'élève

- Séances spécifiques de mise en ordre de ce premier savoir aboutissant aux « étiquettes savantes ». Synthèses de ces phases réflexives et structurantes complétées d'exemples issus des lectures ou des apprentissages.
- Utilisation des catégories dès qu'elles sont identifiées, dans des échanges, voire des débats, pour justifier des analyses, des points de vue.

FICHIER DE L'ÉLÈVE
PP. 43-44

CD-ROM
● ACTIVITÉS SUPPLÉMENTAIRES D'ENTRAINEMENT

LES CHOIX DE CLÉO

Ce chapitre permet de travailler la catégorisation en explorant le sens porté par certains suffixes, très productifs en français, et porteurs de plusieurs sens. Par exemple : *-ier* est un suffixe permettant de former le nom d'arbres fruitiers (pommier, poirier, cerisier, etc.), mais également le nom de contenants (saladier, cendrier, sucrier, etc.)

Pour commencer

Écrivez au tableau la série de mots : *tuilerie*, *porcherie*, *chocolaterie*, *biscuiterie*, *bergerie*.
Faites lire et définir les mots.
Faites observer que tous les noms se terminent par *-erie*.
Demandez aux élèves d'organiser les mots en deux colonnes, sans donner de critères préalables de tri (faire travailler sur l'ardoise).

Effectuer une mise en commun collective : certains noms servent à parler d'endroits où on fabrique quelque chose, d'autres d'endroits où vivent des animaux. Faites compléter les deux colonnes du tableau :

Endroits où l'on fabrique...	Endroits où l'on élève...
tuilerie – chocolaterie – biscuiterie	chèvrerie – porcherie – bergerie

Demandez aux élèves de définir les noms en employant les structures proposées :
- Une tuilerie, c'est un endroit où on fabrique des tuiles.
- Une chèvrerie, c'est un endroit où on élève des chèvres.
- Évidemment, la bergerie est l'endroit où l'on élève les moutons, plutôt que le berger !

Concluez en rappelant que la fin de certains mots nous aide à comprendre leur sens.

Pour s'entrainer

Proposez les activités du chapitre sur une durée de deux mois environ.
Des activités supplémentaires sont disponibles sur le CD.

Je comprends les différents sens d'un mot

8 SÉANCES À RÉPARTIR SUR 2 MOIS ENV.

DANS LES PROGRAMMES

Connaissances et compétences associées

Identifier des relations entre les mots, entre les mots et leur contexte d'utilisation ; s'en servir pour mieux comprendre (lien avec la lecture et l'écriture).
Polysémie ; relation avec les contextes d'emploi.
Étendre ses connaissances lexicales, mémoriser et réutiliser des mots nouvellement appris (lien avec l'expression orale et écrite).
Définition d'un mot ; compréhension d'un article de dictionnaire.

Exemples de situations, d'activités et de ressources pour l'élève

Séances spécifiques de mise en ordre de ce premier savoir aboutissant aux « étiquettes savantes ». Synthèses de ces phases réflexives et structurantes complétées d'exemples issus des lectures ou des apprentissages.

FICHIER DE L'ÉLÈVE **PP. 45-48**

SITE COMPAGNON
- MATÉRIEL POUR LA SÉANCE « POUR COMMENCER »

CD-ROM
- MATÉRIEL POUR LA SÉANCE « POUR COMMENCER »
- ACTIVITÉS SUPPLÉMENTAIRES D'ENTRAINEMENT

LES CHOIX DE CLÉO

Cette séquence a pour objectif de mieux percevoir la polysémie de très nombreux mots du français. Les activités proposées habituent les élèves à se repérer dans un article de dictionnaire, à en saisir les codes et les abréviations. Elles demandent une double compréhension :
- compréhension spécifique des définitions : prise en compte de leur style dépouillé, privé de contexte ;
- compréhension plus globale des phrases qui succèdent à la définition : mise en relation du mot utilisé dans un contexte précis afin de sélectionner la définition adéquate.

Pour commencer

Projetez ou reproduisez la définition du verbe *tomber* :

tomber v.
1. Perdre l'équilibre, faire une chute.
2. Se détacher, se décrocher, lâcher.
3. Ne plus avoir la force de tenir debout.
4. (Suivi d'un adjectif) Devenir soudain : tomber amoureux.
5. *Fig.* Laisser tomber : arrêter, abandonner.
6. *Fig.* Rencontrer par hasard : tomber sur quelqu'un.
7. *Fig.* Arriver, commencer. La nuit tombe.

Faites lire la définition du verbe *tomber*. Demandez aux élèves de proposer une phrase d'exemple pour chacun des sens définis.
Faites observer les abréviations (sans insister sur *fig.* qui fera l'objet d'une autre séquence) et les numéros. À l'aide des dictionnaires présents en classe, listez les principales abréviations utilisées : *adj., adv., n., v., f., m., pl.* Donnez leur signification.
Lisez une à une les phrases suivantes :

a. Je suis tombé sur le poignet et je me suis fait une entorse.
b. Pendant la récréation, j'ai trébuché et je suis tombé sur Meriem.
c. J'ai laissé tomber la guitare : maintenant, je joue du piano.
d. J'ai laissé tomber ma guitare et maintenant elle est cassée !
e. En allant en ville, je suis tombé sur Meriem.
f. Il est tombé malade la semaine dernière.
g. Il faudrait coucher le petit Tom, il tombe de sommeil !

Les élèves apparient chaque phrase lue avec la définition adéquate, et écrivent sur leur ardoise le n° de la définition correspondante. Explicitez en particulier les phrases c/d, b/e et rappelez la différence entre sens propre et sens figuré, déjà explorée au CE1.

Pour s'entrainer

Le format des activités « Pour s'entrainer » est très comparable à celui de l'activité « Pour commencer » proposé ci-dessus.
Des activités supplémentaires d'entrainement sont disponibles sur le CD.

J'explore des familles de mots (2) : les préfixes

6 SÉANCES
À RÉPARTIR SUR 6 SEMAINES ENV.

DANS LES PROGRAMMES

Connaissances et compétences associées
Identifier des relations entre les mots, entre les mots et leur contexte d'utilisation ; s'en servir pour mieux comprendre (lien avec la lecture et l'écriture)
Familles de mots et dérivation (préfixe, suffixe).
[...]

FICHIER DE L'ÉLÈVE
PP. 49-50

SITE COMPAGNON
- MATÉRIEL POUR LA SÉANCE « POUR COMMENCER »

CD-ROM
- MATÉRIEL POUR LA SÉANCE « POUR COMMENCER »
- ACTIVITÉ « POUR ALLER PLUS LOIN »

LES CHOIX DE CLÉO

La dérivation (ajout de suffixes ou de préfixes) est un puissant « moteur » de création du lexique en français. Nous travaillons ici sur quelques préfixes parmi les plus accessibles : *dé-, re-, in-*. Cette séquence constitue une première approche de la dérivation, qui sera approfondie et systématisée au cycle 3.
Comme c'était déjà le cas dans la première séquence consacrée aux familles de mots, le format d'activité retenu rend l'élève constamment attentif aux aspects sémantiques et morphologiques : malgré les apparences, *répondre* ne signifie pas *pondre une deuxième fois*, les deux mots ne sont donc pas apparentés. Il ne s'agit pas de « piéger » les élèves, mais de leur faire explorer le système de la langue jusqu'à ses limites. Un contrexemple permet souvent, grâce au contraste qu'il produit, de mieux prendre conscience d'un phénomène linguistique qui n'a pas encore été explicité.

Pour commencer

Cette activité peut être proposée en travail individuel ou en groupe. Distribuez les étiquettes disponibles sur le CD (et en ligne) :

a. La marmotte attend patiemment la fin de l'hiver.
b. Je l'ai empêché de manger un bonbon.
c. La fumée des usines est bien visible dans le ciel.
d. 68 est un nombre pair.
e. Maman a sorti les outils pour monter l'armoire qu'on a achetée.
f. J'attends impatiemment que Noël arrive !
g. L'air qu'on respire est invisible.
h. Avant de déménager, il faut démonter tous les meubles.
i. La nuit tombe, il faut se dépêcher de rentrer.
j. 45 est un nombre impair.

Demandez aux élèves d'apparier les étiquettes, sans leur donner de critères prédéfinis.
Vérifiez leur travail et faites observer les paires de contraires : *patiemment / impatiemment*, etc.
Commentez le couple de « faux contraires » constitué par *empêcher / dépêcher*. Faites définir ces mots et montrez que leur ressemblance formelle ne suffit pas à les apparenter.
Écarter ces deux étiquettes pour la suite du travail.
Demandez aux élèves de surligner, dans les étiquettes, les mots ou parties de mots identiques, et de surligner les autres parties d'une autre couleur :
patiemment / impatiemment
visible / invisible
monter / démonter
etc.
Explicitez le fait qu'en ajoutant les éléments *dé-, in-, im-*, etc., on peut former des contraires.

Pour s'entrainer

Présentez l'activité n°1 p. 49 en traitant collectivement au moins les deux premières phrases.
Ce chapitre demandera également une attention orthographique soutenue, notamment dans la gestion des terminaisons verbales.

Pour aller plus loin

L'activité organise et systématise l'emploi de trois préfixes (*mal-*, *im-*, *dés-*) hors de tout contexte. Ici encore, des « intrus » viennent renforcer la réflexion sur le sens des mots contenus dans les tableaux.

- **Complète ces tableaux avec des mots de sens contraire : dans chacun d'eux, il faut utiliser le même préfixe. Écris-le en haut du tableau.**
- **Attention, il y a un intrus dans chaque tableau qui n'a pas de contraire ! Mets une croix dans sa case.**

adroit	....
....	malheureux
poli	....
....	malicieux
habile	....
....	malpropre
	Préfixes : ....

....	immobile
parfait	....
....	imaginaire
prévu	....
....	imbuvable
puissant	....
	Préfixes : ....

ordre	....
....	désaccord
équilibre	....
....	désert
agréable	....
....	désavantage
	Préfixes : ....

J'utilise des verbes de sens contraire

3 SÉANCES
À RÉPARTIR SUR 3 SEMAINES ENV.

DANS LES PROGRAMMES

Attendus de fin de cycle

Utiliser ses connaissances sur la langue pour mieux s'exprimer à l'oral, pour mieux comprendre des mots et des textes, pour améliorer des textes écrits.

Connaissances et compétences associées

Identifier des relations entre les mots, entre les mots et leur contexte d'utilisation ; s'en servir pour mieux comprendre (lien avec la lecture et l'écriture)
Synonymie ; antonymie (contraires) pour adjectifs et verbes.

FICHIER DE L'ÉLÈVE
P. 51

SITE COMPAGNON
- MATÉRIEL POUR LA SÉANCE « POUR COMMENCER »

CD-ROM
- MATÉRIEL POUR LA SÉANCE « POUR COMMENCER »

LES CHOIX DE CLÉO

Ce chapitre explore la notion d'antonymie à travers l'utilisation de verbes en contexte. C'est l'occasion également de commencer à utiliser une procédure visant à distinguer l'infinitif du participe passé, très efficace une fois qu'elle est maitrisée.
Pour y parvenir, les élèves vont être confrontés à des phrases où les couples de verbes ont d'abord un lien sémantique : ce sont des contraires, comme *fermer* et *ouvrir*.
La tâche est double : d'abord, compléter la phrase ; ensuite, faire la preuve qu'on a bien repéré une analogie dans l'emploi des deux verbes (participe passé : *fermé* ⟷ *ouvert* ; infinitif : *fermer* ⟷ *ouvrir*).

POUR L'ENSEIGNANT

Pour une approche plus progressive de l'homophonie *-é / -er*

Traditionnellement, la règle proposée est la suivante :

j'ai chant... → je peux dire : *j'ai mordu, j'ai fini* → donc : *j'ai chanté.*

je vais chant... → je peux dire : *je vais mordre, je vais finir* → donc : *je vais chanter.*

Cette procédure a un gros avantage : elle est très efficace et peut être appliquée sans avoir recours à la nomenclature grammaticale (participe passé, infinitif, passé composé, etc.).

Cette règle a cependant un inconvénient qui est souvent ignoré ou mal perçu ; elle suppose que l'élève soit suffisamment agile pour :

1. faire abstraction du sens (« Je veux écrire *j'ai chanté,* pourquoi donc veut-on me faire utiliser *mordu* à la place ? ») ;
2. déduire plus ou moins implicitement que les terminaisons *-é, -i, -u, -is* signalent une même forme verbale (le participe passé) et sont donc interchangeables et équivalentes ; de même pour *-er, -ir, -dre, -re,* « signatures » de verbes à l'infinitif.

L'apprentissage de cette procédure sera entrainé explicitement au CM1. Cependant, il nous a semblé pertinent de l'aborder dès le CE2 sous un autre angle, celui d'un travail sur l'antonymie. En utilisant des couples de verbes de sens contraire, les élèves comprennent mieux le principe de cette procédure qu'ils seront capables, plus tard, d'utiliser indépendamment de la signification des verbes de remplacement.

Pour commencer

Cette activité est à traiter de préférence collectivement.
Projetez ou reproduisez les deux couples de phrases ci-contre.

a. L'avion a décollé de Paris et il a atterri à Londres une heure plus tard.
L'avion va décoller de Paris et atterrir à Londres dans une heure.

b. J'ai rempli mon verre et je l'ai vidé aussitôt.
Je vais remplir mon verre et le vider aussitôt !

Mettez en valeur la construction symétrique des phrases (*a décollé* → *a atterri, va décoller* → *va atterrir,* etc.) de manière à expliciter le choix du participe passé ou de l'infinitif selon le cas.
Donnez oralement cette troisième série de phrases :
– *Papa est sorti vers midi, il est rentré une heure plus tard.*
– *Papa va sortir vers midi et il pense rentrer une heure plus tard.*
Faites écrire : *Papa est sorti / il est rentré / Papa va sortir / il pense rentrer* sur l'ardoise ou le cahier d'essais. Faites manipuler les infinitifs et les participes passés, y compris en cherchant d'autres verbes possibles :
Papa est sorti / parti / tombé / revenu → *Papa va sortir / partir / tomber / revenir* / etc.

Pour s'entrainer

L'activité d'entrainement demande, comme c'est souvent le cas, un pilotage des élèves par l'enseignant. En collectif, montrez par exemple comment traiter une phrase telle que : *Hier soir, j'ai eu du mal à m'endormir, et ce matin, j'ai eu du mal à me réveiller.* Procédez ainsi : observation des formes verbales disponibles, recherche d'une seconde partie de phrase adéquate en réutilisant le matériau lexical et les structures syntaxiques de la première partie de la phrase. Présentez également l'activité n°1 en traitant collectivement la première phrase, pour mettre en évidence les différentes étapes de la consigne. Ce n'est donc pas d'emblée un travail autonome et individuel de la part de l'élève. L'entrainement, programmé sur trois semaines à un mois, exige un guidage précis, faute de quoi il manquera sa cible. Quand les élèves auront été confrontés à l'activité deux ou trois fois, alors seulement on pourra attendre de certains d'entre eux une autonomie totale.

Je maitrise l'ordre alphabétique (2)

6 SÉANCES À RÉPARTIR SUR 6 SEMAINES ENV.

DANS LES PROGRAMMES

Attendus de fin de cycle
Orthographier les mots les plus fréquents (notamment en situation scolaire) et les mots invariables mémorisés.

Connaissances et compétences associées
Étendre ses connaissances lexicales, mémoriser et réutiliser des mots nouvellement appris
(lien avec l'expression orale et écrite)
Définition d'un mot ; compréhension d'un article de dictionnaire.

Exemples de situations, d'activités et de ressources pour l'élève
Utilisation du dictionnaire dès le CE1 ; usage des formes électroniques encouragé.

FICHIER DE L'ÉLÈVE **PP. 52-53**

AIDE-MÉMOIRE **Leçon n°3**

SITE COMPAGNON
- MATÉRIEL POUR LA SÉANCE « POUR COMMENCER »

CD-ROM
- MATÉRIEL POUR LA SÉANCE « POUR COMMENCER »
- ACTIVITÉS SUPPLÉMENTAIRES D'ENTRAINEMENT
- ACTIVITÉ « POUR ALLER PLUS LOIN »

LES CHOIX DE CLÉO

Cette seconde séquence consacrée à l'ordre alphabétique habitue les élèves à imaginer les diverses graphies possibles de phonèmes en position initiale (telles : *o, ho, au, hau* pour le phonème [o]), et ainsi à rendre leurs recherches dans le dictionnaires plus efficaces et méthodiques.
Par ailleurs, cette série d'entrainements conforte les compétences de rangement dans l'ordre alphabétique en prenant en compte les deux, trois ou quatre premières lettres d'un mot.

Pour commencer

Cette activité peut être proposée en travail individuel ou en groupe.
Distribuez le matériel complémentaire (disponible sur le CD et sur le site), présenté ci-contre.

Série 1	Série 2
opération	hiver
hôtel	hygiène
haut	inondation
autocollant	imagination
odeur	immeuble
orage	histoire
hôpital	igloo
auberge	hirondelle

Faites travailler d'abord sur la série 1. Demandez aux élèves de faire des observations sur ces mots : ils commencent tous par le son [o]. Demandez-leur ensuite d'entourer, avec leurs crayons de couleur, les lettres qui font [o] en choisissant une couleur différente par graphie (ou « manière d'écrire ce son »).
Ensuite, demandez aux élèves de regrouper les étiquettes par catégorie, puis de commencer à les ranger dans l'ordre alphabétique. Vous suggèrerez de souligner les lettres à prendre en compte et demanderez aux élèves d'expliciter leur manière de faire : « *auberge* vient avant *autocollant* parce que *b* est avant *t* dans l'ordre alphabétique. »
Les élèves réalisent le rangement seuls ou en petits groupes. La correction, collective, s'effectue au tableau en justifiant la place de chaque mot.
Proposez ensuite la seconde série d'étiquettes, qui sera rangée dans l'ordre alphabétique individuellement.
La correction est collective.

Pour s'entrainer

Programmez les entrainements de ce chapitre sur six semaines environ.
Les entrainements sont constitués de deux étapes :

- vérification éventuelle de l'orthographe dans le dictionnaire ;
- rangement dans l'ordre alphabétique.

Pour gagner du temps, vous pouvez répartir la recherche des sept ou huit mots constituant chaque activité entre tous les élèves de la classe. Les mots correctement orthographiés seront alors écrits au tableau lors d'une courte mise en commun, puis les élèves effectueront la deuxième étape de l'activité individuellement.
Aidez les élèves en difficulté dans la manipulation du dictionnaire, en leur apprenant à mieux estimer dans quelle partie du dictionnaire chercher un mot (au début, au milieu, à la fin), en repérant les mots limites en haut de page, etc.

Pour aller plus loin

La recherche d'homonymes à l'aide des illustrations (*ancre/encre, ver/verre, reine/renne, cygne/signe*) permettra de dissiper les hésitations éventuelles sur le sens de ces termes.

Prolongement

Les élèves les plus performants pourront rechercher eux-mêmes d'autres paires d'homonymes (*poil/poêle ; chœur/cœur ; chêne/chaine* ; etc.).

Je maitrise les phrases affirmatives et négatives

5 SÉANCES À RÉPARTIR SUR 1 MOIS ENV.

DANS LES PROGRAMMES

Connaissances et compétences associées

Identifier les principaux constituants d'une phrase simple en relation avec sa cohérence sémantique (de quoi on parle, ce qu'on en dit).

Phrases affirmatives et négatives (notamment, transformations liées à l'identification du verbe).

Exemples de situations, d'activités et de ressources pour l'élève

– Activités de manipulations de phrases, de tris, de classements débouchant sur la catégorisation de faits de langue et sur le métalangage grammatical, après un temps significatif de familiarisation avec l'objet étudié.

– Exercices pour fixer les acquis et mobilisation explicite de ces acquis (notamment les « mots de la grammaire ») dans l'ensemble des échanges pratiqués pour résoudre des problèmes de lecture, d'écriture, d'orthographe.

FICHIER DE L'ÉLÈVE **PP. 54-55**

AIDE-MÉMOIRE **Leçon n°2**

SITE COMPAGNON
- MATÉRIEL POUR LA SÉANCE « POUR COMMENCER »

CD-ROM
- MATÉRIEL POUR LA SÉANCE « POUR COMMENCER »
- ACTIVITÉS SUPPLÉMENTAIRES D'ENTRAINEMENT
- ACTIVITÉ « POUR ALLER PLUS LOIN »

LES CHOIX DE CLÉO

Cette séquence permet de manipuler des phrases affirmatives et négatives sans jamais faire l'impasse sur le sens. Trop souvent, on demande aux élèves de procéder à des transformations d'une manière artificielle et mécanique. Ici, la compréhension de la phrase est un passage obligé et les différences entre, par exemple, *ne … pas encore* et *ne … plus* ou *souvent* et *toujours*, sont prises en compte.

Pour commencer

Cette activité peut être proposée en travail individuel ou en groupe.
Projetez ou reproduisez au tableau l'activité suivante (disponible sur le CD ou en ligne) :

~~Je mange toujours des épinards~~, car j'ai horreur de ça !
Je ne mange jamais d'épinards

~~C'est toujours facile de faire du vélo~~, surtout quand il y a du vent !
Ce n'est jamais facile de faire du vélo

~~Il n'y a plus de gâteau~~, tu peux en reprendre une petite part.
Il y a encore du gâteau

~~Nicolas est déjà arrivé~~ : son avion atterrira avec une demi-heure de retard.
Nicolas n'est pas encore arrivé

Faites lire à haute voix les versions d'origine et les versions rectifiées des quatre phrases. Faites expliciter en quoi les phrases d'origine étaient absurdes ou manquaient de logique. Par exemple : *« Si quelqu'un a horreur des épinards, il est impossible qu'il en mange toujours ! »* Faites également évaluer la pertinence de la correction proposée, notamment celle de la deuxième phrase où certains élèves auront peut-être du mal à percevoir la différence entre *jamais* et *pas toujours*, qui conviendrait mieux ici.

Oralement (ou en écrivant ces phrases au tableau), complétez cette découverte des formes affirmative et négative en demandant de transformer des phrases comme : *J'ai besoin de quelque chose, parce que j'ai tout ce qu'il me faut. / Ninon arrive souvent en retard : ça lui est arrivé une ou deux fois depuis le début de l'année.* / Etc.

À cette occasion, faites observer que la présence de *ne* (ou *n'*) est obligatoire à l'écrit. Faites comparer : *J'ai besoin de rien. / Je* ***n'****ai besoin de rien.*
Ninon arrive pas souvent en retard. / Ninon ***n'****arrive pas souvent en retard.*

Pour s'entrainer

La tâche est de même nature que dans l'activité « Pour commencer ». Lors de la correction, veillez à systématiquement mettre en relation le sens logique de la phrase avec la modification affirmative ou négative nécessaire.
Les entrainements ultérieurs seront programmés dans les semaines suivantes.
Des activités supplémentaires sont disponibles dans le CD.
La leçon n° 2 de l'aide-mémoire sera donnée à apprendre après deux ou trois entrainements.

Pour aller plus loin

Le savais-tu ?
Souvent, la forme négative permet de dire le contraire d'une autre phrase. Mais parfois, la forme négative permet de dire la même chose. Observe ces exemples :
Le train est presque arrivé à la gare. = Le train n'est pas tout à fait arrivé à la gare.
forme affirmative — forme négative
La carafe est presque vide. = Il n'y a presque plus d'eau dans la carafe.
forme affirmative — forme négative

Complète : écris une phrase (à la forme négative ou affirmative) qui veut dire la même chose que l'autre phrase.

J'ai presque fini le livre que tu m'as prêté.	=	Je n'ai ....
Le bus est	=	Le bus n'est jamais en retard.
Le gâteau	=	Le gâteau n'est pas encore tout à fait cuit.
Tu devrais arrêter de fumer.	=	Tu ne devrais ....

Cette activité est complexe car il s'agit non pas de dire le contraire d'une phrase, mais de dire la même chose en utilisant la forme opposée. Ceci suppose l'emploi d'autres mots, comme *presque / pas tout à fait*, ou encore des mots de sens contraires tels que *toujours à l'heure / jamais en retard* ou *arrêter / ne pas continuer.*
Le paragraphe « Le savais-tu ? » est à faire lire par les élèves avant d'effectuer l'activité.

Corrigé
J'ai presque fini le livre que tu m'as prêté. = **Je n'ai pas tout à fait fini le livre que tu m'as prêté.**
Le bus est toujours à l'heure. = Le bus n'est jamais en retard.
Le gâteau est presque cuit. = Le gâteau n'est pas encore tout à fait cuit.
Tu devrais arrêter de fumer. = **Tu ne devrais plus fumer.**

Je conjugue les verbes au présent (1)

6 SÉANCES
À RÉPARTIR
SUR 6 SEMAINES
ENV.

DANS LES PROGRAMMES

Connaissances et compétences associées

Comprendre comment se forment les verbes et orthographier les formes verbales les plus fréquentes
(lien avec l'écriture).
- Familiarisation avec l'indicatif présent, l'imparfait et le futur des verbes *être, avoir, faire, aller, dire, venir, pouvoir, voir, vouloir, prendre* et des verbes dont l'infinitif se termine par *-er*.
- Mémorisation des formes les plus fréquentes (troisième personne du singulier et du pluriel).
- Compréhension de la construction de la forme conjuguée du verbe (radical ; terminaison).
- Mémorisation de marques régulières liées à des personnes (*-ons, -ez, -nt*).

Exemples de situations, d'activités et de ressources pour l'élève
- Classement de formes verbales avant leur désignation ; repérage de régularités.
- Élaboration progressive de « tableaux de conjugaison ».
- Exercices, « jeux » (de type loto par exemple) pour fixer la mémorisation et activer régulièrement la remémoration.
- Activités nombreuses et fréquentes de résolution de problèmes relatifs aux formes verbales, dans les dictées à visée d'entrainement et dans les écrits du quotidien ; pratique régulière de la justification des choix avec emploi du métalangage approprié.

FICHIER DE L'ÉLÈVE
PP. 56-57

AIDE-MÉMOIRE
Leçon n°17 (a et b)

SITE COMPAGNON
- MATÉRIEL POUR LA SÉANCE « POUR COMMENCER »
- ÉTIQUETTES DE CONJUGAISON
- AFFICHES N°s 5 ET 6

CD-ROM
- MATÉRIEL POUR LA SÉANCE « POUR COMMENCER »
- ÉTIQUETTES DE CONJUGAISON
- AFFICHES N°s 5 ET 6
- ACTIVITÉS SUPPLÉMENTAIRES D'ENTRAINEMENT
- ACTIVITÉ « POUR ALLER PLUS LOIN »

LES CHOIX DE CLÉO

La notion de **règle de formation** des temps verbaux nous semble essentielle : en effet, quand on maitrise le « meccano » du système verbal, il devient inutile de surcharger la mémoire de tableaux de conjugaison aussi touffus qu'inaccessibles pour beaucoup d'élèves qui peinent à y voir les grandes régularités de conjugaison.

Les trois chapitres consacrés au présent (pp. 56-57, 64-65, 72-73 du fichier) s'appuient sur un découpage didactique qui s'éloigne de la présentation traditionnelle de ce temps.

Chapitre présent (1)

La procédure entrainée consiste à distinguer les deux types de verbes réguliers :
– d'une part, les verbes en *-er*, avec les terminaisons *-e, -es, -e* aux personnes du singulier ;
– d'autre part, les autres verbes (en *-ir, -re, -oir*) qui prennent *-s, -s, -t* à ces mêmes personnes.

Chapitre présent (2)

Une nouvelle catégorie est introduite, celle des verbes en *-dre*, qui conservent le *d* de l'infinitif dans les terminaisons *-ds,-ds, -d*.

Chapitre présent (3)

On présente les verbes irréguliers mentionnés au programme du CE2 ou, plus exactement, on repère les quelques formes irrégulières (comme *je peux, tu peux*) qui sont à apprendre par cœur. Les autres formes de ces verbes ne font pas l'objet d'une attention particulière puisqu'elles suivent le cas général.

Nous avons fait le choix de systématiser l'étude du présent des verbes :
– en *-s, -s, -t* (dont font partie *faire, dire, venir, voir*) ;
– en *-ds, -ds, -d* (dont fait partie *prendre*)...
... plutôt que d'explorer leur fonctionnement un à un.

N.B. : Dans ce premier chapitre consacré au présent, seules les personnes du singulier sont travaillées, car ce sont celles qui sont les plus ardues à acquérir.

Pour commencer

Projetez ou reproduisez au tableau les formes verbales ci-contre, ainsi que le tableau de tri des verbes.

elle se lave - je reçois - elle boit - tu obéis - tu avances - il aperçoit - on regarde - on fait - je dors - elle réagit - je vis - je joue - tu t'assois - je parle - tu crois - je reviens - tu dois

Sujet	Verbe en -er	Verbe en -ir	Verbe en -re	Verbe en -oir
je ou j'	....	....	j'écris (écrire)	je vois (voir)
tu	tu chantes (chanter)	tu grandis (grandir)	tu lis (lire)	....
il ou elle	....	il s'enfuit (s'enfuir)	....	il sait (savoir)

Collectivement, explicitez le classement des verbes déjà placés dans le tableau : « *Tu chantes*, c'est le pronom sujet *tu*, il est dans la deuxième ligne du tableau ; l'infinitif du verbe, c'est *chanter*, c'est un verbe en *-er*, donc on le place dans la 1re colonne. J'écris en rouge la terminaison du verbe conjugué et celle de l'infinitif. Etc. »
Individuellement ou en groupe, les élèves continuent le classement des formes verbales. (Une version individuelle à distribuer et à compléter par les élèves est également proposée sur le CD.)
Lors de la correction, collective, mettez en évidence la régularité des terminaisons. Vous pouvez présenter les deux affiches ci-contre.
Pour aider à la mémorisation, vous pouvez faire remarquer que les verbes en -er gardent le *e* de l'infinitif avec *je, tu, il/elle*, alors que les autres verbes n'ont pas de e dans leurs terminaisons du singulier.

Présent des verbes en -er

je	chante
tu	parles
il/elle	danse
nous	jouons
vous	mangez
ils/elles	dessinent

Affiche n° 5

Présent des verbes en -ir, en -re, en -oir

je	réussis
tu	écris
il/elle	voit
nous	partons
vous	riez
ils/elles	savent

Affiche n° 6

Pour s'entrainer

Afin de systématiser la procédure permettant d'écrire la terminaison verbale exacte, vous pouvez préparer l'activité n°1 collectivement, en recherchant systématiquement l'infinitif des verbes conjugués et en les écrivant après la flèche sur le fichier.
Toutes les manipulations peuvent être réalisées avec les étiquettes de conjugaison en version papier ou numérique (disponibles sur le CD et en ligne).
Les entrainements ultérieurs seront programmés dans les semaines suivantes.
Des activités supplémentaires d'entrainement sont disponibles dans le CD.

Proposez régulièrement des activités de tri de verbes lors des « 5 minutes chrono » : « *tu pars / tu parles / tu joues / tu dors / tu bois* ». Triez ces formes en deux catégories : les verbes en *-er* / les autres verbes.
Donnez la leçon n°17 (a et b) de l'aide-mémoire à apprendre après deux ou trois entrainements.

Pour aller plus loin

Cette activité permet aux élèves de prendre conscience des statuts différents que peut prendre la lettre ***s*** en position finale d'un mot.

> **Le savais-tu ?**
> Les mots qui se terminent par *-s* ne sont pas forcément au pluriel !
> Parfois, ce sont des **verbes conjugués avec *tu*** : *tu parles*, *tu dors*, etc.
> D'autres fois, ce sont des **mots invariables** qui prennent toujours un *-s* : *dehors*, *jamais*, etc.
> Parfois, ce sont des **noms au pluriel** : *des voitures*, *des trains*, etc.
>
> **Avec chaque série de trois mots, forme une petite phrase, puis souligne les verbes en rouge, les noms en bleu et les mots invariables en vert.**
>
> | | | | | | |
> |---|---|---|---|---|---|
> | fais | erreurs | moins | vers | étoiles | fonces |
> | devoirs | termines | toujours | manges | cerises | dehors |
> | parfois | amuses | amis | ranges | ailleurs | affaires |
> | sautes | dans | flaques | plus | fais | bêtises |

Je trouve l'infinitif des verbes

5 SÉANCES À RÉPARTIR SUR 1 MOIS ENV.

DANS LES PROGRAMMES

Connaissances et compétences associées

Comprendre comment se forment les verbes et orthographier les formes verbales les plus fréquentes (lien avec l'écriture).
- Infinitif ; participe passé.

Exemples de situations, d'activités et de ressources pour l'élève
- Classement de formes verbales avant leur désignation ; repérage de régularités.
- Élaboration progressive de « tableaux de conjugaison ».
- Exercices, « jeux » (de type loto par exemple) pour fixer la mémorisation et activer régulièrement la remémoration.

FICHIER DE L'ÉLÈVE **PP. 58-59**

AIDE-MÉMOIRE **Leçon n°15**

SITE COMPAGNON
- MATÉRIEL POUR LA SÉANCE « POUR COMMENCER »

CD-ROM
- MATÉRIEL POUR LA SÉANCE « POUR COMMENCER »
- ACTIVITÉ SUPPLÉMENTAIRE D'ENTRAINEMENT
- ACTIVITÉ « POUR ALLER PLUS LOIN »

LES CHOIX DE CLÉO

Cette séquence permet d'aborder d'emblée, assez tôt dans l'année, la problématique de la reconnaissance du verbe sous forme conjuguée ou infinitive.
Les difficultés ne manquent pas pour parvenir à cette compétence : certains verbes ont des formes conjuguées très différentes les unes des autres (*je vais - j'irai - j'allais*) qui rendent difficile, voire impossible, l'appui sur la morphologie.

Les temps composés, les formes négative et interrogative rendent souvent le verbe plus difficile à repérer : *ils ont mis / ils n'ont pas mis / ont-ils mis la table ?*
Les verbes réguliers exprimant une action concrète (tels *danser*, *chanter*) sont les plus aisés à repérer dans la phrase. Leur infinitif est également facile à trouver. Nous avons estimé qu'il était souhaitable de faire également trouver l'infinitif des verbes les plus fréquents, qui sont aussi les

plus irréguliers du français, pour habituer les élèves à adopter plusieurs modes de recherche (morphologique, sémantique, syntaxique). Ainsi, ils risquent moins de s'enfermer dans une procédure étroite et peu opératoire.

Pour commencer

Faites observer la première situation, soit la 1re colonne (projetée à partir du site ou du CD, ou reproduite au tableau).

Hier, j'ai appris une leçon d'anglais. Aujourd'hui, j'apprends une poésie. Demain, j'apprendrai la table de 4. L'infinitif du verbe est : apprendre.	Est-ce que tu as vu Lisa ? Je vois mieux avec mes nouvelles lunettes. D'ici, vous verrez la Tour Eiffel.

Demandez aux élèves d'expliquer ce qu'il fallait faire. Les élèves proposeront peut-être : « Trouver des mots de la même famille / des mots qui se ressemblent. » Faites préciser qu'il s'agit de verbes conjugués (explicitez cette notion en utilisant différents pronoms sujets) ; que c'est trois fois le même verbe, mais qu'il est conjugué à différents temps. On le reconnait par sa forme (lettres communes) mais aussi par sa signification : dans ces trois phrases, il s'agit d'***apprendre*** quelque chose. Quand le verbe n'est pas conjugué, qu'il n'a pas de sujet, on dit qu'il est à l'infinitif. C'est sous cette forme qu'on le trouve dans le dictionnaire.

N.B. : Évitez de dire que l'infinitif est le « nom » du verbe ou qu'il est à l'infinitif quand « il n'est pas utilisé » : en effet, ces deux formulations ne sont pas exactes.

Proposez la deuxième situation (2e colonne). Les élèves la réalisent individuellement.
Lors de la correction, collective, vous prendrez le temps de présenter quelques erreurs courantes :
– *vu* repéré comme verbe au lieu de *ai vu* : insistez sur la fait que parfois le verbe est constitué de deux mots ;
– pronom sujet souligné avec le verbe : le pronom ne fait pas partie du verbe, il est devant le verbe.

Écrivez au tableau des formes verbales sans sujet, en mêlant des verbes proches morphologiquement : par exemple, *montons / montais / montrait / montrons / montreront / monterons*. Demandez aux élèves d'imaginer ces verbes utilisés dans des phrases, puis de trouver leur infinitif et de classer les formes en fonction de leur infinitif.

Pour s'entrainer

Lors du premier entrainement, faites lire à haute voix les phrases de la 1re partie. En préparation à l'activité écrite, vous pouvez faire modifier les phrases au présent, au passé ou au futur, de manière à manipuler les formes verbales et ainsi à mieux les repérer : *ils ont perdu / ils perdent / ils perdront du temps dans les embouteillages*, etc.
Proposez les autres entrainements dans les semaines qui suivent.
Une activité supplémentaire est proposée sur le CD.
La leçon n° 15 de l'aide-mémoire sera donnée à apprendre après deux ou trois entrainements bien réussis par la classe.

Pour aller plus loin

fermer -	.... - punir
.... - finir	rester - ....
vider -	.... - sortir
rapetisser -	oublier - ....

Cette activité donne l'occasion de travailler sur quelques verbes de sens contraires qui, souvent, s'opposent non seulement au niveau du sens, mais aussi au niveau des terminaisons à l'infinitif (ici, *-er/-ir*).
Les élèves les plus rapides pourront inventer des phrases utilisant ces couples de verbes de sens contraire.

Corrigé

fermer – **ouvrir**	**féliciter** – punir
commencer – finir	rester – **partir**
vider – **remplir**	**entrer** – sortir
rapetisser – **grandir**	oublier – **se souvenir**

J'utilise les déterminants

5 SÉANCES
À RÉPARTIR SUR 1 MOIS ENV.

DANS LES PROGRAMMES

Connaissances et compétences associées
Identifier les principaux constituants d'une phrase simple en relation avec sa cohérence sémantique (de quoi on parle, ce qu'on en dit).
- Identification du groupe nominal.
- Classes de mots : noms - verbes - déterminants - adjectifs - pronoms (en position sujet) - mots invariables.

Exemples de situations, d'activités et de ressources pour l'élève
- Activités relevant du domaine de la « grammaire » d'abord largement implicites et pratiquées en lien avec la lecture et l'écriture (le travail de compréhension de la phrase effectué au CP conduit à identifier de qui ou de quoi l'on parle et ce qui en est dit ; la lecture à voix haute permet aussi de « saisir » l'unité de la phrase).
- Activités de manipulations de phrases, de tris, de classements débouchant sur la catégorisation de faits de langue et sur le métalangage grammatical, après un temps significatif de familiarisation avec l'objet étudié.
- Exercices pour fixer les acquis et mobilisation explicite de ces acquis (notamment les « mots de la grammaire ») dans l'ensemble des échanges pratiqués pour résoudre des problèmes de lecture, d'écriture, d'orthographe.

FICHIER DE L'ÉLÈVE
PP. 60-61

AIDE-MÉMOIRE
Leçon n°9

SITE COMPAGNON
- MATÉRIEL POUR LA SÉANCE « POUR COMMENCER »
- AFFICHE N° 4

CD-ROM
- MATÉRIEL POUR LA SÉANCE « POUR COMMENCER »
- AFFICHE N° 4
- ACTIVITÉ SUPPLÉMENTAIRE D'ENTRAINEMENT
- ACTIVITÉ « POUR ALLER PLUS LOIN »

LES CHOIX DE CLÉO

Le repérage des déterminants ne pose généralement pas de problème, tant ils sont inséparables du nom. Les articles font partie des mots les plus fréquents du français, leur orthographe est acquise dès le début du CP et leur emploi ne pose pas de problèmes particuliers, si l'on excepte les cas d'homonymie (*l'a/l'as/la, ses/ces, cet/cette...*) qui feront l'objet, pour certains, d'une étude spécifique au cycle 3.

Nous avons choisi de travailler non sur la reconnaissance des déterminants, mais plus particulièrement sur les effets de sens qu'implique l'utilisation des articles et des déterminants possessifs. (À noter que la reconnaissance des différentes catégories de déterminants n'est pas au programme du cycle 2.)

Pour commencer

Projetez (version collective) et distribuez (version individuelle) le texte de l'activité « Pour commencer » (disponibles sur le CD ou en ligne) :

> Il était une fois .... petit pingouin qui avait toujours froid. .... jour, il trouva .... écharpe sur .... banquise. Il la mit autour de .... cou, mais .... pingouin ne savait pas que .... écharpe appartenait à .... ours blanc ! .... ours fut très en colère quand il vit .... écharpe autour de .... cou : il poussa .... grognement terrible et s'avança vers .... pauvre pingouin qui appela .... maman de toutes .... forces.
> « Rends-moi .... écharpe, petit voyou !
> – Excusez-moi, je ne savais pas que c'était .... écharpe ! Tenez, je vous la rends tout de suite ! »
> Alors, ... ours reprit .... écharpe et disparut sur .... banquise.

Laissez les élèves le découvrir individuellement et le compléter avec les déterminants manquants.

N.B. : Vous pouvez, si vous l'estimez nécessaire, lire les deux premières phrases collectivement et faire chercher les déterminants cachés en commun.

Faites lire à haute voix le texte une première fois par un élève, puis demandez à vos élèves de préparer une seconde lecture à trois voix (narrateur, pingouin, ours), de manière à rendre plus claire l'alternance des déterminants (***mon*** *écharpe*, ***votre*** *écharpe*).
Laissez ensuite vos élèves compléter le texte avec tous les déterminants manquants.

Collectivement, faites expliciter l'emploi des divers déterminants utilisés avec *écharpe* :
– ***une écharpe*** → « C'est la première fois qu'on en parle, on ne sait pas à qui elle est : une n'est pas très précis. »
– ***l'écharpe*** → « C'est l'écharpe dont on vient de parler, maintenant on sait de quelle écharpe on parle. »
– ***mon écharpe / votre écharpe*** → « On utilise *mon* ou *votre*, selon que c'est l'ours ou le pingouin qui en parle, mais il s'agit toujours de la même écharpe ! »

Testez d'autres déterminants devant le nom écharpe dans les phrases de l'histoire et jugez de l'effet obtenu : *« Un jour, il trouva* ***l'****écharpe sur la banquise. Pourquoi cet article ne convient pas ici ? »* Etc.
Faites observer que les déterminants sont toujours placés avant le nom. Demandez aux élèves de rechercher dans le texte quelques déterminants et de préciser à quels noms ils sont associés.

Présentez l'affiche n° 4 à la classe et faites découvrir la diversité des déterminants existants.

> **Les déterminants**
>
> **le - l' | un**
> **la - l' | une**
> **les | des**
> **mon - ta - ses -**
> **notre - vos - leurs...**
> **ce - cet - cette - ces**
> **quelques - plusieurs**
> **aucun - aucune...**
> **un - deux - trois...**

Affiche n° 4

Pour s'entrainer

Les entrainements ne devraient pas poser de difficultés majeures aux élèves.
Il sera intéressant également de relever les variantes possibles dans les réponses et d'étudier les modifications de sens qu'elles impliquent :

Exemple :
Avez-vous retrouvé ***votre*** portemonnaie ? / Avez-vous retrouvé ***mon*** portemonnaie ?
Ma petite sœur a les yeux bleus. / ***Ta*** petite sœur a les yeux bleus.

Une activité supplémentaire est disponible sur le CD.
Donnez la leçon n° 9 de l'aide-mémoire à apprendre après deux ou trois entrainements.

Pour aller plus loin

Ici, l'activité est rendue un peu plus complexe par le fait que les déterminants manquants ne sont plus signalés par des caches à l'endroit où ils sont absents.
Dans le texte a, l'emploi des déterminants est largement conditionné par l'interprétation qu'on fait de l'histoire :
– Version 1 (la plus plausible) : *Il a aussi ôté* ***ses*** *lunettes pour les mettre sur* ***mon*** *nez.*
– Version 2 (moins plausible, mais toutefois possible) : *Il a aussi ôté* ***mes*** *lunettes pour les mettre sur* ***son*** *nez.*
Ici encore, il sera intéressant de comparer les versions.

ⓐ Hier, j'ai rencontré homme bizarre. Il portait chapeau mou et lunettes noires. Quand je l'ai croisé, homme s'est mis à rire. Il a retiré chapeau puis l'a posé sur tête. Il a aussi ôté lunettes pour les remettre sur nez. Enfin, il m'a serré main et a disparu dans foule. Je suis rentré à maison avec drôle d'impression.

ⓑ semaine dernière, j'ai vu hérisson dans jardin. Il était en train de manger limace orange qu'il avait trouvée dans fraisiers. petit frère a voulu le toucher, mais hérisson s'est mis en boule quand il a approché main. On est resté bon moment à l'observer, puis il est parti vers haie et s'est caché dans feuilles mortes. J'aurais bien voulu le prendre photo, mais appareil ne marche plus.

Je reconnais le masculin et le féminin

7 SÉANCES À RÉPARTIR SUR 6 SEMAINES ENV.

DANS LES PROGRAMMES

Attendus de fin de cycle
Utiliser ses connaissances sur la langue pour mieux s'exprimer à l'oral, pour mieux comprendre des mots et des textes, pour améliorer des textes écrits.

Connaissances et compétences associées
Raisonner pour résoudre des problèmes orthographiques, d'accord essentiellement (lien avec l'écriture)
- Notions de singulier et pluriel ; de masculin et féminin.
- Marques d'accord pour les noms et adjectifs : nombre (*-s*) et genre (*-e*).

Exemples de situations, d'activités et de ressources pour l'élève
- Exploration de la langue. Repérage d'analogies conduisant à l'élaboration de listes, à la collecte de mots ou de groupes de mots, voire de phrases.
- Premiers raisonnements sur la langue dans le cadre de débats entre élèves sur leurs « trouvailles », de justifications qu'ils donnent à leurs propositions.
- Utilisation des listes constituées comme références pour la production d'écrits (utilisation des occurrences relevées en copie littérale ou comme modèles pour faire comme…).
- Activités de classements et d'analyses permettant de dégager des régularités, voire des « règles ».
- Si les élèves ne disposent pas d'un manuel de référence, constitution d'une mémoire écrite organisée (fiches complétées au cours de l'année, affichage…), cet outil étant utilisé dans les activités de production d'écrits.

FICHIER DE L'ÉLÈVE **PP. 62-63**

AIDE-MÉMOIRE **Leçon n°10**

SITE COMPAGNON
- MATÉRIEL POUR LA SÉANCE « POUR COMMENCER »

CD-ROM
- MATÉRIEL POUR LA SÉANCE « POUR COMMENCER »
- ACTIVITÉS SUPPLÉMENTAIRES D'ENTRAINEMENT
- ACTIVITÉ « POUR ALLER PLUS LOIN »

LES CHOIX DE CLÉO

L'objectif de cette séquence est d'aborder de manière inductive la notion de genre grammatical.
Ainsi, avant même d'avoir explicitement repéré et désigné les classes grammaticales *nom, adjectif* et *déterminant*, les élèves sont tout à fait capables de manipuler les phrases proposées et d'assurer les accords en genre qui s'imposent. On utilisera dans cette séquence de nombreux noms indifféremment masculins ou féminins (*guide, astronaute*, etc.) ainsi qu'un certain nombre d'homonymes (*le tour – la tour*) qui contribuent à réduire la confusion habituelle entre genre grammatical et genre sexuel.

Pour commencer

Cette activité peut être proposée en travail individuel ou en groupe.
Projetez ou reproduisez la première des deux situations (disponibles sur le CD et en ligne) :

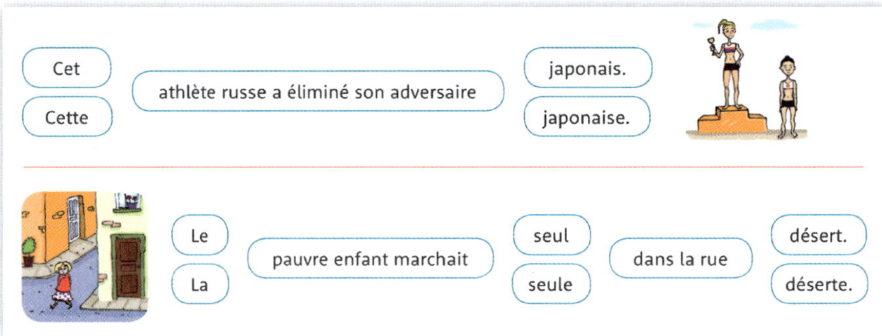

Découvrez et observez avec la classe l'illustration ainsi que les éléments pour former la phrase.
Les élèves écrivent leur version sur leur cahier d'essais.

Corrigez collectivement. Faites expliciter et justifier systématiquement les choix des élèves : « J'ai mis un *e* à *japonaise*, parce que c'est une athlète qui est japonaise. » Complétez en disant : « Oui, *c'est une athlète*, c'est un nom féminin, *japonaise* est aussi au féminin. »
Reliez les mots qui forment une chaine d'accord.
Même déroulement pour la deuxième situation.

Pour s'entrainer

La tâche est la même que dans la rubrique « Pour commencer ». Une partie des indices de genre sera sans doute difficilement repérée par beaucoup d'élèves : faites observer que certains indices sont fournis par les illustrations, tandis que d'autres sont à rechercher dans les terminaisons d'adjectifs au masculin ou au féminin.

L'objectif est que chaque élève prenne l'habitude d'observer précisément tous les éléments de la phrase.
Les entrainements ultérieurs seront programmés dans les semaines suivantes.
Des activités supplémentaires sont disponibles sur le CD.

La leçon n° 10 de l'aide-mémoire sera donnée à apprendre à la suite de la première ou de la deuxième séance.

Pour aller plus loin

le - la - poste - de - du - radio - village - est - fermée - allumé

1

2

le - la - voile - mariée - bateau - est - gonflé - gonflée - par - vent - de - du

1

2

Si les élèves peinent à reconstituer les phrases, précisez-leur que certains mots peuvent être utilisés deux fois. Vérifiez également qu'ils ont bien pris en compte les deux genres possibles de *poste* et de *voile*.

Je conjugue les verbes au présent (2)

5 SÉANCES
À RÉPARTIR SUR 5 SEMAINES ENV.

DANS LES PROGRAMMES

Connaissances et compétences associées

Comprendre comment se forment les verbes et orthographier les formes verbales les plus fréquentes (lien avec l'écriture)

- Familiarisation avec l'indicatif présent, l'imparfait et le futur des verbes *être, avoir, faire, aller, dire, venir, pouvoir, voir, vouloir, prendre* et des verbes dont l'infinitif se termine par *-er*.
- Mémorisation des formes les plus fréquentes (troisième personne du singulier et du pluriel).
- Compréhension de la construction de la forme conjuguée du verbe (radical ; terminaison).
- Mémorisation de marques régulières liées à des personnes (*-ons, -ez, -nt*).

Exemples de situations, d'activités et de ressources pour l'élève

- Classement de formes verbales avant leur désignation ; repérage de régularités.
- Élaboration progressive de « tableaux de conjugaison ».
- Exercices, « jeux » (de type loto par exemple) pour fixer la mémorisation et activer régulièrement la remémoration.
- Activités nombreuses et fréquentes de résolution de problèmes relatifs aux formes verbales, dans les dictées à visée d'entrainement et dans les écrits du quotidien ; pratique régulière de la justification des choix avec emploi du métalangage approprié.

FICHIER DE L'ÉLÈVE
PP. 64-65

SITE COMPAGNON
- MATÉRIEL POUR LA SÉANCE « POUR COMMENCER »
- ÉTIQUETTES DE CONJUGAISON
- AFFICHE N° 7

AIDE-MÉMOIRE
Leçon n°17

CD-ROM
- MATÉRIEL POUR LA SÉANCE « POUR COMMENCER »
- ÉTIQUETTES DE CONJUGAISON
- AFFICHE N° 7
- ACTIVITÉS SUPPLÉMENTAIRES D'ENTRAINEMENT

LES CHOIX DE CLÉO

Pour la présentation générale de l'apprentissage du présent, voir p. 113. On aborde ici le deuxième chapitre consacré au présent, avec l'introduction des verbes en *-dre*.

Pour commencer

Projetez ou reproduisez au tableau les phrases suivantes, ainsi que le tableau de tri des verbes :

Je prends le train.
Je pars en voiture.
Tu poses une question.
Tu réponds à la question.
Tu comprends l'anglais.

Tu parles anglais.
Je ne vois rien.
Je n'entends rien.
Il descend les escaliers.
Il monte les escaliers.

J'apprends ma poésie.
Je dis ma poésie.
Tu mords dans ta pomme.
Tu croques dans ta pomme.
Elle perd ton temps.

Trouve l'infinitif des verbes conjugués au présent et classe-les en trois catégories. Recopie ce tableau et complète-le.

Sujet	Verbe en -er	Verbe en -ir / -re / -oir	Verbe en -dre
pronom je ou j'		je pars (partir)	je prends (prendre)
pronom **tu**	tu poses (poser)	tu grandis (grandir)	
pronom **il** ou **elle**			

Collectivement, explicitez le classement des verbes déjà placés dans le tableau : « *Je prends*, c'est le pronom sujet *je*, il est dans la première ligne du tableau ; l'infinitif du verbe, c'est *prendre*, c'est un verbe en *-dre*, donc on le place dans la 3e colonne. J'écris en rouge la terminaison du verbe conjugué et celle de l'infinitif. Etc. »

Distribuez le matériel complémentaire (version individuelle, soit les phrases-étiquettes). Individuellement ou en groupe, les élèves continuent le classement des formes verbales. Lors de la correction, collective, mettez en évidence la régularité des terminaisons. Présentez cette nouvelle affiche :

Présent des verbes en -dre

je	prends
tu	prends
il/elle	prend
nous	prenons
vous	prenez
ils/elles	prennent

Affiche n° 7

Pour s'entrainer

La démarche est la même que dans la première séance sur le présent, « Je conjugue les verbes au présent (1) » (voir p. 114).
Toutes les manipulations peuvent être réalisées avec les étiquettes de conjugaison en version papier ou numérique.
Des activités supplémentaires sont disponibles dans le CD.

Donnez la leçon n° 17 (c) de l'aide-mémoire à apprendre après deux ou trois entrainements en faisant également réviser les colonnes *a* et *b*.

Prolongement

Vous pouvez faire transformer au pluriel quelques phrases de cette séquence pour entrainer les terminaisons avec *nous, vous, ils/elles*, par exemple au cours des « 5 minutes chrono ».

Je repère les limites de la phrase

5 SÉANCES À RÉPARTIR SUR 2 SEMAINES ENV.

DANS LES PROGRAMMES

Connaissances et compétences associées

Identifier les principaux constituants d'une phrase simple en relation avec sa cohérence sémantique (de quoi on parle, ce qu'on en dit)
- Ponctuation de fin de phrase ; signes du discours rapporté.

Exemples de situations, d'activités et de ressources pour l'élève

Activités de manipulations de phrases, de tris, de classements débouchant sur la catégorisation de faits de langue et sur le métalangage grammatical, après un temps significatif de familiarisation avec l'objet étudié.

FICHIER DE L'ÉLÈVE **PP. 66-67**

AIDE-MÉMOIRE **Leçon n°1**

SITE COMPAGNON
- MATÉRIEL POUR LA SÉANCE « POUR COMMENCER »

CD-ROM
- MATÉRIEL POUR LA SÉANCE « POUR COMMENCER »
- ACTIVITÉS SUPPLÉMENTAIRES D'ENTRAINEMENT
- ACTIVITÉ « POUR ALLER PLUS LOIN »

LES CHOIX DE CLÉO

La perception des limites d'une phrase ne repose pas sur une éventuelle définition (définition sur laquelle les linguistes eux-mêmes ne sont pas tous d'accord…), mais plutôt sur des activités de **transformation de phrases** et d'observation / manipulation / identification de la ponctuation et des majuscules.
Dans la continuité de C.L.É.O. CE1, vos élèves vont travailler en parallèle sur les aspects sémantiques et syntaxiques de la segmentation en phrases. Ils conforteront à cette occasion un certain nombre d'habiletés :
– compréhension en lecture,
– aptitude à tester mentalement des hypothèses de segmentation,
– utilisation des principaux signes de ponctuation et de la règle de capitalisation.
La tâche proposée dans cette série est rendue plus exigeante par l'utilisation de verbes acceptant des constructions alternativement intransitives ou transitives, par exemple ***gagner*** :

Exemple :
Youpi, j'**ai gagné** ! Le gros lot est pour moi !
Youpi, j'**ai gagné** le gros lot ! Je pars en voyage en Italie !

Pour commencer

Cette activité peut être proposée en travail individuel ou en groupe.
Imprimez et photocopiez le matériel complémentaire à partir du site ou du CD (un par élève ou un par groupe). Si possible, agrandissez le matériel en A3 pour faciliter le travail.
Distribuez les deux premières phrases :

tout le monde avait envie de gouter le gâteau il n'était pas encore cuit
tout le monde avait envie de gouter le gâteau sentait bon dans toute la cuisine

Laissez les élèves lire en silence les phrases non segmentées sur les étiquettes. Demandez-leur quelle va être la tâche, puis reformulez ou précisez la consigne au besoin :

« Il y a deux phrases écrites bout à bout sur chaque ligne. Ajoutez les majuscules et la ponctuation là où c'est nécessaire. »

Après ce travail, procédez à une mise en commun. Étudiez tour à tour des solutions correctes ou erronées. En particulier, faites observer des réponses :
– qui ont omis une ou plusieurs majuscules, un ou plusieurs points ;
– dont seule la première phrase est correcte (*Tout le monde avait envie de gouter le gâteau. *Sentait bon dans toute la cuisine.*) ;
– où les élèves ont ajouté un ou plusieurs mots, en particulier un pronom sujet de reprise (*Tout le monde avait envie de gouter le gâteau. Il sentait bon dans toute la cuisine.*).
Concluez cette phase en récapitulant la procédure :
– Il faut lire « dans sa tête » en essayant de couper les deux phrases.
– Il faut que les deux phrases soient correctes, pas seulement la première !
– On n'a pas le droit d'ajouter ou de répéter des mots.
– Il faut bien repérer les mots qui devront commencer par une majuscule, et l'endroit où il faudra un point.

Distribuez les deux phrases restantes :

tu veux que je t'aide à chercher ton portefeuille ne doit pas être bien loin
tu veux que je t'aide à chercher ton portefeuille où peut-il bien être

Procédez de la même manière.

Pour s'entrainer

La tâche est identique à celle de la séance « Pour commencer ». La première activité d'entrainement pourra avoir lieu au cours de la même séance, s'il reste suffisamment de temps. Les autres seront réparties sur les semaines suivantes.
Des activités supplémentaires sont disponibles sur le CD.
Présentez la leçon n° 1 de l'aide-mémoire : « La phrase ». Faites-la apprendre après 2 ou 3 séances.

Pour aller plus loin

Cette activité explore les différences de sens selon que le verbe introducteur (qui précise l'identité du locuteur) est placé en début, en cours ou en fin de discours (on parle d'incise dans les deux derniers cas, qui exigent l'inversion du sujet).

1. Associe chaque phrase à son dessin.

a. « Alice, pensa le lapin, est bien pressée ! »
b. Alice pensa : « Le lapin est bien pressé ! »

Exemple :
– « Alice, pensa le lapin, est bien pressée ! »
– Alice pensa : « Le lapin est bien pressé ! »

Prolongement

Les élèves peuvent inventer des phrases en imitant les variations de structures manipulées précédemment.
Vous pouvez leur proposer une liste plus complète de verbes introducteurs tels que : *s'étonner, s'écrier, remarquer, crier, dire, déclarer, bafouiller, murmurer, demander, expliquer, déclarer, affirmer…*

Je reconnais les verbes et les noms (1)

6 SÉANCES À RÉPARTIR SUR 1 MOIS ENV.

DANS LES PROGRAMMES

Connaissances et compétences associées

Identifier les principaux constituants d'une phrase simple en relation avec sa cohérence sémantique (de quoi on parle, ce qu'on en dit).
- Identification du groupe nominal.
- Identification du verbe (connaissance des propriétés permettant de l'identifier).
- Classes de mots : noms - verbes - déterminants - adjectifs - pronoms (en position sujet) - mots invariables.

[...]

Exemples de situations, d'activités et de ressources pour l'élève
- Activités de manipulations de phrases, de tris, de classements débouchant sur la catégorisation de faits de langue et sur le métalangage grammatical, après un temps significatif de familiarisation avec l'objet étudié.
- Exercices pour fixer les acquis et mobilisation explicite de ces acquis (notamment les « mots de la grammaire ») dans l'ensemble des échanges pratiqués pour résoudre des problèmes de lecture, d'écriture, d'orthographe.

FICHIER DE L'ÉLÈVE
PP. 68-69

AIDE-MÉMOIRE
Leçons n°s 5 et 14

SITE COMPAGNON
- MATÉRIEL POUR LA SÉANCE « POUR COMMENCER »

CD-ROM
- MATÉRIEL POUR LA SÉANCE « POUR COMMENCER »
- ACTIVITÉ SUPPLÉMENTAIRE D'ENTRAINEMENT
- ACTIVITÉ « POUR ALLER PLUS LOIN »

LES CHOIX DE CLÉO

Cette séquence s'appuie sur les nombreuses paires d'homonymes noms / verbes du français (de type : *je bouche / la bouche, je souris / une souris*) qui permettent d'accentuer le contraste entre ces deux classes grammaticales. En effet, l'observation et la manipulation de ces homonymes est un moyen très efficace de travailler à la fois sur leur sens et sur leur fonctionnement syntaxique : un déterminant précède généralement le nom, un pronom sujet précède généralement le verbe. C'est du moins cette procédure de reconnaissance que nous privilégions car elle nous parait la mieux à même d'aider l'élève de CE2 à caractériser et à catégoriser ces mots.

D'autres procédures et d'autres savoirs viendront s'ajouter au fil des séquences pour renforcer la connaissance :

– du nom, pivot du groupe nominal, qui sera encore mieux perçu quand déterminants et adjectifs auront été manipulés et reconnus ;

– du verbe, conjugué aux divers temps, dont on peut trouver l'infinitif et qui s'accorde avec le sujet.

Pour commencer

Cette activité peut être proposée en travail individuel ou en groupe, avec une première situation traitée collectivement.

Projetez la première situation (disponible sur le CD et en ligne) :

a. Mon père cuisine d'excellents plats. (verbe)
Il passe sa vie dans la cuisine. (nom)
Mon père cuisine : je peux dire "je cuisine", "tu cuisines".
Donc "cuisine" est un verbe.
La cuisine : je peux dire "une cuisine", donc "cuisine" est un nom.

Des élèves virtuels font fonctionner les procédures de reconnaissance du verbe et du nom. Travaillez collectivement sur le point *a*, en explicitant les deux procédures décrites.

Entrainez les élèves à mettre en œuvre ces procédures sur des exemples oraux (ou écrits au tableau).

Exemple :
Chez ma grand-mère, je **bois** l'eau du puits. / Il faudra scier le **bois** pour faire du feu.
Maman **branche** le téléphone. / L'écureuil m'observe depuis une **branche** du chêne.
Agathe s'est cachée sous son **lit**. / Corentin **lit** chaque soir avant de dormir.
Papa **plante** un clou dans le mur. / Ma **plante** verte a bien poussé.

Les élèves lisent les phrases et vérifient les explications données dans les situations *b* puis *c*.

b. Yanis gare la voiture sur le parking. (nom)
Peux-tu me conduire à la gare tout à l'heure ? (nom)
Les deux sont des noms parce qu'ils vont à la gare.

c. La secrétaire classe des dossiers. (verbe)
La classe des CM2 est au premier étage. (nom)
La secrétaire classe : elle classe, ça veut dire qu'elle range des dossiers.
La classe des CM2, c'est la salle de classe, ce n'est pas le verbe "classer".

Demandez aux élèves de justifier leurs réponses lors de la mise en commun. Pour le *b*, faites rechercher l'infinitif et conjuguer le verbe *se garer* et montrer qu'à l'inverse on ne peut ni conjuguer ni mettre à l'infinitif le nom *gare* dans la deuxième phrase. La démarche est la même pour le point *c*.

Pour s'entrainer

La tâche est identique à celle de l'activité « Pour commencer », mais les élèves devront d'abord repérer eux-mêmes le couple d'homonymes dans les phrases. Lors du premier entrainement, faites lire les phrases à haute voix et trouver les deux paires d'homonymes (*bouche, trompe*) avant de laisser les élèves travailler individuellement.
En cas de difficulté, renvoyez vos élèves aux leçons n° 5 et n° 14 de l'aide-mémoire. Ces leçons seront données à apprendre ensemble.
Les entrainements ultérieurs seront programmés dans les semaines suivantes.
Des activités supplémentaires sont disponibles sur le CD.

Pour aller plus loin

Exemple : *rêver* → un rêve
La nuit dernière, j'ai fait un rêve étrange. (nom) - *Martin rêve de voyager.* (verbe)
combattre → un combat

lancer →	brosser →	coller → ....
danser →	fêter →	griffer → ....

Pour les élèves les plus performants, vous pouvez ajouter une contrainte supplémentaire à l'activité proposée : les mots utilisés dans les couples de phrases où les mots doivent s'écrire exactement de la même façon : par exemple, *(tu) danses / (des) danses*.

Je reconnais les noms communs et les noms propres

6 SÉANCES
À RÉPARTIR SUR 6 SEMAINES ENV.

DANS LES PROGRAMMES

Attendus de fin de cycle
Utiliser ses connaissances sur la langue pour mieux s'exprimer à l'oral, pour mieux comprendre des mots et des textes, pour améliorer des textes écrits.

Connaissances et compétences associées
Identifier des relations entre les mots, entre les mots et leur contexte d'utilisation ; s'en servir pour mieux comprendre.

Exemples de situations, d'activités et de ressources pour l'élève
– Réflexion en lien avec la lecture quand les élèves achoppent sur des mots inconnus (constitution du mot, ressemblances avec d'autres ; hypothèse sur le sens dans le contexte ; identification d'un registre inhabituel ; etc.) ou rencontrent des mots qu'ils connaissent avec une autre acception que la plus usuelle.
– Séances spécifiques de mise en ordre de ce premier savoir aboutissant aux « étiquettes savantes ». Synthèses de ces phases réflexives et structurantes complétées d'exemples issus des lectures ou des apprentissages.
– Utilisation des catégories dès qu'elles sont identifiées, dans des échanges, voire des débats, pour justifier des analyses, des points de vue.

FICHIER DE L'ÉLÈVE
PP. 70-71

AIDE-MÉMOIRE
Leçon n°7

SITE COMPAGNON
- MATÉRIEL POUR LA SÉANCE « POUR COMMENCER »

CD-ROM
- MATÉRIEL POUR LA SÉANCE « POUR COMMENCER »
- ACTIVITÉS SUPPLÉMENTAIRES D'ENTRAINEMENT
- ACTIVITÉ « POUR ALLER PLUS LOIN »

LES CHOIX DE CLÉO

Pour bien mettre en évidence la différence entre nom propre et nom commun, cette séquence s'appuie sur des personnalités ou des lieux géographiques qui ont donné leur nom à une invention ou à un produit du terroir (*morse, braille, camembert, bordeaux*, etc.) Ainsi, les élèves sont amenés à distinguer précisément ce qui caractérise le nom propre : il désigne une personne, un lieu, etc. unique ou particulier, contrairement au nom commun. Pour l'élève, la caractéristique la plus marquante du nom propre est sa majuscule, quelle que soit sa position dans la phrase.

Pour commencer

Projetez ou reproduisez au tableau la situation suivante (disponible sur le CD et en ligne) :

- En 1884, M. Eugène Poubelle était le préfet de Paris. Il obligea les habitants de cette ville à utiliser des boites spéciales pour mettre leurs ordures. À cette époque, beaucoup de Parisiens jetaient directement leurs ordures dans la rue !

©iStock

- Charlotte adore faire de la pâtisserie. Sa spécialité, c'est... la charlotte aux fraises !

Faites lire les deux textes successivement. Les élèves proposent ensuite leurs réponses aux questions posées oralement :

– *Avez-vous deviné quel nom a été donné à ces boites à ordures ?*
– *Qu'est-ce qu'il y a d'amusant dans ces deux textes ?*
– *Pouvez-vous expliquer comment on reconnait un nom* commun *et un nom* propre *?*

Écrivez au tableau les noms *Poubelle / poubelle, Charlotte / charlotte*. Demandez aux élèves de repérer la différence et d'utiliser ces mots dans d'autres phrases. Explicitez la différence entre nom propre (qui est particulier à une seule personne, un seul lieu, etc.) et un nom commun (un nom ordinaire, qui n'est pas spécifique à une seule personne ou à une seule chose, un seul lieu, etc.).

Pour s'entrainer

Passez tout de suite après à l'activité n°1 p. 70. Pendant la correction, insistez bien sur les différences de forme (présence ou absence de majuscule, modification du nom propre, parfois, pour former le nom commun, comme pour *montgolfière*) et de sens.
On remarquera également que les noms propres n'ont pratiquement jamais de déterminant.
Les entrainements ultérieurs seront programmés dans les semaines suivantes.
Des activités supplémentaires sont disponibles sur le CD.

Pour aller plus loin

Le savais-tu ?
À l'origine, les noms de famille avaient souvent un sens en rapport avec la personne qui portait ce nom. Par exemple, *Lendormi* est un nom de famille donné à quelqu'un de lent, de maladroit. *Chevalier* est un nom donné à un homme qui était chevalier ou possédait un cheval.

Explique à ton tour l'origine de ces noms de famille, courants en France.

Lemarchand	Langlois	Barbier	Delahaye
Delétang	Lebreton	Dupré	Dubois

En complément de l'activité proposée, vous pouvez organiser une enquête dans les familles de vos élèves pour rechercher l'origine des noms patronymiques.

Je conjugue les verbes au présent (3)

7 SÉANCES À RÉPARTIR SUR 2 SEMAINES ENV.

DANS LES PROGRAMMES

Connaissances et compétences associées

Comprendre comment se forment les verbes et orthographier les formes verbales les plus fréquentes (lien avec l'écriture).
- Familiarisation avec l'indicatif présent, l'imparfait et le futur des verbes *être, avoir, faire, aller, dire, venir, pouvoir, voir, vouloir, prendre* et des verbes dont l'infinitif se termine par *-er*.
- Mémorisation des formes les plus fréquentes (troisième personne du singulier et du pluriel).
- Compréhension de la construction de la forme conjuguée du verbe (radical ; terminaison).
- Mémorisation de marques régulières liées à des personnes (*-ons, -ez, -nt*).

Exemples de situations, d'activités et de ressources pour l'élève
- Classement de formes verbales avant leur désignation ; repérage de régularités.
- Élaboration progressive de « tableaux de conjugaison ».
- Exercices, « jeux » (de type loto par exemple) pour fixer la mémorisation et activer régulièrement la remémoration.
- Activités nombreuses et fréquentes de résolution de problèmes relatifs aux formes verbales, dans les dictées à visée d'entrainement et dans les écrits du quotidien ; pratique régulière de la justification des choix avec emploi du métalangage approprié.

FICHIER DE L'ÉLÈVE **PP. 72-73**

AIDE-MÉMOIRE **Leçon n°21**

SITE COMPAGNON
- MATÉRIEL POUR LA SÉANCE « POUR COMMENCER »
- ÉTIQUETTES DE CONJUGAISON
- AFFICHES N°s 8 ET 9

CD-ROM
- MATÉRIEL POUR LA SÉANCE « POUR COMMENCER »
- ÉTIQUETTES DE CONJUGAISON
- AFFICHES N°s 8 ET 9
- ACTIVITÉS SUPPLÉMENTAIRES D'ENTRAINEMENT

LES CHOIX DE CLÉO

Ce chapitre est le dernier consacré au présent, même si, par ailleurs, on revient dans la seconde moitié de l'année sur ce temps dans les séquences portant sur les verbes réguliers et irréguliers. Ainsi, l'apprentissage se poursuivra d'une façon spiralaire, de manière à ce que les nouveaux savoirs soient toujours mis en relation avec les connaissances déjà installées.

Pour commencer

Projetez (version collective) et distribuez (version individuelle) à chaque élève le matériel complémentaire (disponible sur le CD et en ligne).

Faites observer collectivement les tableaux de conjugaison.
Avec les élèves, menez la réflexion sur toutes les formes du verbe ***être*** : « *Être* n'est pas un verbe en *-er*, il devrait donc avoir quelles terminaisons au présent ? [Réponse *-s, -s, -t*]. Vérifions : *je suis, -s ; tu es, -s ; il est, -t*.

être	faire	dire	pouvoir
je suis tu es il/elle est nous sommes vous êtes ils/elles sont	je fais tu fais il/elle fait nous faisons vous faites ils/elles font	je dis tu dis il/elle dit nous disons vous dites ils/elles disent	je peux tu peux il/elle peut nous pouvons vous pouvez ils/elles peuvent

vouloir	avoir	aller
je veux tu veux il/elle veut nous voulons vous voulez ils/elles veulent	j'ai tu as il/elle ont nous avons vous avez ils/elles ont	je vais tu vas il/elle va nous allons vous allez ils/elles vont

Un élève a commencé à entourer et à regrouper les formes verbales qui n'ont pas une terminaison régulière : comprends-tu son classement ?

vous + -tes	je/tu + -x	ils/elles + -ont	j' + -ai	nous + -es	il/elle + -a
vous êtes vous faites	je peux …	ils/elles sont …	…	…	… …

Ensuite, il n'est plus du tout régulier : on ne dit pas *nous *êtons, mais nous sommes*. C'est donc un verbe qui a des formes irrégulières : avec le sujet *nous*, il se termine par *-es*. Voyez-vous où il faut le mettre dans le tableau ? » Faites de même avec : *vous êtes, ils/elles sont*. Les élèves continuent cette recherche individuellement ou en petits groupes, et reportent les formes irrégulières dans le tableau.
Lors de la mise en commun, faites systématiquement commenter les terminaisons verbales : « *Je fais*, terminaison *-s*. C'est normal car c'est le verbe *faire*, ce n'est pas un verbe en *-er*. » Etc. Le cas du verbe *aller* est à part : signalez aux élèves qu'il est le seul verbe en *-er* qui soit irrégulier. Récapitulez au tableau le classement :

vous + -tes	**je/tu + -x**	**ils/elles + -ont**	**j' + ai**	**nous + -es**	**il/elle + a**
vous êtes	**je peux**	**ils/elles sont**	**j'ai**	**nous sommes**	**il/elle a**
vous faites	**tu peux**	**ils/elles font**			**il/elle va**
vous dites	**je veux**	**ils/elles ont**			
	tu veux	**ils/elles vont**			

Quand le regroupement des formes irrégulières est achevé, faites remarquer aux élèves les similitudes de forme entre :
– *vous êtes, vous faites, vous dites ;*
– *ils sont, ils ont, ils font, ils vont ; etc.*
L'important est qu'ils perçoivent que, malgré les irrégularités, ces exceptions sont mémorisables d'une manière raisonnée.
Présentez les affiches des verbes *avoir* et *être* au présent et faites observer la leçon n° 21 de l'aide-mémoire. Précisez que c'est sur les affiches et dans l'aide-mémoire qu'on cherche les formes dont on n'est pas sûr.

Présent du verbe être	
je	suis
tu	es
il/elle	est
nous	sommes
vous	êtes
ils/elles	sont

Affiche n° 8

Présent du verbe avoir	
j'	ai
tu	as
il/elle	a
nous	avons
vous	avez
ils/elles	ont

Affiche n° 9

Pour s'entrainer

Vous pouvez proposer l'entrainement n° 1 à la suite de l'activité « Pour commencer ». Toutes les manipulations peuvent être réalisées avec les étiquettes de conjugaison en version papier ou numérique. Faites trouver les réponses d'abord oralement et en collectif si vous l'estimez nécessaire. Précisez aux élèves que les verbes à écrire ne sont pas forcément irréguliers : certains sont des verbes qu'on a appris à conjuguer dans les chapitres précédents. Rappelez-leur qu'ils peuvent se servir des affichages ou de l'aide-mémoire.
Les entrainements ultérieurs seront programmés dans les semaines suivantes.
Donnez la leçon n° 21 (colonne du présent seulement) de l'aide-mémoire à apprendre après trois ou quatre entrainements.

Je repère le sujet et le verbe de la phrase

4 SÉANCES À RÉPARTIR SUR 1 MOIS ENV.

DANS LES PROGRAMMES

Connaissances et compétences associées

Raisonner pour résoudre des problèmes orthographiques, d'accord essentiellement (lien avec l'écriture).
- Relation sujet - verbe (identification dans des situations simples).
- Marque de pluriel pour les verbes à la 3e personne (*-nt*).

Exemples de situations, d'activités et de ressources pour l'élève
- Activités de classements et d'analyses permettant de dégager des régularités, voire des « règles ».
- Si les élèves ne disposent pas d'un manuel de référence, constitution d'une mémoire écrite organisée (fiches complétées au cours de l'année, affichage…), cet outil étant utilisé dans les activités de production d'écrits.
- Activités diverses - dont des dictées courtes sous une variété de formes, suivies de l'examen collectif des problèmes d'orthographe rencontrés - pratiquées de manière rituelle (c'est-à-dire fréquemment et selon des modalités récurrentes) permettant aux élèves d'intégrer les règles et leurs procédures d'application, en faisant exercer les raisonnements adaptés sur des phrases progressivement plus complexes.

FICHIER DE L'ÉLÈVE **PP. 74-75**

SITE COMPAGNON
- MATÉRIEL POUR LA SÉANCE « POUR COMMENCER »

AIDE-MÉMOIRE **Leçon n°13**

CD-ROM
- MATÉRIEL POUR LA SÉANCE « POUR COMMENCER »

LES CHOIX DE CLÉO

Dans C.L.E.O. CE1, on a longuement travaillé sur la relation sujet-verbe en explorant des situations particulièrement intéressantes :
– phrases où sujet et compléments sont interchangeables (*Le bus prend les passagers. / Les passagers prennent le bus.*) ;
– phrases où l'on éprouve la validité sémantique des sujets (**Mes pantoufles ont mordu mon petit chien.*) avant d'intervenir pour rétablir la phrase.
Ces entrainements ont conduit les élèves à travailler en parallèle sur le sens de la relation sujet-verbe et sur ses conséquences orthographiques.
Dans ce chapitre, on continue à renforcer ces deux aspects indissociables.

Pour commencer

le train	prennent	les voyageurs
de la vitesse	le train	prend

Projetez ou reproduisez au tableau la situation ci-contre (disponible sur CD et en ligne).
Demandez aux élèves de former deux phrases avec ces étiquettes en les utilisant toutes une seule fois (sur l'ardoise ou sur le cahier d'essais).
Lors de la mise en commun, travaillez sur les ressemblances et différences entre les phrases : dans la première phrase, c'est le train qui prend de la vitesse, tandis que dans la seconde ce sont les voyageurs qui prennent le train.

N.B. : Vous remarquerez que, dans ce type de comparaison, les élèves utilisent spontanément la tournure « c'est… qui… » pour encadrer le sujet, sans qu'il soit besoin d'en faire un procédé mécanique de reconnaissance du sujet.

Expérimentez avec les élèves la procédure qui consiste à se demander : « De quoi, de qui parle cette phrase ? » pour trouver le sujet de la phrase :
De quoi parle la première phrase ? D'un train. « Le train », c'est le sujet de la phrase.
Et la deuxième ? Elle parle des voyageurs. « Les voyageurs », c'est le sujet de la phrase.

Projetez ou reproduisez la seconde situation.

cuisent	les pizzas	au four
les pizzas	Papi	cuit

Demandez aux élèves d'écrire les deux phrases constituées dans leur cahier d'essais, et de souligner le sujet de chaque phrase.
Lors de la mise en commun, faites expliciter à nouveau les procédures déjà expérimentées lors de la première situation.
On conclura en observant qu'un même groupe nominal (« les pizzas », « le train ») peut être parfois en position de sujet, parfois non.

Pour s'entrainer

Proposez les activités d'entrainement dans les semaines suivantes.
Les illustrations sont bien sûr déterminantes pour reconstituer les phrases. Concluez chaque entrainement par une correction collective permettant de faire utiliser la procédure de repérage du sujet : « De qui, de quoi parle cette phrase ? »
Faites apprendre la leçon n° 13 après deux ou trois entrainements.

Je reconnais les noms et les adjectifs

6 SÉANCES
À RÉPARTIR
SUR 2 MOIS ENV.

DANS LES PROGRAMMES

Attendus de fin de cycle
Raisonner pour réaliser les accords dans le groupe nominal d'une part (déterminant, nom, adjectif), entre le verbe et son sujet d'autre part (cas simples : sujet placé avant le verbe et proche de lui ; sujet composé d'un groupe nominal comportant au plus un adjectif).

Connaissances et compétences associées
Identifier les principaux constituants d'une phrase simple en relation avec sa cohérence sémantique (de quoi on parle, ce qu'on en dit).
- Identification du groupe nominal.
- Classes de mots : noms - verbes - déterminants - adjectifs - pronoms (en position sujet) - mots invariables.

Exemples de situations, d'activités et de ressources pour l'élève
- Activités de manipulations de phrases, de tris, de classements débouchant sur la catégorisation de faits de langue et sur le métalangage grammatical, après un temps significatif de familiarisation avec l'objet étudié.
- Exercices pour fixer les acquis et mobilisation explicite de ces acquis (notamment les « mots de la grammaire ») dans l'ensemble des échanges pratiqués pour résoudre des problèmes de lecture, d'écriture, d'orthographe.

FICHIER DE L'ÉLÈVE
PP. 76-77

SITE COMPAGNON
- MATÉRIEL POUR LA SÉANCE « POUR COMMENCER »
- AFFICHES N°s 1 ET 2
- ACTIVITÉ « POUR ALLER PLUS LOIN »

AIDE-MÉMOIRE
Leçons n°s 5 et 8

CD-ROM
- MATÉRIEL POUR LA SÉANCE « POUR COMMENCER »
- AFFICHES N°s 1 ET 2
- ACTIVITÉ « POUR ALLER PLUS LOIN »

LES CHOIX DE CLÉO

Avec C.L.É.O., l'élève de CP et de CE1 a manipulé l'adjectif (en l'accordant avec le nom, en découvrant la lettre finale muette, etc.). Au CE2, la réflexion est approfondie pour permettre son repérage et comprendre sa fonction au sens large : fournir des informations sur le nom qu'il qualifie.

C'est en réfléchissant sur des mots qui sont tantôt des noms, tantôt des adjectifs, que les élèves prennent conscience des caractéristiques de ces deux classes grammaticales.

Pour commencer

Projetez ou reproduisez cette situation (disponible sur le CD et en ligne) :

Faites observer les quatre illustrations. Les élèves écrivent sur leur cahier d'essais les quatre phrases demandées.
Faites expliciter la dernière phrase qui ne manquera pas de provoquer des réactions de surprise : *« C'est bizarre, on écrit deux fois roses ; le premier c'est la fleur, l'autre c'est la couleur. »* Tirez profit de cette remarque pour accompagner plus avant la réflexion grammaticale de vos élèves : demandez-leur par quels mots on pourrait remplacer les deux occurrences de roses. Écrivez-les au tableau, en colonnes.

Exemple :

Voici deux	roses	roses
	tulipes	rouges
	anémones	blanches
	etc.	

Aidez les élèves à trouver la classe grammaticale des fleurs listées : « On peut dire *une anémone, la tulipe, les marguerites...* Quels sont ces mots qui sont presque toujours précédés d'un déteminant ? »
Faites observer que *roses, rouges, blanches* sont des mots utiles pour donner des informations sur les fleurs : on les appelle des adjectifs.
Terminez en faisant préciser la classe grammaticale, dans ces exemples, de :
– *blanc : un blanc d'œuf, un cheveu blanc, un blanc de poulet ;*
– *violette : de l'encre violette, je cueille des violettes, une craie violette.*
Écrivez ces phrases et ces groupes nominaux au tableau et faites expliciter :
*« un **blanc** d'œuf : ici, c'est un nom, il y a le déterminant « un » devant. »*
*« un cheveu **blanc** : ici, blanc est un adjectif, le nom, c'est cheveu. Blanc, ça donne un renseignement sur le cheveu, il est blanc. »*
Présentez les deux affiches des noms communs et des adjectifs :

Les noms

enfant - enfants
tête - têtes
maison - maisons
animal - animaux
ours
histoire - histoires
jardin - jardins
idée - idées
cheveu - cheveux

Affiche n° 1

Les adjectifs

petit	joli	fermé
petite	jolie	fermée
petits	jolis	fermés
petites	jolies	fermées
gros	mauvais	heureux
grosse	mauvaise	heureuse
grosses	mauvaises	heureuses
énorme	magique	triste
énormes	magiques	tristes

Affiche n° 2

N.B. : Ces affiches présentent des listes de noms et d'adjectifs assez longues ; ces mots ont été choisis pour leur fréquence élevée et leur capacité à constituer de bons prototypes de leur catégorie respective. Les différentes formes (genre et nombre) sont présentées sans commentaires pour ne pas surcharger les affiches. Il sera utile d'expliciter le fait que certains mots n'ont qu'une forme possible (*ours*), d'autres deux, trois ou quatre.

Pour s'entrainer

Lors du premier entrainement de la série, vous pouvez effectuer la tâche collectivement sur le point *a*, et compléter avec d'autres exemples au tableau si la distinction adjectif / nom pose encore problème à un grand nombre d'élèves. Faire rappeler au besoin la leçon n° 5 de l'aide-mémoire.
Les entrainements ultérieurs seront programmés dans les semaines suivantes.
Donnez la leçon n° 8 de l'aide-mémoire à apprendre après trois ou quatre entrainements.

Pour aller plus loin

- **Observe bien les mots ci-dessous : ils peuvent être des noms ou des adjectifs.**
- **Écris des phrases avec ces noms et ces adjectifs.**

élastique militaire	paresseux cycliste	fou ferme	bête total	original commode	curieux comique

En cas de difficulté, conseillez aux élèves de chercher les mots proposés dans le dictionnaire en leur rappelant le sens des abréviations *adj.* et *n.*

Je conjugue les verbes *être* et *avoir*

6 SÉANCES À RÉPARTIR SUR 6 SEMAINES ENV.

DANS LES PROGRAMMES

Connaissances et compétences associées

Comprendre comment se forment les verbes et orthographier les formes verbales les plus fréquentes (lien avec l'écriture).
- Familiarisation avec l'indicatif présent, l'imparfait et le futur des verbes *être, avoir, faire, aller, dire, venir, pouvoir, voir, vouloir, prendre* et des verbes dont l'infinitif se termine par *-er*.
- Mémorisation des formes les plus fréquentes (troisième personne du singulier et du pluriel).
- Compréhension de la construction de la forme conjuguée du verbe (radical ; terminaison).
- Mémorisation de marques régulières liées à des personnes (*-ons, -ez, -nt*).

Exemples de situations, d'activités et de ressources pour l'élève

Activités de manipulations de phrases, de tris, de classements débouchant sur la catégorisation de faits de langue et sur le métalangage grammatical, **après un temps significatif de familiarisation avec l'objet étudié**.

FICHIER DE L'ÉLÈVE
PP. 78-79

SITE COMPAGNON
- MATÉRIEL POUR LA SÉANCE « POUR COMMENCER »
- AFFICHES N°s 8 ET 9
- ÉTIQUETTES DE CONJUGAISON

AIDE-MÉMOIRE
Leçon n°21 a et b

CD-ROM
- MATÉRIEL POUR LA SÉANCE « POUR COMMENCER »
- AFFICHES N°s 8 ET 9
- ÉTIQUETTES DE CONJUGAISON

LES CHOIX DE CLÉO

Ce chapitre est le premier d'une série qui organise la manipulation des formes verbales aux quatre temps de conjugaison définis par les programmes, sous forme de familiarisation avant systématisation. En ceci, notre programmation respecte un principe fort des programmes. En effet, à partir d'activités de manipulations, de classements, etc., il s'agit

d'organiser de nombreuses explorations avec les savoirs (ici, les temps verbaux) avant d'aller, progressivement et patiemment, vers leur institutionnalisation. Les élèves s'appuient sur leur connaissance implicite de la langue (à l'oral) pour rechercher, parmi les formes proposées, celles qui conviennent. Il s'agit de manipuler le « meccano » du verbe, et le sens et l'intuition de la langue sont premiers. On escompte que ces manipulations répétées permettront aux élèves :
– de se montrer de plus en plus habiles dans les manipulations elles-mêmes ;
– de se constituer peu à peu une « culture » propre au système verbal : les notions de radical, de terminaisons, de temps verbaux acquièrent une réalité concrète, au fil des entrainements, avant d'être formalisées et apprises sous forme de leçons.

Pour commencer

Projetez ces quatre images l'une après l'autre (à partir du CD ou en ligne).

Laissez les élèves découvrir ces dessins humoristiques projetés successivement. Suscitez leurs commentaires et, même si vous considérez que l'humour ne s'explique pas, expliquez au besoin les jeux de mots : *je n'étais pas au courant / j'ai eu du pot.*

Demandez ensuite aux élèves de repérer les verbes conjugués dans les bulles, et demandez-leur si ces verbes évoquent le passé, le présent ou le futur. Faites rechercher l'infinitif des verbes conjugués.
À ce stade de la découverte du système verbal, il est normal que des erreurs se produisent. Bien que très utilisés, les verbes *être* et *avoir* sont souvent difficilement repérés, et la recherche de l'infinitif est difficile du fait de la grande variété des radicaux.

Dans le tableau « Pour t'aider » en haut de la p. 78 du fichier, faites rechercher les formes verbales utilisées dans les bulles, et demandez aux élèves à quel temps est conjugué chaque verbe :
– *c'**est** dangereux → **est** → verbe **être** conjugué au **présent**.*
– *je n'**étais** pas au courant → étais → verbe **être** conjugué à **l'imparfait**.*
Cette phase de travail est destinée à habituer les élèves à rechercher des formes verbales dans le tableau et à associer radical et terminaison.

Pour s'entrainer

Lors des premiers entrainements, il est préférable de travailler sur une ou deux phrases collectivement, de manière à bien expliciter l'utilisation de l'encadré « Pour t'aider ». En particulier, faites remarquer la forme des étiquettes coupées à angle droit (à droite pour les radicaux, à gauche pour les terminaisons).
Précisez que, pour le passé composé, on aura besoin de deux étiquettes arrondies sur les quatre côtés. Les élèves ayant travaillé avec C.L.É.O. CE1 sont familiarisés avec ce système qui rend bien visible le « meccano » verbal.
Vous pouvez également utiliser un jeu d'étiquettes grand format, si vous estimez que vos élèves ont encore besoin de manipulation concrète. Un tel jeu est disponible sur le CD ou en ligne.

La première étape du travail est toujours la lecture à haute voix (ou subvocalisée) de la phrase à compléter. Avant de chercher des « étiquettes », les élèves doivent en priorité trouver sans support écrit les verbes qui manquent : par exemple, dans la phrase « Quand mes parents étaient jeunes, ils avaient une toute petite maison. » C'est d'abord la forme orale des deux verbes ([etɛ] et [avɛ]) que les élèves doivent évoquer, avant de rechercher dans le tableau les éléments permettant le passage à l'écrit.

La correction collective permettra d'expliciter deux types d'erreurs :
– erreur sur le choix de la terminaison : *Quand mes parents *était jeunes* → la correction passe par la recherche systématique du sujet ;
– erreur sur le choix du temps : *L'année prochaine j'*avais neuf ans.* → la correction insiste sur le sens de la phrase.

Programmez les entrainements ultérieurs dans les semaines qui suivent.

J'utilise l'infinitif et le participe passé

5 SÉANCES À RÉPARTIR SUR 1 MOIS ENV.

DANS LES PROGRAMMES

Connaissances et compétences associées

Comprendre comment se forment les verbes et orthographier les formes verbales les plus fréquentes (lien avec l'écriture).
Infinitif ; participe passé.

Exemples de situations, d'activités et de ressources pour l'élève

Activités nombreuses et fréquentes de résolution de problèmes relatifs aux formes verbales, dans les dictées à visée d'entrainement et dans les écrits du quotidien ; pratique régulière de la justification des choix avec emploi du métalangage approprié.

FICHIER DE L'ÉLÈVE **PP. 80-81**

AIDE-MÉMOIRE **Leçon n°s 15 et 16**

SITE COMPAGNON
- MATÉRIEL POUR LA SÉANCE « POUR COMMENCER »

CD-ROM
- MATÉRIEL POUR LA SÉANCE « POUR COMMENCER »
- ACTIVITÉS SUPPLÉMENTAIRES D'ENTRAINEMENT

LES CHOIX DE CLÉO

Participe passé et infinitif posent un problème orthographique bien connu pour les verbes en *-er*, car les finales *-é* et *-er* se prononcent de la même façon. Au cycle 3, on enseignera la procédure qui consiste à remplacer un verbe en *-er* par un autre en *-ir* ou *-re*, par exemple, *courir/couru* ou *mordre/mordu*.
Ce chapitre met en relief la différence sémantique entre infinitif et participe passé. L'infinitif n'a pas de valeur temporelle propre, alors que le participe passé, comme son nom l'indique, évoque une action passée :
L'avion va décoller. ⟷ *L'avion a décollé.* → Dans la deuxième phrase, l'action est passée, on utilise donc le participe passé.
Ce chapitre prépare également à la construction du passé composé qui sera abordée ultérieurement.

Pour commencer

Distribuez le matériel complémentaire (disponible sur le CD et en ligne), à raison d'un jeu d'étiquettes par binômes.

J'ai terminé mon travail.	Le lapin a mangé une carotte.
Elle a beaucoup voyagé.	Je vais terminer mon travail.
Le ballon va éclater.	Le ballon a éclaté.
Elle a envie de voyager.	Le lapin veut manger une carotte.

Demandez aux élèves de regrouper les phrases deux par deux, selon leur sens.
Faites expliciter les différences entre les phrases :
« J'ai terminé mon travail. → Ça y est, je l'ai terminé, c'est fait.
Je vais terminer mon travail. → Je ne l'ai pas encore terminé. »

Demandez ensuite aux élèves d'organiser les étiquettes en deux colonnes : dans la première, l'action est déjà passée ; dans la seconde, l'action n'est pas encore passée.

Action déjà passée	Action pas encore passée
J'ai terminé mon travail. Le lapin a mangé une carotte. Le ballon a éclaté. Elle a beaucoup voyagé.	Je vais terminer mon travail. Le lapin veut manger une carotte. Le ballon va éclater. Elle a envie de voyager.

Faites surligner les formes verbales en [e] : rose pour *-er* / vert pour *-é*.
Les élèves explicitent ce qu'ils observent : quand l'action est déjà passée, on utilise le participe passé, qui se termine par *-é*. Dans les autres cas, on utilise l'infinitif en *-er*.

Lisez ensuite collectivement la leçon n° 15 de l'aide-mémoire sur l'infinitif et particulièrement la leçon n° 16, qui explicite la formation du participe passé.

Pour s'entrainer

Proposez l'activité n°1 p. 80. Faites lire et commenter la bulle d'aide en haut de la page. On peut faire la remarque que « participe passé » se termine par *-é*, tout comme les verbes en *-er* quand ils sont au participe passé.
Faites commenter les deux premières bulles :
– *J'ai peigné mes cheveux :* l'action est passée, donc il faut utiliser le participe passé.
– *Je vais peigner mes cheveux :* elle n'a pas encore peigné ses cheveux, l'action n'est pas encore passée → on utilise l'infinitif en *-er*.
Des activités supplémentaires sont disponibles sur le CD.

Je reconnais les verbes et les noms (2)

5 SÉANCES À RÉPARTIR SUR 6 SEMAINES ENV.

DANS LES PROGRAMMES

Connaissances et compétences associées

Identifier les principaux constituants d'une phrase simple en relation avec sa cohérence sémantique (de quoi on parle, ce qu'on en dit).
- Identification du groupe nominal.
- Identification du verbe (connaissance des propriétés permettant de l'identifier).
- Classes de mots : noms - verbes - déterminants - adjectifs - pronoms (en position sujet) - mots invariables.

[...]

Exemples de situations, d'activités et de ressources pour l'élève
- Activités de manipulations de phrases, de tris, de classements débouchant sur la catégorisation de faits de langue et sur le métalangage grammatical, après un temps significatif de familiarisation avec l'objet étudié.
- Exercices pour fixer les acquis et mobilisation explicite de ces acquis (notamment les « mots de la grammaire ») dans l'ensemble des échanges pratiqués pour résoudre des problèmes de lecture, d'écriture, d'orthographe.

FICHIER DE L'ÉLÈVE **PP. 82-83**

SITE COMPAGNON
- MATÉRIEL POUR LA SÉANCE « POUR COMMENCER »

CD-ROM
- MATÉRIEL POUR LA SÉANCE « POUR COMMENCER »
- ACTIVITÉ SUPPLÉMENTAIRE D'ENTRAINEMENT
- ACTIVITÉ « POUR ALLER PLUS LOIN »

LES CHOIX DE CLÉO

Comme dans la séquence « Je reconnais les verbes et les noms (1) », les formes homophones fournissent un bon matériau linguistique pour travailler finement sur les terminaisons *-e*, *-[e]s* et *-ent*, porteuses d'informations morphosyntaxiques différentes selon qu'elles concernent le nom ou le verbe.

On habitue ainsi l'élève à ne pas se contenter de catégorisations trop générales associant *-s* et pluriel, *-e* et féminin.

Pour commencer

Projetez la situation de travail (disponible sur le CD et en ligne) :

a 
b 
c 

1. Le jardinier taille les **branches** des arbres.
2. Tu **branches** l'ordinateur.
3. J'ai cassé une **branche** de mes lunettes.
4. Pierre **branche** son téléphone pour le recharger.
5. L'écureuil saute de **branche** en **branche**.
6. Zoé et Mattéo **branchent** leurs guitares électriques.

Faites observer les trois illustrations de l'activité « Pour commencer ». Les élèves sont invités à décrire ce qu'ils voient : une *branche* d'arbre, des *branches* de lunettes et quelqu'un qui *branche* un appareil sur une prise. Faites préciser, au moyen des procédures qui commencent à s'automatiser, la classe grammaticale de *branche* dans chaque cas.

Individuellement ou en groupes, les élèves associent ensuite les phrases à l'un des trois sens illustrés, puis proposent une manière de classer ces utilisations de *branche*. Certains élèves proposeront sans doute un classement qui ne prend en compte que les terminaisons, en mélangeant noms et verbes.
D'autres s'appuieront sur les trois sens illustrés. D'autres enfin prendront peut-être en considération la ***classe grammaticale***, verbe ou nom, puis la ***terminaison*** ; ils obtiendront dans ce cas 5 groupes : -*e* nominal, -*s* nominal, -*e* verbal , -*s* verbal, -*ent* verbal. C'est évidemment ce classement qu'il faudra valoriser. Chaque terminaison sera explicitée : -*s* parce que c'est un verbe conjugué avec *tu* / -*s* parce que c'est un nom au pluriel / etc.

S'il reste suffisamment de temps, vous pouvez proposer oralement le même classement avec la série de phrases suivantes, écrites au tableau (elle est également proposée en activité supplémentaire sur le CD) :

Pour s'entrainer

Avant de passer à l'entrainement individuel, il sera sans doute utile de faire décrire et définir les formes nominales ou verbales à utiliser. Par exemple : « Qu'est-ce que ça peut être, *marche, marches, marchent ?* »
Proposez les entrainements ultérieurs dans les semaines qui suivent.
Une activité supplémentaire est proposée sur le CD (voir ci-dessus).

Pour aller plus loin

Exemple : *Lily lit dans son lit.*

souris – sourit – sourient	touche – touches – touchent	lis – lit – lits
classe – classes – classent	mouche – mouches – mouchent	bois – boit

Précisez aux élèves qu'ils ne sont pas obligés d'utiliser les trois mots de chaque série, mais qu'il est préférable de mélanger noms et verbes homonymes dans les phrases pour obtenir un effet humoristique.

Je conjugue les verbes au futur

7 À 8 SÉANCES
À RÉPARTIR
SUR 2 MOIS ENV.

DANS LES PROGRAMMES

Connaissances et compétences associées

Comprendre comment se forment les verbes et orthographier les formes verbales les plus fréquentes (lien avec l'écriture).

- Familiarisation avec l'indicatif présent, l'imparfait et le futur des verbes *être, avoir, faire, aller, dire, venir, pouvoir, voir, vouloir, prendre* et des verbes dont l'infinitif se termine par *-er*.
- Mémorisation des formes les plus fréquentes (troisième personne du singulier et du pluriel).
- Compréhension de la construction de la forme conjuguée du verbe (radical ; terminaison).
- Mémorisation de marques régulières liées à des personnes (*-ons, -ez, -nt*).
- Notions de marques liées au temps (imparfait et futur en particulier).
- Mémorisation des verbes *être* et *avoir* au présent, à l'imparfait et au futur.

Exemples de situations, d'activités et de ressources pour l'élève

- Activités orales de transformation de phrases en fonction de variations du temps (lien avec le travail sur la chronologie au début du cycle) et repérage des mots affectés par ces variations, préalables aux observations portant sur l'écrit.
- Classement de formes verbales avant leur désignation ; repérage de régularités.
- Élaboration progressive de « tableaux de conjugaison ».
- Activités nombreuses et fréquentes de résolution de problèmes relatifs aux formes verbales, dans les dictées à visée d'entrainement et dans les écrits du quotidien ; pratique régulière de la justification des choix avec emploi du métalangage approprié.

FICHIER DE L'ÉLÈVE
PP. 84-86

AIDE-MÉMOIRE
Leçon n°18

SITE COMPAGNON
- MATÉRIEL POUR LA SÉANCE « POUR COMMENCER »
- AFFICHES N°s 10 ET 11
- ÉTIQUETTES DE CONJUGAISON

CD-ROM
- MATÉRIEL POUR LA SÉANCE « POUR COMMENCER »
- AFFICHES N°s 10 ET 11
- ÉTIQUETTES DE CONJUGAISON
- ACTIVITÉ « POUR ALLER PLUS LOIN »

LES CHOIX DE CLÉO

Le futur est un temps régulier du point de vue des terminaisons, mais posant des problèmes de construction notamment pour le premier groupe : le ***e*** qui précède le ***r*** n'est pas toujours prononcé à l'oral (*je chanterai → je chant'rai*). Par un phénomène d'interférence, les élèves ajoutent parfois un ***e*** alors qu'il n'en faut pas (*je *prenderai*).
Comme pour le présent, la distinction entre les verbes en *-er* et tous les autres verbes permet de proposer une procédure de formation relativement simple et systématique.

Pour commencer

L'activité s'effectue de façon individuelle ou en groupe.
Imprimez et distribuez le matériel complémentaire disponible sur le CD en ligne (un lot d'étiquettes par élève ou par groupe).

Laissez le temps aux élèves de les lire, puis suscitez leurs remarques : « Il y a des choses du passé, du présent et du futur. » / « Ça explique les progrès scientifiques. » Etc.

Lis ces phrases.

1. Les trains roulaient à la vapeur.
2. Les astronautes partent en mission dans l'espace.
3. Nous explorerons les autres planètes du système solaire.
4. On soignera tous les cancers.
5. On ne savait pas guérir le cancer.
6. Les hommes rêvaient d'aller sur la Lune.
7. On écrit des courriels à l'ordinateur.
8. Il suffira de parler à l'ordinateur qui écrira à notre place.
9. Les trains rouleront à 500 km/h.
10. Beaucoup de gens guérissent du cancer.
11. On écrivait à l'aide d'une machine à écrire.
12. Les trains ont des moteurs électriques.

Demandez ensuite aux élèves d'organiser les phrases logiquement, puis procédez à une mise en commun. Écrivez les phrases au tableau en les disposant dans des colonnes : *en 1900* (phrases 1, 4, 5, 11) / *Aujourd'hui* (phrases 6, 7, 10, 12) / *en 2100* (phrases 2, 3, 8, 9). Associez les termes passé / présent / futur aux colonnes du tableau.
Faites repérer (et copier dans le cahier d'essais) les verbes et les sujets des phrases. Suscitez des remarques sur les terminaisons : *-nt* pour la 3e personne du pluriel, *-ons* pour la 1re personne du pluriel, présence d'un ***r*** dans les verbes exprimant le futur (*nous explore-rons / on soignera / il suffira / l'ordinateur écrira / les trains rouleront*).

Présentez les deux affiches des verbes conjugués au futur. Faites remarquer que les verbes en *-er* « gardent » le ***e*** et le ***r*** de l'infinitif quand ils sont conjugués au futur, alors que les autres verbes ont bien un ***r***, mais pas de ***e***.

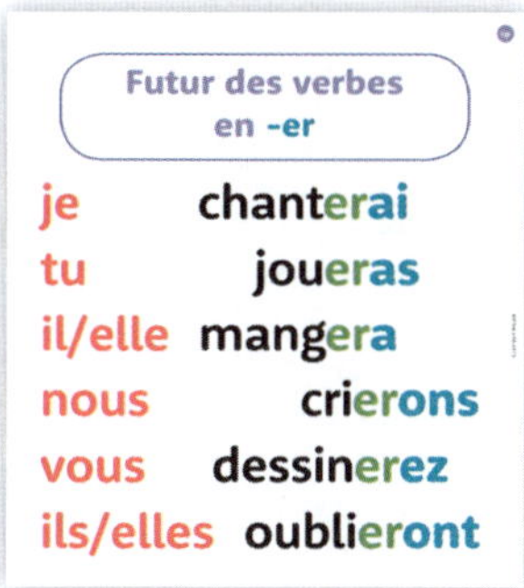

Affiche n° 10

Affiche n° 11

Faites observer que les terminaisons du futur sont les mêmes que celles du verbe *avoir* au présent.
Faites enfin former le futur de quelques verbes à partir de leur infinitif.

Pour s'entrainer

Le format des activités d'entrainement propose deux étapes :
– dans la partie gauche des textes, il s'agit de repérer les verbes au futur (qu'il faudra entourer) et leurs sujets (qui seront soulignés) ;
– dans la partie droite de la page, ce sont les élèves qui doivent conjuguer les verbes après avoir construit leur terminaison.
Avant de passer à l'entrainement individuel, traitez une ou deux phrases collectivement, en indiquant comment se servir des affiches.

Exemple :
« *Je dir… mille histoires* : où puis-je trouver la terminaison dont j'ai besoin ? Dire, c'est un verbe en *-er*, ou pas ? Alors, ça sera la même terminaison que *je partirai.*
Mille histoires que vous écout… : ici, le sujet, c'est le pronom *vous.* Donc la terminaison sera *-ez. Écouter*, c'est un verbe en *-er* ? Sur quelle affiche vérifier comment ça s'écrit ? Regardez, c'est comme *vous dessinerez* sur cette affiche. Etc. »

N.B. : Toutes les manipulations peuvent être réalisées avec les étiquettes de conjugaison en version papier ou numérique.

Proposez les entrainements ultérieurs dans les semaines qui suivent.
Présentez la leçon n° 18 et donnez-la à apprendre après deux ou trois entrainements.
On complètera ces entrainements par un entretien de la compétence, de temps à autre, dans le cadre des « 5 minutes chrono » (voir p. 26).

Pour aller plus loin

ⓐ Alouette, gentille alouette,
alouette, je te plumer........ !

ⓑ Je te tiendr........
tu me tiendr........
par la barbichette.
Le premier de nous deux
qui rir........
aur........ une tapette.

ⓒ 1, 2, 3, nous ir........ au bois,
4, 5, 6, cueillir des cerises,
7, 8, 9, dans mon panier neuf,
10, 11, 12, elles ser........ toutes rouges.

ⓓ Do, do, l'enfant do,
l'enfant dormir........ bien vite.

ⓔ Nous la rattrap........, la petite hirondelle
et nous lui donn........ trois petits coups de bâton !

ⓕ Nous n'ir........ plus au bois, les lauriers sont coupés.
La belle que voilà ir........ les ramasser.

ⓖ Dans sa maison, un grand cerf
regardait par la fenêtre
un lapin venir à lui et frapper à l'huis :
« Cerf, cerf, ouvre-moi,
ou le chasseur me tu........ ! »

Ce même travail peut être proposé avec des chansons ou comptines traditionnelles qui ont des verbes au futur. Quelques-unes d'entre elles sont proposées dans le CD, mais vos élèves en connaissent certainement d'autres.

Je conjugue les verbes à l'imparfait

7 SÉANCES
À RÉPARTIR
SUR 2 MOIS ENV.

DANS LES PROGRAMMES

Connaissances et compétences associées

Comprendre comment se forment les verbes et orthographier les formes verbales les plus fréquentes (lien avec l'écriture).
- Familiarisation avec l'indicatif présent, l'imparfait et le futur des verbes *être, avoir, faire, aller, dire, venir, pouvoir, voir, vouloir, prendre* et des verbes dont l'infinitif se termine par *-er*.
- Mémorisation des formes les plus fréquentes (troisième personne du singulier et du pluriel).
- Compréhension de la construction de la forme conjuguée du verbe (radical ; terminaison).
- Mémorisation de marques régulières liées à des personnes (*-ons, -ez, -nt*).
- Notions de marques liées au temps (imparfait et futur en particulier).
- Mémorisation des verbes *être* et *avoir* au présent, à l'imparfait et au futur.

Exemples de situations, d'activités et de ressources pour l'élève

- Activités orales de transformation de phrases en fonction de variations du temps (lien avec le travail sur la chronologie au début du cycle) et repérage des mots affectés par ces variations, préalables aux observations portant sur l'écrit.
- Classement de formes verbales avant leur désignation ; repérage de régularités.
- Élaboration progressive de « tableaux de conjugaison ».
- Activités nombreuses et fréquentes de résolution de problèmes relatifs aux formes verbales, dans les dictées à visée d'entrainement et dans les écrits du quotidien ; pratique régulière de la justification des choix avec emploi du métalangage approprié.

FICHIER DE L'ÉLÈVE
PP. 87-89

AIDE-MÉMOIRE
Leçon n°19

SITE COMPAGNON
- MATÉRIEL POUR LA SÉANCE « POUR COMMENCER » DU CHAPITRE « JE CONJUGUE LES VERBES AU FUTUR »
- AFFICHE N° 12
- ÉTIQUETTES DE CONJUGAISON

CD-ROM
- MATÉRIEL POUR LA SÉANCE « POUR COMMENCER » DU CHAPITRE « JE CONJUGUE LES VERBES AU FUTUR »
- AFFICHE N° 12
- ÉTIQUETTES DE CONJUGAISON

LES CHOIX DE CLÉO

L'imparfait et le passé composé sont deux temps complémentaires, très souvent associés dans les textes narratifs écrits au passé. Il n'est pas facile d'utiliser l'imparfait seul... Nous avons pris le parti de proposer des textes où des personnages racontent leurs souvenirs, et plus précisément des aspects de leur vie passée ordinaire, au quotidien : l'imparfait est alors employé avec sa valeur itérative, c'est-à-dire relatant des actions habituelles, répétées. Pour rendre compte d'évènements particuliers, de faits uniques, il faudra recourir au passé composé.

Pour commencer

L'activité s'effectue de façon individuelle ou en groupe.
Reprenez les étiquettes utilisées lors de la séance « Pour commencer » du chapitre « Je conjugue les verbes au futur » (voir p. 140). Procédez rapidement au tri entre les formes au passé, au présent et au futur.
Faites observer les formes à l'imparfait : repérez les régularités propres à certaines personnes (*-t* de la 3e personne du singulier, *-ent* de la 3e personne du pluriel) ainsi que les lettres *-ai-* qui sont propres à l'imparfait (sauf pour les 1re et 2e personnes du pluriel).
Précisez que ce temps s'appelle l'imparfait. L'imparfait est un temps du passé, pour dire ce qui se passait hier, l'année dernière, autrefois, etc.

Présentez l'affiche de l'imparfait. Faites observer que toutes les terminaisons de l'imparfait ont des points communs avec les verbes autres que ceux en *-er* au présent : *-a***is**, *-a***is**, *-a***it**, *-i***ons**, *-i***ez**, *-a***ient**, ce qui facilite leur mémorisation.

Concluez la séance en proposant quelques verbes à conjuguer à l'imparfait. Donnez systématiquement un contexte pour ne pas faire conjuguer les verbes « à vide ».

Imparfait	
je	partais
tu	chantais
il/elle	était
nous	avions
vous	finissiez
ils/elles	dormaient

Affiche n° 12

Exemple :
« Cette année, j'ai huit ans, mais l'année dernière, j'... Écrivez la fin de la phrase sur votre cahier d'essais.
Aujourd'hui, vous jouez avec des jeux vidéo, mais autrefois, les enfants ... au cerceau. » Etc.

Pour s'entrainer

Le format des activités d'entrainement est le même que celui du chapitre sur le futur.
Dans la partie gauche des textes, il s'agit de repérer les verbes à l'imparfait (qu'il faudra entourer) et leurs sujets (qui seront soulignés).
Dans la partie droite de la page, ce sont les élèves qui doivent conjuguer les verbes après avoir construit leur terminaison.
Avant de passer à l'entrainement individuel, traitez une ou deux phrases collectivement, en indiquant comment se servir des affiches.

Exemple :
« *La lune brill...* : où puis-je trouver la terminaison dont j'ai besoin ? La lune, je peux remplacer ce sujet par *elle* au singulier. Sur l'affiche, je me sers de cette ligne : *il/ elle/on était* → La terminaison est donc *-ait*. Etc. »

N.B. : Toutes les manipulations peuvent être réalisées avec les étiquettes de conjugaison en version papier ou numérique.

Donnez la leçon n°19 à apprendre après deux ou trois entrainements.
De temps en temps, faites pratiquer la « recette pour former l'imparfait » de l'aide-mémoire au cours de « 5 minutes chrono ». On complètera ces entrainements par un entretien de la compétence, de temps à autre, dans le cadre des « 5 minutes chrono » (voir p. 26).

Je construis le passé composé

6 SÉANCES À RÉPARTIR SUR 6 SEMAINES ENV.

DANS LES PROGRAMMES

Connaissances et compétences associées

Comprendre comment se forment les verbes et orthographier les formes verbales les plus fréquentes (lien avec l'écriture).

Exemples de situations, d'activités et de ressources pour l'élève

- Activités orales de transformation de phrases en fonction de variations du temps (lien avec le travail sur la chronologie au début du cycle) et repérage des mots affectés par ces variations, préalables aux observations portant sur l'écrit.
- Classement de formes verbales avant leur désignation ; repérage de régularités.
- Élaboration progressive de « tableaux de conjugaison ».
- Activités nombreuses et fréquentes de résolution de problèmes relatifs aux formes verbales, dans les dictées à visée d'entrainement et dans les écrits du quotidien ; pratique régulière de la justification des choix avec emploi du métalangage approprié.

FICHIER DE L'ÉLÈVE **PP. 90-91**

AIDE-MÉMOIRE **Leçon n°20**

SITE COMPAGNON
- AFFICHE N° 13
- ÉTIQUETTES DE CONJUGAISON

CD-ROM
- AFFICHE N° 13
- ÉTIQUETTES DE CONJUGAISON

LES CHOIX DE CLÉO

Les élèves ont déjà manipulé le participe passé dans le chapitre « J'utilise l'infinitif et le participe passé ». Ils ont en particulier conforté leur connaissance de la valeur temporelle du participe passé. Ce chapitre permet de renforcer cette connaissance et apprend aux élèves à construire le passé composé avec *avoir* au présent. C'est le seul temps composé abordé au cycle 2.

Les programmes du cycle 3 indiquent : « [Les élèves] comprennent le fonctionnement du passé composé par l'association avant tout du verbe avoir au présent et d'un participe passé. »

Nous pouvons en déduire qu'au cycle 2 :

– le participe passé ne sera construit qu'avec *avoir*. Cela n'empêche en rien d'utiliser, en production d'écrit, des formes très utiles et très courantes du type *« nous sommes allés »* ou *« elle est tombée »*. Ces passés composés utilisant l'auxiliaire *être* seront formés en référence à des modèles analogiques (listes ou exemples sous forme d'affichages ou d'outils référents) ;

– le mot *auxiliaire* ne sera pas utilisé au niveau des élèves.

Pour commencer

Mettez au tableau les étiquettes de conjugaison (en ligne et sur le CD) propres à la formation du passé composé (lettres violettes) : les six formes de *avoir* (à gauche du tableau) et les terminaisons *-é*, *-i*, *-u* (à droite). Affichez également le radical de nombreux verbes : *chant-*, *fin-*, *jou-*, *cour-*, *ven-*, etc., au centre du tableau.

Montrez comment associer un radical et une terminaison du participe passé :

ven- + -u → venu ; chant- + -é → chanté ; fin + -i → fini.

Expliquez aux élèves ce que vous attendez d'eux : « Vous allez prendre une des six formes du verbe *avoir*, puis le radical du verbe suivi de la terminaison du participe passé qui convient. Ensuite, vous utiliserez le verbe construit dans une phrase, sur le cahier d'essais. »

Par exemple :

J' ai répond u à la maitresse.

Laisser les élèves travailler individuellement, et accompagnez la réflexion des élèves les plus fragiles en manipulant avec eux les étiquettes au tableau.

Pour s'entrainer

Avant de passer à l'entrainement individuel, traitez une ou deux phrases collectivement, en indiquant comment procéder.

Exemple :
« Pour la première phrase, il faut conjuguer le verbe *regarder*. Vous savez comment former le participe passé ? On supprime la terminaison *-er* et on la remplace par *-é* : on obtient *regardé*. Ensuite, regardons quel est le sujet : « *Ils* … » Dans le tableau « Pour t'aider » en haut de la page, on voit qu'avec ***ils*** au pluriel, il faut utiliser ***ont*** → *Ils ont*… Maintenant, ajoutons le participer passé : *Ils ont regardé la télé*. Etc. »

Aider les élèves qui en auraient besoin en construisant à l'oral les phrases de l'activité. Utiliser l'affiche sur le passé composé au besoin.
On complètera ces entrainements par un entretien de la compétence, de temps à autre, dans le cadre des « 5 minutes chrono » (voir p. 26).

Je conjugue les verbes *faire et dire*

5 SÉANCES
À RÉPARTIR SUR 6 SEMAINES ENV.

DANS LES PROGRAMMES

Connaissances et compétences associées

Comprendre comment se forment les verbes et orthographier les formes verbales les plus fréquentes (lien avec l'écriture).
- Familiarisation avec l'indicatif présent, l'imparfait et le futur des verbes *être, avoir,* ***faire****, aller,* ***dire****, venir, pouvoir, voir, vouloir, prendre* et des verbes dont l'infinitif se termine par *-er*.
- Mémorisation des formes les plus fréquentes (troisième personne du singulier et du pluriel).
- Compréhension de la construction de la forme conjuguée du verbe (radical ; terminaison).
- Mémorisation de marques régulières liées à des personnes (*-ons, -ez, -nt*).
- Notions de marques liées au temps (imparfait et futur en particulier).
- Mémorisation des verbes *être* et *avoir* au présent, à l'imparfait et au futur.

Exemples de situations, d'activités et de ressources pour l'élève

- Activités orales de transformation de phrases en fonction de variations du temps (lien avec le travail sur la chronologie au début du cycle) et repérage des mots affectés par ces variations, préalables aux observations portant sur l'écrit.
- Classement de formes verbales avant leur désignation ; repérage de régularités.
- Élaboration progressive de « tableaux de conjugaison ».
- Activités nombreuses et fréquentes de résolution de problèmes relatifs aux formes verbales, dans les dictées à visée d'entrainement et dans les écrits du quotidien ; pratique régulière de la justification des choix avec emploi du métalangage approprié.

FICHIER DE L'ÉLÈVE
PP. 92-93

SITE COMPAGNON
- MATÉRIEL POUR LA SÉANCE « POUR COMMENCER »
- ÉTIQUETTES DE CONJUGAISON

AIDE-MÉMOIRE
Leçon n°21 (c et d)

CD-ROM
- MATÉRIEL POUR LA SÉANCE « POUR COMMENCER »
- ÉTIQUETTES DE CONJUGAISON

LES CHOIX DE CLÉO

Depuis le début de l'année, vos élèves ont découvert le système verbal à travers l'étude des temps et des grandes régularités de conjugaison. La série de chapitres qui concluent l'étude du système verbal dans C.L.É.O. CE2 est axée sur l'utilisation d'un ou plusieurs verbes à tous les temps étudiés. Ainsi, on s'assure que les élèves continuent à activer et à utiliser les compétences acquises précédemment.
Pour autant, on gardera en tête que, selon les programmes, la mémorisation de la conjugaison exhaustive des verbes ***faire***, ***dire***, ***prendre***, ***aller***, ***venir***, ***pouvoir*** et ***vouloir*** n'est pas exigible en fin de cycle 2. Ce qui est attendu, c'est une bonne connaissance de certaines marques régulières liées à la personne (*-ons, -ez, -nt*) ou au temps (*-er-* ou *-r-* au futur, *-ai-* ou *-i-* à l'imparfait).
On cherchera également à mettre en lumière des particularités propres à certains verbes : ***-x*** avec ***je*** et ***tu*** pour *pouvoir* et *vouloir*, ***-tes*** avec **vous** pour ***dire*** et ***faire***, la présence fréquente d'un ***-d*** pour ***prendre***.
Les quatre chapitres qui composent cette série sont tous organisés de la même manière, et le déroulement de la séquence consacrée aux verbes *faire* et *dire* sera suivi, en l'adaptant, pour les trois séquences suivantes (*prendre* ; *aller* et *venir* ; *pouvoir* et *vouloir*).

Pour commencer

Laissez les élèves découvrir les quatre dessins humoristiques projetés successivement (disponibles sur CD et en ligne).

Suscitez leurs commentaires et expliquez au besoin le comique des situations et l'implicite de certaines situations (par exemple, l'idée que quelqu'un qui chante fort et mal fasse, dit-on, tomber la pluie).

Demandez aux élèves de repérer les verbes conjugués dans les bulles, et demandez-leur si ces verbes évoquent le passé, le présent ou le futur.
Faites rechercher l'infinitif des verbes conjugués.

Dans le tableau « Pour t'aider » en haut de la p. 92 du fichier, faites rechercher les formes verbales utilisées dans les bulles, et demandez aux élèves à quel temps est conjugué chaque verbe, par exemple :
*« Il **fait** si beau. → **fait** → verbe **faire** conjugué au **présent**. La terminaison est -t, comme tous les verbes en -ir, -oir, -re avec le sujet il ou **elle**. »*
*« Vous **faites** trop de bruit. → **faites** → verbe **faire** conjugué au présent. La terminaison devrait être -ez, mais c'est un verbe particulier : on ne dit pas vous *faisez, mais vous **faites**, terminaison -tes. »*

Cette phase de travail est destinée à s'habituer à rechercher des formes verbales dans le tableau et à associer radical et terminaison.
Pour les formes verbales à l'imparfait, on rappellera les marques propres à ces temps (en vert dans les étiquettes) : *-ai-* ou *-i-* pour l'imparfait, *-r-* pour le futur.

N.B. : Toutes les manipulations peuvent être réalisées avec les étiquettes de conjugaison en version papier ou numérique.

Pour s'entrainer

Lors des premiers entrainements, il est préférable de travailler sur une ou deux phrases collectivement, de manière à bien expliciter l'utilisation de l'encadré « Pour t'aider ». En particulier, faites remarquer la forme des étiquettes coupées à angle droit (à droite pour les radicaux, à gauche pour les terminaisons).
Précisez que, pour le passé composé, on aura besoin de deux étiquettes arrondies sur les quatre côtés. Les élèves ayant travaillé avec C.L.É.O. CE1 sont familiarisés avec ce système qui rend bien visible le « meccano » verbal.
Vous pouvez également utiliser un jeu d'étiquettes grand format, si vous estimez que vos élèves ont encore besoin de manipulation concrète. Un tel jeu est disponible sur le CD et en ligne.

La première étape du travail est toujours la lecture à haute voix (ou subvocalisée) de la phrase à compléter. Avant de chercher des « étiquettes », les élèves doivent en priorité trouver sans support écrit les verbes qui manquent : par exemple, dans la phrase « J'ai préparé une surprise mais je ne leur ai rien dit », c'est d'abord la forme orale du verbe ([e] rien [di]) que les élèves doivent évoquer, avant de rechercher dans le tableau les éléments permettant le passage à l'écrit.
La correction collective permettra d'expliciter deux types d'erreurs :
– erreur sur le choix de la terminaison : *ils *faisait des bêtises* → la correction passe par la recherche systématique du sujet, et son remplacement éventuel par il.s ou elle.s s'il s'agit d'un groupe nominal ;
– erreur sur le choix du temps : *Hier, ils *feront une tarte* → la correction insiste sur le sens de la phrase.

Programmez les entrainements ultérieurs dans les semaines qui suivent.

Je maitrise la terminaison des verbes au présent

7 SÉANCES À RÉPARTIR SUR 2 MOIS ENV.

DANS LES PROGRAMMES

Connaissances et compétences associées

Comprendre comment se forment les verbes et orthographier les formes verbales les plus fréquentes (lien avec l'écriture).

- Familiarisation avec l'indicatif présent, l'imparfait et le futur des verbes *être, avoir, faire, aller, dire, venir, pouvoir, voir, vouloir, prendre* et des verbes dont l'infinitif se termine par *-er*.
- Mémorisation des formes les plus fréquentes (troisième personne du singulier et du pluriel).
- Compréhension de la construction de la forme conjuguée du verbe (radical ; terminaison).
- Mémorisation de marques régulières liées à des personnes (*-ons, -ez, -nt*).
- Notions de marques liées au temps (imparfait et futur en particulier).
- Mémorisation des verbes *être* et *avoir* au présent, à l'imparfait et au futur.

Exemples de situations, d'activités et de ressources pour l'élève

- Activités orales de transformation de phrases en fonction de variations du temps (lien avec le travail sur la chronologie au début du cycle) et repérage des mots affectés par ces variations, préalables aux observations portant sur l'écrit.
- Classement de formes verbales avant leur désignation ; repérage de régularités.
- Élaboration progressive de « tableaux de conjugaison ».
- Exercices, « jeux » (de type loto par exemple) pour fixer la mémorisation et activer régulièrement la remémoration.
- Activités nombreuses et fréquentes de résolution de problèmes relatifs aux formes verbales, dans les dictées à visée d'entrainement et dans les écrits du quotidien ; pratique régulière de la justification des choix avec emploi du métalangage approprié.

FICHIER DE L'ÉLÈVE
PP. 94-96

SITE COMPAGNON
- AFFICHES N°s 6 ET 7
- ÉTIQUETTES DE CONJUGAISON

AIDE-MÉMOIRE
Leçons n°s 17 et 21

CD-ROM
- AFFICHES N°s 6 ET 7
- ÉTIQUETTES DE CONJUGAISON
- ACTIVITÉ SUPPLÉMENTAIRE D'ENTRAINEMENT

LES CHOIX DE CLÉO

Ce chapitre est destiné à renforcer les automatismes dans le traitement des terminaisons régulières du présent. Dans la mesure où aucune notion nouvelle n'est abordée ici, il n'a pas été prévu de séance « Pour commencer ».

Pour s'entrainer

Demandez aux élèves de lire silencieusement le texte n°1 p. 94. Choisissez un élève performant en lecture pour le lire à haute voix.
Attirez l'attention sur l'alternance des pronoms sujets et des terminaisons : parfois le sujet est « je », parfois « ils ». Demandez quelles conséquences cela aura sur la terminaison du verbe au présent.
Explicitez les deux tâches après avoir lu la consigne : il s'agit d'abord de repérer, dans la colonne de gauche, les verbes et leurs sujets, d'entourer les verbes et de souligner les sujets. Dans la colonne de droite, les verbes sont à écrire en entier, après avoir repéré leur sujet.
Pendant la phase individuelle, vérifiez que les élèves ont bien intégré l'ensemble des consignes.

Programmez les entrainements ultérieurs sur les semaines qui suivent.
Une activité supplémentaire est disponible sur le CD.

Je reconnais les classes de mots

5 SÉANCES À RÉPARTIR SUR 1 MOIS ENV.

DANS LES PROGRAMMES

Connaissances et compétences associées

Identifier les principaux constituants d'une phrase simple en relation avec sa cohérence sémantique (de quoi on parle, ce qu'on en dit).
- Identification du verbe (connaissance des propriétés permettant de l'identifier).
- Classes de mots : noms - verbes - déterminants - adjectifs.

Exemples de situations, d'activités et de ressources pour l'élève
- Activités relevant du domaine de la « grammaire » d'abord largement implicites et pratiquées en lien avec la lecture et l'écriture.
- Activités de manipulations de phrases, de tris, de classements débouchant sur la catégorisation de faits de langue et sur le métalangage grammatical, après un temps significatif de familiarisation avec l'objet étudié.
- Exercices pour fixer les acquis et mobilisation explicite de ces acquis (notamment les « mots de la grammaire ») dans l'ensemble des échanges pratiqués pour résoudre des problèmes de lecture, d'écriture, d'orthographe.

FICHIER DE L'ÉLÈVE **P. 97**

AIDE-MÉMOIRE **Leçons n^{os}5, 8, 9, 14**

SITE COMPAGNON
- MATÉRIEL POUR LA SÉANCE « POUR COMMENCER »

CD-ROM
- MATÉRIEL POUR LA SÉANCE « POUR COMMENCER »
- ACTIVITÉ SUPPLÉMENTAIRE D'ENTRAINEMENT

LES CHOIX DE CLÉO

Dans ce court chapitre, les élèves mettent en œuvre presque tous les savoirs sur les classes grammaticales étudiées au cours du cycle 2 : identifier le déterminant, le nom, l'adjectif et le verbe sont en effet des compétences exigibles en fin de CE2. Le format de l'activité s'appuie sur la formation d'une phrase correcte. Les adjectifs à utiliser seront placés selon le critère du sens mais aussi de l'accord avec le nom.

Pour commencer

Projetez ou reproduisez au tableau la situation proposée ci-dessous (disponible sur le CD et en ligne) :

magique.	La	agite	gentille	sa	fée	baguette

Demandez aux élèves de composer une phrase avec les mots proposés.
Écrivez la phrase attendue au tableau, en faisant observer la majuscule et le point.
Demandez aux élèves si une autre phrase était possible. Testez par exemple : *« La baguette magique agite sa gentille fée »* ou *« La fée magique agite sa gentille baguette »*. Concluez qu'il n'y avait qu'une possibilité.
Faites repérer dans l'ordre les noms « *fée* » et « *baguette* », les déterminants qui précèdent ces noms, puis les adjectifs qui donnent des renseignements sur ces noms, pour finir par le verbe.
Pour chacun des mots, faites justifier la réponse des élèves en leur demandant de dire sur quelles caractéristiques ils s'appuient pour déterminer la classe grammaticale. Au besoin, faites rechercher dans l'aide-mémoire les éléments des leçons apprises au cours de l'année.

Pour s'entrainer

Le premier entrainement du chapitre sera donné immédiatement après la séance « Pour commencer ».
Programmez les entrainements ultérieurs sur les semaines qui suivent.
Une activité supplémentaire est disponible sur le CD.

Je conjugue le verbe *prendre*

5 SÉANCES À RÉPARTIR SUR 6 SEMAINES ENV.

DANS LES PROGRAMMES

Connaissances et compétences associées

Comprendre comment se forment les verbes et orthographier les formes verbales les plus fréquentes (lien avec l'écriture).

- Familiarisation avec l'indicatif présent, l'imparfait et le futur des verbes *être, avoir, faire, aller, dire, venir, pouvoir, voir, vouloir,* ***prendre*** et des verbes dont l'infinitif se termine par *-er*.
- Mémorisation des formes les plus fréquentes (troisième personne du singulier et du pluriel).
- Compréhension de la construction de la forme conjuguée du verbe (radical ; terminaison).
- Mémorisation de marques régulières liées à des personnes (*-ons, -ez, -nt*).
- Notions de marques liées au temps (imparfait et futur en particulier).
- Mémorisation des verbes *être* et *avoir* au présent, à l'imparfait et au futur.

Exemples de situations, d'activités et de ressources pour l'élève

- Activités orales de transformation de phrases en fonction de variations du temps (lien avec le travail sur la chronologie au début du cycle) et repérage des mots affectés par ces variations, préalables aux observations portant sur l'écrit.
- Classement de formes verbales avant leur désignation ; repérage de régularités.
- Élaboration progressive de « tableaux de conjugaison ».
- Activités nombreuses et fréquentes de résolution de problèmes relatifs aux formes verbales, dans les dictées à visée d'entrainement et dans les écrits du quotidien ; pratique régulière de la justification des choix avec emploi du métalangage approprié.

FICHIER DE L'ÉLÈVE
PP. 98-99

AIDE-MÉMOIRE
Leçon n°17 (c)

SITE COMPAGNON
- MATÉRIEL POUR LA SÉANCE « POUR COMMENCER »
- ÉTIQUETTES DE CONJUGAISON

CD-ROM
- MATÉRIEL POUR LA SÉANCE « POUR COMMENCER »
- ÉTIQUETTES DE CONJUGAISON

LES CHOIX DE CLÉO

Depuis le début de l'année, vos élèves ont découvert le système verbal à travers l'étude des temps et des grandes régularités de conjugaison. La série de chapitres qui concluent l'étude du système verbal dans C.L.É.O. CE2 est axée sur l'utilisation d'un ou plusieurs verbes à tous les temps étudiés. Ainsi, on s'assure que les élèves continuent à activer et à utiliser les compétences acquises précédemment.
Pour autant, on gardera en tête que, selon les programmes, la mémorisation de la conjugaison exhaustive des verbes ***faire***, ***dire***, ***prendre***, ***aller***, ***venir***, ***pouvoir*** et ***vouloir*** n'est pas exigible en fin de cycle 2. Ce qui est attendu, c'est une bonne connaissance de certaines marques régulières liées à la personne (*-ons, -ez, -nt*) ou au temps (*-er-* ou *-r-* au futur, *-ai-* ou *-i-* à l'imparfait).
On cherchera également à mettre en lumière des particularités propres à certains verbes : ***-x*** avec ***je*** et ***tu*** pour *pouvoir* et *vouloir*, ***-tes*** avec ***vous*** pour ***dire*** et ***faire***, la présence fréquente d'un ***-d*** pour ***prendre***.

Les quatre chapitres qui composent cette série sont tous organisés de la même manière, et le déroulement de la séquence consacrée aux verbes *faire* et *dire* sera suivi, en l'adaptant, pour les trois séquences suivantes (*prendre* ; *aller* et *venir* ; *pouvoir* et *vouloir*).

Pour commencer

Laissez les élèves découvrir les quatre dessins humoristiques projetés successivement (disponibles sur CD et en ligne).

Suivez, en l'adaptant, le déroulement proposé pour la séquence « Je conjugue les verbes *faire* et *dire* », p. 145 de ce guide.

Je conjugue les verbes *aller* et *venir*

5 SÉANCES À RÉPARTIR SUR 1 MOIS ENV.

DANS LES PROGRAMMES

Voir « Je conjugue le verbe *prendre* », p. 150.

FICHIER DE L'ÉLÈVE **PP. 100-101**

AIDE-MÉMOIRE **Leçon n°21 (e et f)**

SITE COMPAGNON
- MATÉRIEL POUR LA SÉANCE « POUR COMMENCER »
- ÉTIQUETTES DE CONJUGAISON

CD-ROM
- MATÉRIEL POUR LA SÉANCE « POUR COMMENCER »
- ÉTIQUETTES DE CONJUGAISON

Pour commencer

Laissez les élèves découvrir les quatre dessins humoristiques projetés successivement (disponibles sur CD et en ligne).

Suivez, en l'adaptant, le déroulement proposé pour la séquence « Je conjugue les verbes *faire* et *dire* », p. 145 de ce guide.

Je conjugue les verbes *pouvoir* et *vouloir*

5 SÉANCES À RÉPARTIR SUR 1 MOIS ENV.

DANS LES PROGRAMMES Voir « Je conjugue le verbe *prendre* », p. 150.

FICHIER DE L'ÉLÈVE **PP. 102-103**

AIDE-MÉMOIRE **Leçon n°21 (h et i)**

SITE COMPAGNON
- MATÉRIEL POUR LA SÉANCE « POUR COMMENCER »
- ÉTIQUETTES DE CONJUGAISON

CD-ROM
- MATÉRIEL POUR LA SÉANCE « POUR COMMENCER »
- ÉTIQUETTES DE CONJUGAISON

Pour commencer

Laissez les élèves découvrir les quatre dessins humoristiques projetés successivement (disponibles sur CD et en ligne).

Suivez, en l'adaptant, le déroulement proposé pour la séquence « Je conjugue les verbes *faire* et *dire* », p. 145 de ce guide.

Je maitrise le singulier et le pluriel des noms

9 SÉANCES À RÉPARTIR SUR 1 MOIS ENV.

DANS LES PROGRAMMES

Connaissances et compétences associées

Raisonner pour résoudre des problèmes orthographiques, d'accord essentiellement (lien avec l'écriture).
- Compréhension que des éléments de la phrase fonctionnent ensemble (groupe nominal) ; compréhension de la notion de « chaine d'accords » pour déterminant/nom/adjectif (variation singulier/pluriel en priorité ; variation masculin/féminin).
- Notions de singulier et pluriel ; de masculin et féminin.
- Marques d'accord pour les noms et adjectifs : nombre (*-s*) et genre (*-e*).

Exemples de situations, d'activités et de ressources pour l'élève

- Activités diverses – dont des dictées courtes sous une variété de formes, suivies de l'examen collectif des problèmes d'orthographe rencontrés – pratiquées de manière rituelle (c'est-à-dire fréquemment et selon des modalités récurrentes) permettant aux élèves d'intégrer les règles et leurs procédures d'application, en faisant exercer les raisonnements adaptés sur des phrases progressivement plus complexes.

FICHIER DE L'ÉLÈVE **PP. 104-105**

AIDE-MÉMOIRE **Leçon n°5**

SITE COMPAGNON
- MATÉRIEL POUR LA SÉANCE « POUR COMMENCER »
- AFFICHE N° 1 (FACULTATIF)

CD-ROM
- MATÉRIEL POUR LA SÉANCE « POUR COMMENCER »
- ACTIVITÉS SUPPLÉMENTAIRES D'ENTRAINEMENT
- ACTIVITÉ « POUR ALLER PLUS LOIN »
- AFFICHE N° 1 (FACULTATIF)

LES CHOIX DE CLÉO

Cette première séquence d'orthographe aborde une compétence qui, techniquement, ne pose pas de difficulté (le -s du pluriel nominal, perçu dès le CP), mais qui est ici abordée sous un angle principalement sémantique : en faisant réfléchir systématiquement les élèves à l'orthographe de groupes tels que *deux paquets de farine / un paquet de pâtes*, on renforce l'automatisme tout en provoquant une vigilance de chaque instant sur la question du nombre dans le groupe nominal.

Pour commencer

Projetez et faites observer les illustrations et les explications données par des élèves fictifs de l'activité « Pour commencer » (disponible sur CD et en ligne).

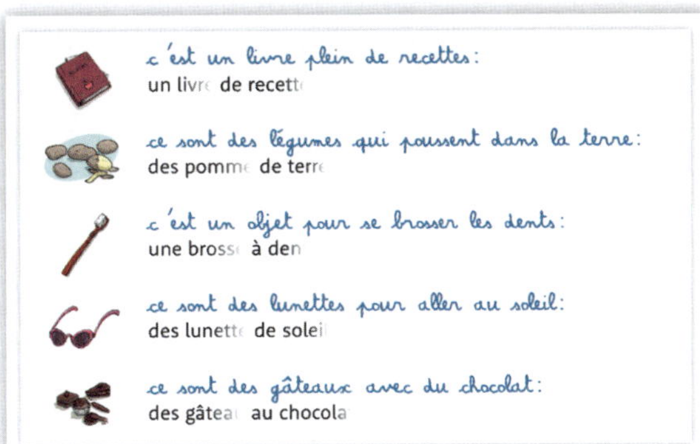

N.B. : Nous avons opté pour un effet d'effacement (dégradé) de la fin des noms pour susciter une interrogation sur la présence d'une marque éventuelle de pluriel sans induire l'élève en erreur quand le nom est au singulier ; cela aurait souvent été le cas avec des points de suspension, par exemple : *des pomme… de terre…*

Demandez ensuite aux élèves d'écrire sur leur cahier d'essais les groupes nominaux dont les finales sont à demi effacées, à l'aide des explications données.
Corrigez cette activité en faisant justifier l'orthographe choisie : « *un livre* : il y a un seul livre ; *de recettes* : il y a beaucoup de recettes ». Demandez aux élèves d'utiliser à bon escient les termes singulier et pluriel dans leurs réponses.

Pour s'entrainer

Proposez l'activité n°1 à la suite de l'activité « Pour commencer ». (On y retrouve le principe du dégradé.)
La correction sera collective et les élèves justifieront chacun de leurs choix orthographiques.
Faites également préciser quel est le nom vraiment important, le « chef de groupe » dans chaque groupe nominal.
Programmez les entrainements ultérieurs sur les semaines qui suivent.
Des activités supplémentaires sont disponibles sur le CD.

Donnez à apprendre la leçon n° 5 de l'aide-mémoire après 3 ou 4 entrainements.
On peut également utiliser l'affiche n° 1 sur les noms.

Pour aller plus loin

Cette activité s'inspire du célèbre poème de Jacques Prévert, *Cortège*.

Exemple : une étoile de mer et des chaussures de sport

une étoile de sport et des chaussures de mer

J'utilise *et*, *ou*

5 SÉANCES
À RÉPARTIR SUR 3 SEMAINES ENV.

DANS LES PROGRAMMES

Connaissances et compétences associées
Raisonner pour résoudre des problèmes orthographiques, d'accord essentiellement (lien avec l'écriture).
Homophones : les formes verbales *a / est/ ont / sont* distinguées des homophones (*à / et / on / son*).

Exemples de situations, d'activités et de ressources pour l'élève
Activités diverses - dont des dictées courtes sous une variété de formes, suivies de l'examen collectif des problèmes d'orthographe rencontrés - pratiquées de manière rituelle (c'est-à-dire fréquemment et selon des modalités récurrentes) permettant aux élèves d'intégrer les règles et leurs procédures d'application, en faisant exercer les raisonnements adaptés sur des phrases progressivement plus complexes.

FICHIER DE L'ÉLÈVE
PP. 106-107

AIDE-MÉMOIRE
Leçons n^{os}30 et 31

SITE COMPAGNON
- MATÉRIEL POUR LA SÉANCE « POUR COMMENCER »

CD-ROM
- MATÉRIEL POUR LA SÉANCE « POUR COMMENCER »
- ACTIVITÉ SUPPLÉMENTAIRE D'ENTRAINEMENT
- ACTIVITÉ « POUR ALLER PLUS LOIN »

LES CHOIX DE CLÉO

Nous avons choisi de ne pas présenter les homophones grammaticaux en opposition (*et / est, ou / où*), mais plutôt de les situer dans leur domaine conceptuel (pour *ou* et *et*, celui des opérateurs logiques) en les associant implicitement dans leur classe grammaticale, les conjonctions de coordination.

L'activité de l'élève se centrera d'abord sur la compréhension de la situation (de type A *ou* B / A *et* B), et non sur des règles de substitution traditionnelles (*et = et puis, ou = ou bien*) car on sait que l'application de ces procédés est paradoxalement cause de confusion chez certains élèves. L'association de ***et*** au signe +, de ***ou*** au signe Y (*cf.* l'aide-mémoire) est à la fois un moyen mnémotechnique et un ancrage conceptuel qui nous semble plus favorable à la fixation de la compétence.
(Voir également l'encadré pour l'enseignant « *Et/est* : homophones, ou pas ? », p. 176.)

Pour commencer

Projetez (version collective) et distribuez (version individuelle) le matériel complémentaire (disponible sur le CD et en ligne).

- La chauve-souris dort le jour .... chasse la nuit.
  Je me demande si le hibou chasse le jour .... la nuit.
- – Tu veux la glace à la fraise .... celle à l'orange ?
  – Je veux les deux : la glace à la fraise .... celle à orange !
- L'année dernière, je faisais du ping-pong .... du tennis.
  Cette année, il faut que je choisisse, ping-pong .... tennis.

Faites lire et compléter les deux premières phrases de l'activité « Pour commencer ». Faites expliciter le sens de *et* (deux choses qui s'ajoutent, comme le signe + en mathématiques), alors que *ou* implique qu'il faut choisir entre deux propositions.
Les élèves complètent les quatre dernières phrases.
Au cours de la correction, associez le signe + à **et** et le signe Y à **ou**.

Proposez oralement des expressions (*« une heure … demie, une photo en noir … blanc, jouer à pile … face »*, etc.) que les élèves complètent et emploient dans une phrase. Ils justifient leur choix de *ou* ou *et*.

Pour s'entrainer

La tâche d'entrainement exige systématiquement une bonne compréhension de la phrase pour être en mesure de choisir entre *et* et *ou*.
La dernière phrase de chaque activité est à compléter en s'appuyant sur les illustrations proposées (les mots à trouver sont simples à orthographier).
Donnez à apprendre les leçons n° 30 et 31 de l'aide-mémoire après deux ou trois entrainements.
Une activité supplémentaire est disponible sur le CD.

Pour aller plus loin

Le recours au dictionnaire sera sans doute nécessaire pour se repérer parmi les nombreux homophones proposés.

houx, ou, où, houe, hou ?

Je cueille du .... pour le nouvel an.
La .... est un outil de jardinier.
Je me demande .... il va.
.... ! .... ! Je suis un fantôme !
Je crois qu'il a sept .... huit ans.

et, est, hé, ai, es ?

Je peins .... je décore l'œuf de Pâques.
J'........ trop chaud.
Tu .... plus grand que moi.
........, toi là-bas, viens par ici !
Il .... midi.

J'utilise à, là, où

6 SÉANCES
À RÉPARTIR
SUR 3 SEMAINES
ENV.

DANS LES PROGRAMMES

Connaissances et compétences associées

Raisonner pour résoudre des problèmes orthographiques, d'accord essentiellement (lien avec l'écriture).
Homophones : les formes verbales *a / est/ ont / sont* distinguées des homophones (*à / et / on / son*).

Exemples de situations, d'activités et de ressources pour l'élève

Activités diverses - dont des dictées courtes sous une variété de formes, suivies de l'examen collectif des problèmes d'orthographe rencontrés - pratiquées de manière rituelle (c'est-à-dire fréquemment et selon des modalités récurrentes) permettant aux élèves d'intégrer les règles et leurs procédures d'application, en faisant exercer les raisonnements adaptés sur des phrases progressivement plus complexes.

FICHIER DE L'ÉLÈVE
PP. 108-109

SITE COMPAGNON
- MATÉRIEL POUR LA SÉANCE « POUR COMMENCER »

AIDE-MÉMOIRE
Leçons n°s 32 et 33

CD-ROM
- MATÉRIEL POUR LA SÉANCE « POUR COMMENCER »
- ACTIVITÉ « POUR ALLER PLUS LOIN »

LES CHOIX DE CLÉO

Là et *où* font partie de la même « zone conceptuelle », celle de mots invariables utilisés pour situer dans l'espace (et parfois dans le temps pour *où*). La préposition *à* fait également partie de cette zone, mais d'une manière moins systématique.
Nous avons choisi d'associer un geste, celui du doigt pointé, qui symbolise la fonction de désignation dans l'espace tout en évoquant la forme de l'accent grave qui est l'autre caractéristique commune à ces trois mots.
Cette séquence entraine les élèves à utiliser ce procédé mnémotechnique sans opposer les paires d'homophones *là / la, où / ou, à / a*.

Pour commencer

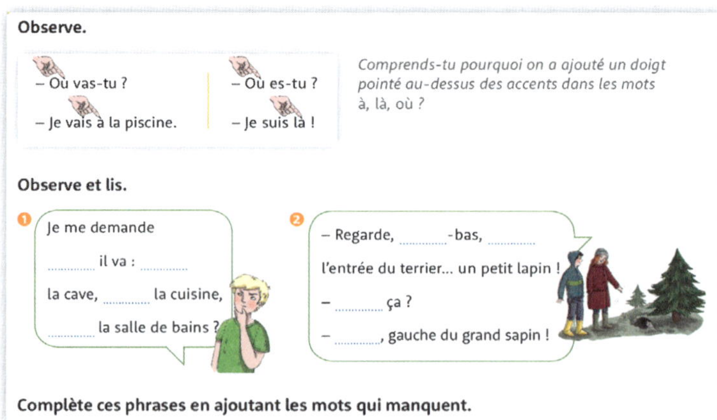
Observe.

– Où vas-tu ?
– Je vais à la piscine.

– Où es-tu ?
– Je suis là !

Comprends-tu pourquoi on a ajouté un doigt pointé au-dessus des accents dans les mots à, là, où ?

Observe et lis.

1 Je me demande .... il va : .... la cave, ... la cuisine, ... la salle de bains ?

2 – Regarde, ...-bas, ... l'entrée du terrier… un petit lapin !
– .... ça ?
– ...., gauche du grand sapin !

Complète ces phrases en ajoutant les mots qui manquent.

Projetez (version collective) et distribuez (version individuelle) le matériel complémentaire (disponible sur le CD et en ligne).

Faites lire les deux très courts dialogues en haut de page. Explicitez avec les élèves la présence des doigts pointés et leur ressemblance avec un accent grave. Les élèves relisent ensuite les dialogues en les accompagnant des gestes adéquats.
Demandez aux élèves de lire et de compléter les bulles des deux illustrations suivantes.
Vérifiez l'orthographe et faites rejouer les deux situations en demandant aux élèves de pointer le doigt quand il le faut.

Pour s'entrainer

L'activité d'entrainement demandera aux élèves de choisir entre *à*, *là* et *où*. Il leur faudra donc d'abord comprendre les phrases, tester mentalement les mots manquants, puis les écrire sur leur fichier.
Les corrections donneront l'occasion de systématiquement montrer les doigts pointés, qui deviendront une procédure utile et sure seulement si elle est suffisamment entrainée.
Pour la préposition *à*, ce geste sera également associé à la montre qu'on désigne dans les compléments de temps : *à trois heures, à midi*, etc.
Donnez à apprendre les leçons n^{os}32 et 33 de l'aide-mémoire après deux ou trois entrainements.

Pour aller plus loin

Cette activité porte sur la discrimination des homophones *ou/où*, en s'appuyant toujours prioritairement sur leur sens.

Observe ces étiquettes : les deux mots se ressemblent, mais n'ont pas le même sens.

où | ceci ou cela

Recopie et complète ces phrases avec où, ou.

Je ne sais pas .... il habite.
.... veux-tu aller ?
Préférez-vous la pizza .... la purée ?
Voici la maison .... je vivais autrefois.
.... as-tu mis mon parapluie ?

Il rentrera dans un jour .... deux.
On joue aux billes .... aux cartes ?
J'ai deux .... trois euros.
« .... sont tes chaussons ?
– Sous mon bureau .... sous mon lit. »

Je choisis *-en* ou *-enn*, *-et* ou *-ett*, *-el* ou *-ell*

6 SÉANCES
À RÉPARTIR SUR 1 MOIS ENV.

DANS LES PROGRAMMES

Connaissances et compétences associées

Maitriser les relations entre l'oral et l'écrit (lien avec la lecture).
- Correspondances graphophonologiques.
- Valeur sonore de certaines lettres (*s* - *c* - *g*) selon le contexte.
- Composition de certains graphèmes selon la lettre qui suit (*an/am, en/em, on/om, in/im*).

Exemples de situations, d'activités et de ressources pour l'élève

- Activités régulières, voire rituelles tout au long du cycle, au moins pour les élèves les plus fragiles au CE2.
- Nombreux retours sur les « leçons » antérieures, rebrassage des acquis.
- Élaboration de listes qui rapprochent des mots, de tableaux qui classent en fonction des relations graphèmes / phonèmes pour favoriser la mémorisation.
- Activation de la remémoration par de courtes et fréquentes dictées de syllabes ou de mots.

FICHIER DE L'ÉLÈVE
PP. 110-111

SITE COMPAGNON
- MATÉRIEL POUR LA SÉANCE « POUR COMMENCER »

AIDE-MÉMOIRE
Leçon n°29 (1er point)

CD-ROM
- MATÉRIEL POUR LA SÉANCE « POUR COMMENCER »
- ACTIVITÉ « POUR ALLER PLUS LOIN »

LES CHOIX DE CLÉO

La difficulté étudiée dans cette séquence mérite d'être explorée d'une manière systématique. En effet, l'alternance entre *-en* et *-enn* (*nous pre**n**ons / ils pre**nn**ent*), *-el* et *-ell* (*nous appe**l**ons / ils appe**ll**ent*), *-et* et *-ett* (*nous je**t**ons / ils je**tt**ent*) répond à un principe simple et régulier. Une fois maitrisé et compris, il permet de disposer d'une procédure unique, que la difficulté rencontrée soit située dans un verbe ou dans un mot d'une autre classe grammaticale.

Pour commencer

Projetez (version collective) les étiquettes (disponibles sur le CD et en ligne).

une pochette	une chienne	nous prenons	vous appelez	une pelle
une guenon	elle jette	un melon	nous jetons	

Faites lire les étiquettes à haute voix, puis demandez aux élèves (individuellement ou en groupe) de découper en syllabes les mots écrits en noir (utiliser les étiquettes du CD, version individuelle, ou simplement demander aux élèves de recopier les mots sur leur cahier). Rappelez les règles de segmentation en syllabes apprises au CE1 : quand il y a une consonne double, la coupure se fait entre les deux consonnes.
Ensuite, précisez aux élèves qu'ils doivent proposer un classement de ces mots. Les plus habiles proposeront peut-être d'emblée un tableau à double entrée (par exemple : consonne simple ou double en abscisse ; *-en/-enn, -et/-ett , -el/-ell* en ordonnée).

Procédez à une mise en commun des divers classements, en faisant expliciter les catégories par les élèves. Interrogez d'abord les élèves ayant choisi un classement élémentaire (seulement deux catégories : consonnes simples / consonnes doubles), puis ceux proposant un classement plus élaboré.
Tracez un tableau à double entrée et placez les mots au fur et à mesure (au tableau). Repassez les lettres *-et / -ett, -el / -ell, -en / -enn* en couleur pour les mettre en valeur. On obtient :

en retard nous jetons	un melon vous appelez	une guenon nous prenons
une pochette elle jette	elles appellent une pelle	ils prennent une chienne

Dégagez le principe orthographique :
– Quand il n'y a qu'une consonne, le *e* est en fin de syllabe, il se prononce /ə/. On écrit *-et, -el, -en*.
– Quand la consonne est double, le *e* n'est pas à la fin de la syllabe, il ne porte pas d'accent mais il se prononce pourtant /ɛ/. On écrit *-ett, -ell, -enn*.

Pour s'entrainer

Proposez l'activité n°1 à la suite de la rubrique « Pour commencer ». Travaillez d'abord collectivement sur les deux premières phrases, en présentant clairement les étapes de travail :
1. Lire et comprendre la phrase.
2. Se demander si on veut écrire [ə] ou [ɛ] dans les mots à compléter : « *Une guenon*, est-ce que j'entends [ə] ou [ɛ] ? J'entends [ə], donc, il faut un seul *n* ; avec deux *n*, ça ferait [gɛnõ] *(*guennon)*. Etc. »

Reprenez cette phase collective dans les deux ou trois premières séances d'entrainement si les erreurs constatées restent nombreuses.
Programmez les entrainements ultérieurs sur les semaines qui suivent.
Donnez à apprendre le 1er point de la leçon n°29 après deux ou trois entrainements.
Incluez cette difficulté de temps à autre dans les séances « 5 minutes chrono ».

Pour aller plus loin

Le petit poème fait alterner systématiquement des formes verbales en *-en / -enn, -el / -ell, -et / -ett*.
Les rimes sont à la fois une aide et un distracteur possible, dans la mesure où elles peuvent faire oublier les contraintes d'accord du verbe.

Quatre heures

Voici Ninon et Fabienne :	« Isabelle et Madelon,
De l'école elles rev............. .	Voilà comment nous nous app............. ! »
Voici Fabienne et Ninon :	Voici Gaston et Juliette :
« De l'école, nous rev............. ! »	Sur le gouter, ils se j............. !
Voici deux autres demoiselles :	Voici Juliette et Gaston :
Sais-tu comment elles s'app............. ?	« Sur le gouter, nous nous j............. ! »

Je choisis *g, ge* ou *gu*

6 SÉANCES À RÉPARTIR SUR 1 MOIS ENV.

DANS LES PROGRAMMES

Connaissances et compétences associées
Maitriser les relations entre l'oral et l'écrit (lien avec la lecture).
- Correspondances graphophonologiques.
- Valeur sonore de certaines lettres (*s* - *c* - *g*) selon le contexte.

Exemples de situations, d'activités et de ressources pour l'élève
- Activités régulières, voire rituelles tout au long du cycle, au moins pour les élèves les plus fragiles au CE2.
- Nombreux retours sur les « leçons » antérieures, rebrassage des acquis.
- Élaboration de listes qui rapprochent des mots, de tableaux qui classent en fonction des relations graphèmes / phonèmes pour favoriser la mémorisation.
- Activation de la remémoration par de courtes et fréquentes dictées de syllabes ou de mots.

FICHIER DE L'ÉLÈVE
PP. 112-113

AIDE-MÉMOIRE
Leçons nos 26 et 27

SITE COMPAGNON
- MATÉRIEL POUR LA SÉANCE « POUR COMMENCER »

CD-ROM
- MATÉRIEL POUR LA SÉANCE « POUR COMMENCER »
- ACTIVITÉ SUPPLÉMENTAIRE D'ENTRAINEMENT
- ACTIVITÉ « POUR ALLER PLUS LOIN »

LES CHOIX DE CLÉO

La valeur positionnelle de certaines lettres (en fonction de voyelles placées à proximité immédiate) a déjà été abordée au CP et au CE1. Au CE2, on vise la création de procédures réellement automatisées afin de libérer des moyens attentionnels pour traiter des problèmes orthographiques plus complexes en situation d'écriture. Un entrainement régulier et prolongé permettra d'atteindre cet objectif.

Pour commencer

Imprimez et distribuez (version individuelle) pour chaque élève (ou groupe d'élèves) le matériel disponible sur le CD et en ligne et projetez-le (version collective) :

rouge la plage gémir	fragile une guirlande une bougie	un plongeon une mageoire un dragon nous mangeons	une orangeade changeant	
une vague une baguette guérir	une guitare une girafe le guidon une guirlande	le gouter gourmand rigolo	une gare regarder un garçon	une virgule un légume une bague

Les élèves vérifient et corrigent le travail d'une élève virtuelle, individuellement ou en binômes.
Lors de la mise en commun, insistez sur la valeur sonore des syllabes, et posez des questions de type : « Dans *la plage*, qu'entendrait-on si j'ajoutais un ***u*** après le ***g*** ? / Dans *une baguette*, qu'entendrait-on si on enlevait le ***u*** ? / Dans *regarder*, qu'entendrait-on si j'ajoutais un ***e*** après le ***g*** ? Etc. »

Pour s'entrainer

N.B. : Les espaces pour écrire dans le fichier ont été calibrés à la largeur d'une lettre et demie environ, de manière à ne pas trop modifier l'aspect visuel des mots, qu'il manque une ou deux lettres. C'est le cas pour toutes les pages qui adoptent ce principe.

Faites réaliser l'activité n°1 à la suite de l'activité « Pour commencer ». Lisez (ou faites lire) à haute voix le texte, de manière à ce que les problèmes de déchiffrage et de compréhension ne freinent pas outre mesure la tâche orthographique.
La correction collective permettra de faire expliciter et justifier le choix de *g*, *ge* ou *gu*.
Programmez les entrainements ultérieurs sur les semaines qui suivent.
Une activité supplémentaire est disponible sur le CD.
Donnez à apprendre les leçons n°s 26 et 27 de l'aide-mémoire après deux ou trois entrainements.

Pour aller plus loin

- **Observe ces couples de mots écrits en majuscule : certains sont des verbes conjugués, d'autres ont un accent... Lis-les et trouve leur sens. Aide-toi d'un dictionnaire si nécessaire.**
- **Puis invente une phrase avec chacun d'eux.**

GEORGE	GORGE	LARGE	LARGUE
GEANT	GANT	MANGE	MANGUE
GEAI	GAI	FIGE	FIGUE
LEGER	LEGUER	ETRANGE	ETRANGLE
LONGE	LONGUE	LANGE	LANGUE

Je choisis *s* ou *ss*

8 SÉANCES À RÉPARTIR SUR 6 SEMAINES ENV.

DANS LES PROGRAMMES

Connaissances et compétences associées

Maitriser les relations entre l'oral et l'écrit (lien avec la lecture).
- Correspondances graphophonologiques.
- Valeur sonore de certaines lettres (*s* - *c* - *g*) selon le contexte.

Exemples de situations, d'activités et de ressources pour l'élève
- Activités régulières, voire rituelles tout au long du cycle, au moins pour les élèves les plus fragiles au CE2.
- Nombreux retours sur les « leçons » antérieures, rebrassage des acquis.
- Élaboration de listes qui rapprochent des mots, de tableaux qui classent en fonction des relations graphèmes / phonèmes pour favoriser la mémorisation.
- Activation de la remémoration par de courtes et fréquentes dictées de syllabes ou de mots.

FICHIER DE L'ÉLÈVE **PP. 114-115**

AIDE-MÉMOIRE **Leçon n°22**

SITE COMPAGNON
- MATÉRIEL POUR LA SÉANCE « POUR COMMENCER »

CD-ROM
- MATÉRIEL POUR LA SÉANCE « POUR COMMENCER »
- ACTIVITÉ « POUR ALLER PLUS LOIN »

LES CHOIX DE CLÉO

La valeur positionnelle de certaines lettres (en fonction de voyelles placées à proximité immédiate) a déjà été abordée au CP et au CE1. Au CE2, on vise la création de procédures réellement automatisées afin de libérer des moyens attentionnels pour traiter des problèmes orthographiques plus complexes en situation d'écriture. Un entrainement régulier et prolongé permettra d'atteindre cet objectif.

Pour commencer

Projetez la situation de travail disponible (sur le CD et en ligne).

un insecte	un biscuit	une fraise	une laisse	une chaise
la lessive	il glisse	un moustique	une tasse	elle danse
une averse	une chemise	une brosse	une ardoise	

Les élèves classent les mots en trois colonnes, individuellement ou en binômes (ils recopient les mots sur leur cahier ou utilisent le jeu d'étiquettes fourni sur le CD, version individuelle) : **s** entouré de 2 voyelles / ***ss*** entouré de deux voyelles / ***s*** entouré d'une consonne et d'une voyelle.
Procédez à une mise en commun en écrivant au tableau les trois séries de mots classés. Selon les difficultés rencontrées par votre classe, passez plus ou moins de temps à observer les lettres (consonnes et voyelles) qui entourent ***s*** / ***ss***. Utilisez pour cela des craies ou des feutres de couleur permettant de mieux visualiser les différences.

Pour s'entrainer

Faites réaliser l'activité n°1 à la suite de l'activité « Pour commencer ». Lisez (ou faites lire) à haute voix le texte, de manière à ce que les problèmes de déchiffrage et de compréhension ne freinent pas outre mesure la tâche orthographique.
La correction collective permettra de faire expliciter et justifier le choix de *s* ou *ss*.

Programmez les entrainements ultérieurs sur les semaines qui suivent.
Donnez à apprendre la leçon n° 22 de l'aide-mémoire après deux ou trois entrainements.

Pour aller plus loin

Si certaines paires sont bien connues des élèves (comme *poisson* et *poison*, *coussin* et *cousin*), d'autres exigeront certainement une recherche dans le dictionnaire.

- **Lis ces couples de mots écrits en majuscules et trouve leur sens. Aide-toi d'un dictionnaire si nécessaire.**
- **Puis invente une phrase avec chacun d'eux.**

POISSON	POISON	BASSE	BASE
COUSSIN	COUSIN	CROISSANT	CROISANT
RUSSE	RUSE	VISSER	VISER
DESSERT	DESERT	EMBRASSER	EMBRASER

J'accorde l'adjectif avec le nom (1)

5 SÉANCES À RÉPARTIR SUR 1 MOIS ENV.

DANS LES PROGRAMMES

Connaissances et compétences associées

Raisonner pour résoudre des problèmes orthographiques, d'accord essentiellement (lien avec l'écriture).

- Compréhension que des éléments de la phrase fonctionnent ensemble (groupe nominal) ; compréhension de la notion de « chaine d'accords » pour déterminant/nom/adjectif (variation singulier/pluriel en priorité ; variation masculin/féminin).
- Notions de singulier et pluriel ; de masculin et féminin.
- Marques d'accord pour les noms et adjectifs : nombre (-*s*) et genre (-*e*).

Exemples de situations, d'activités et de ressources pour l'élève

- Activités de classements et d'analyses permettant de dégager des régularités, voire des « règles ».
- Si les élèves ne disposent pas d'un manuel de référence, constitution d'une mémoire écrite organisée (fiches complétées au cours de l'année, affichage...), cet outil étant utilisé dans les activités de production d'écrits.
- Activités diverses - dont des dictées courtes sous une variété de formes, suivies de l'examen collectif des problèmes d'orthographe rencontrés - pratiquées de manière rituelle (c'est-à-dire fréquemment et selon des modalités récurrentes) permettant aux élèves d'intégrer les règles et leurs procédures d'application, en faisant exercer les raisonnements adaptés sur des phrases progressivement plus complexes.

FICHIER DE L'ÉLÈVE
PP. 116-117

AIDE-MÉMOIRE
Leçon n°8

SITE COMPAGNON
- MATÉRIEL POUR LA SÉANCE « POUR COMMENCER »
- AFFICHE N° 2

CD-ROM
- MATÉRIEL POUR LA SÉANCE « POUR COMMENCER »
- ACTIVITÉ « POUR ALLER PLUS LOIN »
- AFFICHE N° 2

LES CHOIX DE CLÉO

Dans cette séquence, les élèves seront amenés à accorder l'adjectif, qu'il soit épithète ou attribut du sujet, sans qu'il s'agisse bien sûr de travailler explicitement sur cette seconde fonction.
C'est la recherche du lien sémantique entre nom et adjectif que les entrainements vont renforcer.

En effet, il n'est pas rare que ce lien reste assez flou, ou encore qu'il soit mal ciblé : un élève peut écrire *un garçon aux cheveux *blond* « parce que c'est le garçon qui est blond ». Au besoin, on explicitera donc systématiquement ce lien avec les élèves en les faisant verbaliser et en les amenant progressivement à utiliser la nomenclature grammaticale : « Ce sont les pantalons qui sont longs ; *pantalons* est un nom au masculin pluriel, donc l'adjectif *longs* est aussi au masculin pluriel. »

Pour commencer

Projetez et faites lire l'histoire de monsieur Tordu (disponible sur CD, version collective).

> Monsieur Tordu est tout tordu. Ses jambes sont tordues, ses bras sont tordus, il a le nez tordu et les oreilles tordues. Quand il parle, ses phrases sont tordues car sa langue aussi est tordue. Il mange des haricots tordus avec une fourchette tordue et un couteau tordu.

Demandez aux élèves d'expliquer les quatre façons d'écrire l'adjectif *tordu* (les couleurs sont une aide), et de rappeler ce qu'ils ont appris au CE1 à propos de l'adjectif. L'utilisation de la nomenclature grammaticale est rarement spontanée. Après une verbalisation de type « *Ses jambes sont tordues* : y'a un *s* parce qu'il a deux jambes ! », amenez patiemment les élèves à reformuler avec plus d'exactitude grammaticale : « Le nom *jambes* est au pluriel, donc l'adjectif *tordues* est aussi au pluriel. » Dans l'exemple choisi ici, il est souvent plus difficile de faire justifier la marque du féminin, puisqu'il faut d'abord rechercher le singulier du nom : « *Ses jambes* : on dit *une jambe*, *jambe* est donc un nom féminin, l'adjectif est aussi au féminin : *tordues* prend un *-e*, et aussi un *-s* : l'adjectif est au féminin pluriel. »

Faites ensuite compléter sur l'activité photocopiée la fin du texte (disponible sur CD, version individuelle).

La correction, collective, est accompagnée d'une justification systématique des terminaisons choisies.

Pour s'entrainer

Il est possible de faire lire à haute voix le texte de chaque activité, de manière à faire oraliser les accords et à limiter la charge de lecture (déchiffrage et compréhension) des élèves faibles lecteurs.
Donnez à apprendre la leçon n° 8 de l'aide-mémoire après deux ou trois entrainements.

Pour aller plus loin

Demandez aux élèves d'observer attentivement les illustrations : certains détails permettent d'amorcer l'écriture.
Cette activité sera rendue plus accessible, au besoin, en proposant aux élèves une banque lexicale facilitant la recherche d'idées : parties du corps, du visage, vêtements, accessoires, etc. Elle peut également constituer une activité de production d'écrit à part entière pour toute la classe.

J'accorde le verbe avec le sujet (1)

5 SÉANCES
À RÉPARTIR SUR 1 MOIS ENV.

DANS LES PROGRAMMES

Connaissances et compétences associées

Raisonner pour résoudre des problèmes orthographiques, d'accord essentiellement (lien avec l'écriture).
- Relation sujet - verbe (identification dans des situations simples).
- Marque de pluriel pour les verbes à la 3e personne (*-nt*).

Exemples de situations, d'activités et de ressources pour l'élève

Activités diverses – dont des dictées courtes sous une variété de formes, suivies de l'examen collectif des problèmes d'orthographe rencontrés – pratiquées de manière rituelle (c'est-à-dire fréquemment et selon des modalités récurrentes) permettant aux élèves d'intégrer les règles et leurs procédures d'application, en faisant exercer les raisonnements adaptés sur des phrases progressivement plus complexes.

FICHIER DE L'ÉLÈVE
PP. 118-119

AIDE-MÉMOIRE
Leçon n°13

SITE COMPAGNON
- MATÉRIEL POUR LA SÉANCE « POUR COMMENCER »

CD-ROM
- MATÉRIEL POUR LA SÉANCE « POUR COMMENCER »
- ACTIVITÉS SUPPLÉMENTAIRES D'ENTRAINEMENT
- ACTIVITÉ « POUR ALLER PLUS LOIN »

LES CHOIX DE CLÉO

Dans cette première séquence consacrée à l'accord du verbe et de son sujet, on n'utilise que les pronoms de la troisième personne du singulier et du pluriel. Grâce aux situations proposées sous forme d'images, le nombre du sujet est clairement perçu par les élèves avant qu'ils n'aient à transposer les illustrations sous forme d'une phrase.

Les verbes utilisés sont en majorité des verbes du premier groupe : en effet, ce sont ces verbes qui posent les plus gros problèmes d'accord dans la mesure où les terminaisons orales sont identiques (*danse / dansent* → [dɑ̃s]).

Dans une autre séquence consacrée à la question de l'accord sujet-verbe, on travaillera sur des sujets de natures diverses (noms propres, groupes nominaux).

Pour commencer

Projetez et faites observer les illustrations et les phrases de la situation de travail (via le CD ou le site).

Observe bien ces dessins et lis ces phrases que des élèves ont rédigées pour décrire les quatre dessins.

a. Elles dansent pendant qu'il chante.
b. Il danse pendant qu'elles chantent.
c. Elle chante pendant qu'il danse.
d. Ils dansent pendant qu'ils chantent.
e. Elle écrit pendant qu'ils lisent.
f. Elles écrivent pendant qu'ils lisent.
g. Il lit pendant qu'elles écrivent.
h. Il écrit pendant qu'elle lit.

Les élèves recherchent la phrase correspondant à la première illustration. Puis faites expliciter les accords, en rappelant que le pluriel du verbe n'est jamais marqué par la terminaison *-s*, mais par *-(e)nt*.

Individuellement, ou en binômes, les élèves continuent à apparier illustrations et phrases sur leur cahier d'essais. La correction, collective, s'effectue en justifiant systématiquement les terminaisons verbales.

Faites ensuite décrire les situations évoquées par les phrases qui ne correspondent à aucune illustration, par exemple : « *Il danse pendant qu'elles chantent* : il faudrait qu'on voie un seul danseur et deux chanteuses. » Vous pouvez également demander aux élèves de dessiner une ou plusieurs de ces situations.

Concluez en récapitulant les points essentiels de la séance :
– accord sujet / verbe obligatoire ;
– sujet : -*s* au pluriel / verbe : -*ent* au pluriel ;
– le plus souvent, on « n'entend pas » les terminaisons du pluriel à l'oral, il faut donc être vigilant.

Pour s'entrainer

Les activités d'entrainement sont du même format, si ce n'est que les élèves ont à écrire les phrases en rapport avec les illustrations, à l'aide des mots et expressions proposés dans les étiquettes.
Les élèves les plus rapides pourront poursuivre le travail en écrivant deux phrases supplémentaires et en les illustrant (cahier d'essais).

> Exemple avec l'activité 1 p. 118 :
> Elle se repose sur la plage pendant qu'ils nagent.
> Ils se reposent sur la plage pendant qu'elle nage.

La leçon n° 13 de l'aide-mémoire sera donnée à apprendre après deux ou trois entrainements.
Des activités supplémentaires sont disponibles sur le CD.

Pour aller plus loin

À ton tour, invente quatre phrases, toutes différentes, en utilisant les deux expressions et les pronoms sujets il, elle, ils, elles.

ⓐ faire une buche de Noël - décorer le sapin
ⓑ prendre le bus - aller à l'école à pied
ⓒ venir en train - prendre l'avion
ⓓ descendre - monter
ⓔ apprendre une leçon - dessiner

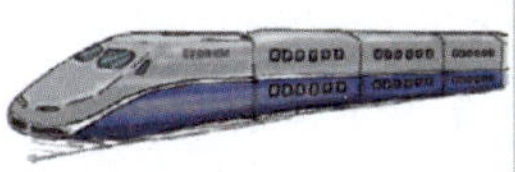

Les élèves ont à rédiger quatre variantes pour chaque proposition.

> Exemple :
> Il fait une buche de Noël pendant qu'elles décorent le sapin.
> Ils font une buche de Noël pendant qu'elle décore le sapin.
> Elle fait une buche de Noël pendant qu'ils décorent le sapin.
> Elles font une buche de Noël pendant qu'il décore le sapin.

Il est également possible de faire illustrer les phrases et de créer un jeu à destination d'une autre classe, en reprenant le principe de l'activité « Pour commencer ».

Je choisis *c* ou *qu*

6 SÉANCES
À RÉPARTIR SUR 6 SEMAINES ENV.

DANS LES PROGRAMMES

Connaissances et compétences associées

Maitriser les relations entre l'oral et l'écrit (lien avec la lecture).
- Correspondances graphophonologiques.
- Valeur sonore de certaines lettres (*s* - *c* - *g*) selon le contexte.

Exemples de situations, d'activités et de ressources pour l'élève
- Activités régulières, voire rituelles tout au long du cycle, au moins pour les élèves les plus fragiles au CE2.
- Nombreux retours sur les « leçons » antérieures, rebrassage des acquis.
- Élaboration de listes qui rapprochent des mots, de tableaux qui classent en fonction des relations graphèmes / phonèmes pour favoriser la mémorisation.
- Activation de la remémoration par de courtes et fréquentes dictées de syllabes ou de mots.

FICHIER DE L'ÉLÈVE
PP. 120-121

AIDE-MÉMOIRE
Leçon n°24

SITE COMPAGNON
- MATÉRIEL POUR LA SÉANCE « POUR COMMENCER »

CD-ROM
- MATÉRIEL POUR LA SÉANCE « POUR COMMENCER »
- ACTIVITÉ SUPPLÉMENTAIRE D'ENTRAINEMENT
- ACTIVITÉ « POUR ALLER PLUS LOIN »

LES CHOIX DE CLÉO

Conformément à l'esprit des programmes, seules les deux graphies les plus régulières du phonème [k] sont ici étudiées :
« L'étude de la langue s'appuie sur des corpus permettant la comparaison, le tri et le classement afin d'identifier des régularités.
Les phénomènes irréguliers ou exceptionnels ne relèvent pas d'un enseignement mais, s'ils sont fréquents dans l'usage, d'un effort de mémorisation. »
Les graphies *k*, *ck*, *ch*, *q*, rares, non systématiques, ne sont donc pas abordées dans ce chapitre.

Pour commencer

Projetez la situation de travail (via le CD ou le site).

Il sera peut-être nécessaire de commencer la tâche collectivement, en esquissant le début du tableau demandé.

un cube	complet	un bouquet	une cacahouète	la queue
quelquefois	chacun	encore	un requin	la cantine
bousculer	une équipe	quinze	mon copain	un cartable

un cube bousculer	complet …			

Puis les élèves réalisent l'activité seuls ou en binômes sur leur cahier.
Lors de la mise en commun, insistez sur la valeur sonore des syllabes, et posez des questions de type: « Dans *une équipe*, qu'entendrait-on si je remplaçais *qu* par *c* ? / Et dans *la queue* ? Etc. »
Concluez collectivement en dégageant les régularités repérées :
– Pour entendre le son [k], on utilise la lettre *c* devant *a*, *o*, *u* : *ca*, *co*, *cu*.
– Mais on utilise *qu* devant *e* et *i* : *que*, *qui*. Si on utilisait *c* devant *e* et *i*, alors on entendrait [s] : *ce*, *ci*.

Pour s'entrainer

N.B. : Les espaces pour écrire dans le fichier ont été calibrés à la largeur d'une lettre et demie environ, de manière à ne pas trop modifier l'aspect visuel des mots, qu'il manque une ou deux lettres. C'est le cas pour toutes les pages qui adoptent ce principe.

Faites réaliser l'activité n°1 à la suite de l'activité « Pour commencer ». Lisez (ou faites lire) à haute voix les phrases, de manière à ce que les problèmes de déchiffrage et de compréhension ne freinent pas outre mesure la tâche orthographique.
La correction collective permettra de faire expliciter et justifier le choix de *c* ou *qu*.
Programmez les entrainements ultérieurs sur les semaines qui suivent.
Une activité supplémentaire est disponible sur le CD.
Donnez à apprendre la leçon n° 24 de l'aide-mémoire après deux ou trois entrainements.

Pour aller plus loin

Si certaines paires sont connues, d'autres nécessiteront probablement une recherche dans le dictionnaire.

- **Cherche dans le dictionnaire les mots que tu ne connais pas.**
- **Invente des phrases avec ces mots.**

cric - crique	crac - craque	clic - clique
croc - croque	clac - claque	cloque - coque

Je choisis c ou ç

4 SÉANCES
À RÉPARTIR SUR 1 MOIS ENV.

DANS LES PROGRAMMES

Connaissances et compétences associées

Maitriser les relations entre l'oral et l'écrit (lien avec la lecture).
- Correspondances graphophonologiques.
- Valeur sonore de certaines lettres (*s* - *c* - *g*) selon le contexte.
- Composition de certains graphèmes selon la lettre qui suit (*an/am, en/em, on/om, in/im*).

Exemples de situations, d'activités et de ressources pour l'élève

- Activités régulières, voire rituelles tout au long du cycle, au moins pour les élèves les plus fragiles au CE2.
- Nombreux retours sur les « leçons » antérieures, rebrassage des acquis.
- Élaboration de listes qui rapprochent des mots, de tableaux qui classent en fonction des relations graphèmes / phonèmes pour favoriser la mémorisation.
- Activation de la remémoration par de courtes et fréquentes dictées de syllabes ou de mots.

FICHIER DE L'ÉLÈVE
PP. 122-123

AIDE-MÉMOIRE
Leçon n°23

SITE COMPAGNON
- MATÉRIEL POUR LA SÉANCE « POUR COMMENCER »

CD-ROM
- MATÉRIEL POUR LA SÉANCE « POUR COMMENCER »
- ACTIVITÉS SUPPLÉMENTAIRES D'ENTRAINEMENT
- ACTIVITÉ « POUR ALLER PLUS LOIN »

LES CHOIX DE CLÉO

L'alternance *c/ç* peut être particulièrement perturbante dans la conjugaison des verbes (*je remplace / nous remplaçons*) ou dans les mots d'une même famille (*glace / glaçon*). C'est pourquoi nous proposons une exploration systématique de ces variations.

Pour commencer

Projetez la situation de travail (disponible sur le CD et en ligne).

un Français · vous avanciez · ça · une limace · je suis déçu · merci
ils reçoivent · j'ai aperçu · de la ficelle · nous nous balançons
nous recevons · un maçon · un remplaçant · j'ai reçu · nous grimacions

Il sera peut-être nécessaire de commencer la tâche collectivement, en esquissant le début du tableau demandé :

un Français	ils reçoivent ...			

Puis les élèves réalisent l'activité seuls ou en binômes sur leur cahier.
Lors de la mise en commun, insistez sur la valeur sonore des syllabes, et posez des questions de type : « Dans *un Français*, qu'entendrait-on si j'oubliais la cédille du *c* ? / Et dans *je suis déçu* ? Etc. »
Concluez collectivement en dégageant les régularités repérées :
– Pour entendre le son [s], on utilise la lettre *c* devant *e* et *i* : *ce, ci*.
– Mais on utilise ç devant *a*, *o* et *u* : *ça, ço, çu*. Sinon, sans la cédille, on entendrait [k] : *ca, co, cu*.

Pour s'entrainer

La première tâche fait utiliser *c* ou *ç* dans des mots de la même famille, selon la voyelle suivant le *c*.
Pour la seconde tâche, lisez (ou faites lire) à haute voix le texte, de manière à ce que les problèmes de déchiffrage et de compréhension ne freinent pas outre mesure la tâche orthographique.
Programmez les entrainements ultérieurs sur les semaines qui suivent.
Des activités supplémentaires sont disponibles sur le CD.
Donnez à apprendre la leçon n° 23 de l'aide-mémoire après deux ou trois entrainements.

Pour aller plus loin

Recopie et complète ce poème. (Attention, les mots riment deux par deux !)

Drôles de cadeaux

Des pulls écossais	Des masques grima......	Des hame......
Pour les Fran......	Pour les pass......	Pour les poiss......
Du sauciss......	Des cale......	Une balan......
Pour le ma......	Pour les hériss......	Et une pass......
Un croiss......	Une salade ni......	Pour Vict......
Pour le rempla......	Pour Fran......	Et pour toi ?

Je choisis *-an* ou *-am*, *-en* ou *-em*...

6 SÉANCES
À RÉPARTIR SUR 1 MOIS ENV.

DANS LES PROGRAMMES

Connaissances et compétences associées

Maitriser les relations entre l'oral et l'écrit (lien avec la lecture).
- Correspondances graphophonologiques.
- Valeur sonore de certaines lettres (*s* – *c* – *g*) selon le contexte.
- Composition de certains graphèmes selon la lettre qui suit (*an/am, en/em, on/om, in/im*).

Exemples de situations, d'activités et de ressources pour l'élève
- Activités régulières, voire rituelles tout au long du cycle, au moins pour les élèves les plus fragiles au CE2.
- Nombreux retours sur les « leçons » antérieures, rebrassage des acquis.
- Élaboration de listes qui rapprochent des mots, de tableaux qui classent en fonction des relations graphèmes / phonèmes pour favoriser la mémorisation.
- Activation de la remémoration par de courtes et fréquentes dictées de syllabes ou de mots.

FICHIER DE L'ÉLÈVE
PP. 124-125

AIDE-MÉMOIRE
Leçon n°25

SITE COMPAGNON
- MATÉRIEL POUR LA SÉANCE « POUR COMMENCER »

CD-ROM
- MATÉRIEL POUR LA SÉANCE « POUR COMMENCER »
- ACTIVITÉ SUPPLÉMENTAIRE D'ENTRAINEMENT

LES CHOIX DE CLÉO

L'alternance *n/m* en fonction de la consonne suivante est généralement étudiée dès le CE1, voire dès le CP. Ce chapitre est donc très largement un chapitre de renforcement.
Les exceptions *bonbon*, *néanmoins*, *embonpoint*, etc. ne seront pas abordées, car ce qui est recherché est en priorité l'installation d'une procédure permettant de traiter les cas réguliers.

Pour commencer

Projetez la situation de travail (version collective) et distribuez la version individuelle à chaque élève (disponibles sur le CD et en ligne) :

embêter | un pompier | une montre | l'entrée | impoli | elle chante
un timbre | le matin | une montagne | le président | une jambe

une lanterne ...	...	interdit ...	...
une lampe ...	emmener ...	...	tomber ...

Individuellement ou par binômes, les élèves complètent le tableau commencé par un élève virtuel.
Au tableau, procédez à une mise en commun en complétant le tableau.
Utilisez des craies ou des feutres de couleur permettant de mieux visualiser les trois consonnes responsables de l'utilisation de *m* à la place de *n*.
Concluez en faisant expliciter pourquoi on écrit parfois *am*, *em*, *im*, *om* à la place de *an*, *en*, *in*, *on*.

Pour s'entrainer

La première tâche fait utiliser une paire de syllabes homophones se différenciant par la présence d'un *m* ou d'un *n*.

Pour la seconde tâche, lisez (ou faites lire) à haute voix les phrases, de manière à ce que les problèmes de déchiffrage et de compréhension ne freinent pas outre mesure la tâche orthographique.

Programmez les entrainements ultérieurs sur les semaines qui suivent.

Une activité supplémentaire est disponible sur le CD.

Donnez à apprendre la leçon n° 25 de l'aide-mémoire après deux ou trois entrainements.

J'écris les mots en -ail, -eil, -euil, -ouil, -ille...

7 SÉANCES
À RÉPARTIR SUR 1 MOIS ENV.

DANS LES PROGRAMMES

Connaissances et compétences associées

Maitriser les relations entre l'oral et l'écrit (lien avec la lecture).
- Correspondances graphophonologiques.
- Valeur sonore de certaines lettres (*s* - *c* - *g*) selon le contexte.

Exemples de situations, d'activités et de ressources pour l'élève
- Activités régulières, voire rituelles tout au long du cycle, au moins pour les élèves les plus fragiles au CE2.
- Nombreux retours sur les « leçons » antérieures, rebrassage des acquis.
- Élaboration de listes qui rapprochent des mots, de tableaux qui classent en fonction des relations graphèmes / phonèmes pour favoriser la mémorisation.
- Activation de la remémoration par de courtes et fréquentes dictées de syllabes ou de mots.

FICHIER DE L'ÉLÈVE
PP. 126-127

SITE COMPAGNON
- MATÉRIEL POUR LA SÉANCE « POUR COMMENCER »

CD-ROM
- MATÉRIEL POUR LA SÉANCE « POUR COMMENCER »
- ACTIVITÉ « POUR ALLER PLUS LOIN »

LES CHOIX DE CLÉO

Les mots en [aj], [ɛj], [uj], [œj], [ij] posent un double problème : une difficulté phonologique d'abord, et une difficulté qui tient au repérage de leur classe grammaticale. En effet, ces mots sont des noms (masculins ou féminins) ou des verbes : c'est d'ailleurs une bonne occasion de renforcer la reconnaissance de ces classes grammaticales.

Pour commencer

Projetez la situation de travail, version collective, et distribuez le matériel à chaque élève, version individuelle (disponibles sur le CD et en ligne).

ils se chamaillent | des filles | tu bâilles | elle me chatouille | des médailles
des écureuils | une grenouille | tu bafouilles | la pluie me mouille
une bataille | ils s'habillent | tu surveilles | elle travaille | un orteil
un épouvantail | du fenouil | elles gribouillent | des fauteuils

Faites lire les étiquettes à haute voix, puis demandez aux élèves de trouver la classe grammaticale de quelques mots, par exemple : *elle me chatouille, une bataille, des fauteuils*, en faisant justifier les terminaisons : *-e* pour *chatouille*, car c'est le verbe *chatouiller*, conjugué avec le sujet *elle*, etc.

Ensuite, précisez aux élèves qu'ils doivent proposer un classement de ces mots, individuellement ou par binômes.
a. Certains s'en tiendront peut-être d'abord à un classement selon la rime orale : *ils s'hab**illent** / des f**illes***.
b. D'autres tiendront compte de la rime écrite : *tu b**âilles** / des méd**ailles***.
c. D'autres encore proposeront un classement selon les catégories grammaticales, s'intéressant à la terminaison et non à la rime : *ils se chamaill**ent** / ils s'habill**ent***.
C'est vers ce troisième type de classement que tous doivent tendre.

Procédez à une mise en commun des divers classements, en faisant expliciter les catégories par les élèves. Interrogez d'abord les élèves ayant choisi un classement de type *a*, puis *b*, puis *c*. Demandez ensuite à tous les élèves de modifier leur classement en conséquence. Les élèves ayant réalisé un classement de type *c* seront invités à rechercher d'autres mots pour compléter les différentes catégories constituées.

Lors d'une nouvelle mise en commun, dégagez les diverses catégories :
– finales *-ail/-eil/-euil/-ouil* : nom masculin singulier ;
– finales *-aille/-eille/-euille/-ouille* : nom féminin singulier ou verbe au présent conjugué avec *je* ou *il/elle* ;
– finales *-ails/-eils/-euils/-ouils* : nom masculin pluriel ;
– finales *-ailles/-eilles/-euilles/-ouilles* : nom féminin pluriel ou verbe au présent conjugué avec *tu* ;
– finales *-aillent/-eillent/-euillent/-ouillent* : verbe au pluriel conjugué avec *ils/elles*.

Pour s'entrainer

Si vous l'estimez nécessaire, travaillez collectivement sur les premières phrases des activités d'entrainement, afin d'expliciter les procédures de choix :
– *« Tu chatouil... : tu chatouilles* ; c'est le verbe *chatouiller*, conjugué avec le sujet *tu*, il y aura donc la terminaison *-es*, alors j'écris *chatouilles*. »
– « *l'oreil... : l'oreille, une oreille*, c'est un nom féminin, la terminaison sera donc *-e*. » Etc.

Incluez cette difficulté de temps à autre dans les séances « 5 minutes chrono », en mélangeant verbes et noms.

> Exemple :
> un réveil / une abeille / tu te réveilles / les maitresses surveillent la récréation / …

Programmez les entrainements ultérieurs sur les semaines qui suivent.

Pour aller plus loin

Utilise chaque mot dans une phrase différente.
Attention aux terminaisons !

ⓐ travailles - travaille - travail - travaillent
ⓑ conseils - conseilles - conseil - conseille - conseillent
ⓒ réveil - réveille - réveillent - réveils - réveilles

La réussite de l'activité passe évidemment par un repérage précis de la classe grammaticale de chaque mot. Vous pouvez d'ailleurs faire formaliser par écrit ce repérage avant l'écriture des phrases :
a. ***travailles* :** verbe *travailler*, conjugué avec le sujet *tu*.

J'utilise le masculin, le féminin, le singulier et le pluriel

5 SÉANCES
À RÉPARTIR SUR 1 MOIS ENV.

DANS LES PROGRAMMES

Connaissances et compétences associées

Raisonner pour résoudre des problèmes orthographiques, d'accord essentiellement (lien avec l'écriture).
- Compréhension que des éléments de la phrase fonctionnent ensemble (groupe nominal) ; compréhension de la notion de « chaine d'accords » pour déterminant/nom/adjectif (variation singulier/pluriel en priorité ; variation masculin/féminin).
- Relation sujet - verbe (identification dans des situations simples).
- Notions de singulier et pluriel ; de masculin et féminin.
- Marques d'accord pour les noms et adjectifs : nombre (*-s*) et genre (*-e*).
- Découverte en lien avec les activités d'oral et de lexique d'autres formes de pluriel (*-ail/-aux* ; *-al/-aux*…) et d'autres marques du féminin quand elles s'entendent dans les noms (*lecteur/lectrice*…) et les adjectifs (*joyeux/joyeuse*…).
- Marque de pluriel pour les verbes à la 3e personne (*-nt*).

Exemples de situations, d'activités et de ressources pour l'élève

Activités diverses – dont des dictées courtes sous une variété de formes, suivies de l'examen collectif des problèmes d'orthographe rencontrés – pratiquées de manière rituelle (c'est-à-dire fréquemment et selon des modalités récurrentes) permettant aux élèves d'intégrer les règles et leurs procédures d'application, en faisant exercer les raisonnements adaptés sur des phrases progressivement plus complexes.

FICHIER DE L'ÉLÈVE
PP. 128-129

AIDE-MÉMOIRE
Leçons nos 10 et 11

SITE COMPAGNON
- MATÉRIEL POUR LA SÉANCE « POUR COMMENCER »

CD-ROM
- MATÉRIEL POUR LA SÉANCE « POUR COMMENCER »
- ACTIVITÉ SUPPLÉMENTAIRE D'ENTRAINEMENT
- ACTIVITÉ « POUR ALLER PLUS LOIN »

LES CHOIX DE CLÉO

Ce chapitre, faisant appel aux variations en genre et en nombre du groupe nominal, permet d'engager le travail sur les différents procédés de transformation au féminin des adjectifs et des noms. Cette étude sera poursuivie dans le chapitre « Je maitrise les pluriels particuliers ».

Pour commencer

1. Lis puis complète ces textes.

_____ est _____ de présenter les nouveaux candidats. _____ deviendra le champion, tous les autres seront éliminés. Que _____ gagne !

L'animateur est heureux de présenter _____. Une seule deviendra _____. _____ seront _____. Que la meilleure gagne !

2. Trouve dans ces textes un nom au masculin pluriel, un nom au féminin singulier, un nom au masculin singulier et un nom au féminin pluriel. Écris-les.

Faites observer les deux illustrations de la situation projetée (version collective disponible sur CD et en ligne).

Les élèves remarquent que les situations sont comparables (jeu télévisé), si ce n'est que, dans le premier cas, il s'agit d'une animatrice et de candidats, et, dans le second, d'un animateur et de candidates.
Individuellement ou par groupes, demandez aux élèves de compléter les deux textes correspondant à ces illustrations, en leur précisant que ces textes utilisent les mêmes mots, au masculin ou au féminin (une version individuelle est fournie sur le CD et en ligne).

Corrigez collectivement, puis faites observer les différentes manières de former le féminin : en ajoutant un ***e*** (*candidats / candidat**e**s*), en doublant la consonne (*champion / champio**nne***), en modifiant la dernière syllabe (*animateur / anima**trice***).

Pour s'entrainer

Vous pouvez constituer une affiche où, au fur et à mesure, vous inscrirez les différentes manières de former le féminin des noms et des adjectifs, en utilisant des exemples rencontrés pendant les activités de la classe :

Du masculin au féminin						
+ -e	**-ien/-ienne**	**-eur/ -euse**	**-er/-ère**	**-eau/-elle**	**aucun changement**	…
client cliente	musicien musicienne	danseur danseuse	cuisinier cuisinière	beau belle	jeune vétérinaire	

Donnez à revoir les leçons nos 10 et 11 de l'aide-mémoire après un ou deux entrainements. Une activité supplémentaire est disponible sur le CD.

Pour aller plus loin

Écris quatre phrases différentes avec les mots de ce tableau : dans chaque phrase, il doit y avoir un mot de chaque colonne. Attention aux accords !

berger	inquiètes	cherchent	mouton	perdus
bergers	inquiet		moutons	perdu
bergère	inquiète	cherche		perdues
bergères	inquiets		brebis	perdue

Cette activité explore toutes les variantes possibles en genre et en nombre d'une phrase. Vous pouvez en outre demander aux élèves de souligner les groupes nominaux puis d'indiquer leur genre et leur nombre :

La bergère inquiète cherche *les moutons perdus.*

FÉMININ, SINGULIER — MASCULIN, PLURIEL

J'accorde le verbe avec le sujet (2)

5 SÉANCES À RÉPARTIR SUR 1 MOIS ENV.

DANS LES PROGRAMMES

Connaissances et compétences associées

Raisonner pour résoudre des problèmes orthographiques, d'accord essentiellement (lien avec l'écriture).
- Relation sujet - verbe (identification dans des situations simples).
- Marque de pluriel pour les verbes à la 3e personne (*-nt*).

Exemples de situations, d'activités et de ressources pour l'élève

Activités diverses – dont des dictées courtes sous une variété de formes, suivies de l'examen collectif des problèmes d'orthographe rencontrés – pratiquées de manière rituelle (c'est-à-dire fréquemment et selon des modalités récurrentes) permettant aux élèves d'intégrer les règles et leurs procédures d'application, en faisant exercer les raisonnements adaptés sur des phrases progressivement plus complexes.

FICHIER DE L'ÉLÈVE **PP. 130-131**

AIDE-MÉMOIRE **Leçon n°13**

SITE COMPAGNON
- MATÉRIEL POUR LA SÉANCE « POUR COMMENCER »

CD-ROM
- MATÉRIEL POUR LA SÉANCE « POUR COMMENCER »
- ACTIVITÉ SUPPLÉMENTAIRE D'ENTRAINEMENT
- ACTIVITÉ « POUR ALLER PLUS LOIN »

LES CHOIX DE CLÉO

Les situations de travail dans cette séquence ont la particularité de pouvoir être décrites par deux phrases où sujet et complément sont interchangeables :
– *Enzo imite les petits singes.*
– *Les petits singes imitent Enzo.*
En français, c'est l'ordre syntaxique (sujet précédant le verbe, dans la phrase déclarative) qui permet de comprendre « qui fait quoi », donc de savoir qui est le sujet.
Dans les activités de cette séquence, nous nous appuyons d'abord sur le fait que les illustrations influencent notre perception du sujet grammatical : par exemple, dans la première illustration de la situation « Pour commencer », Mamie est dessinée à gauche, la concierge à droite : de ce fait, presque tous les élèves produisent spontanément la phrase *Mamie dit bonjour à la gardienne*. Pourtant, rien n'interdit de permuter sujet et complément car l'action exprimée par le verbe est réciproque. C'est cette tâche qu'auront à effectuer les élèves. Elle est particulièrement intéressante car elle permet de faire « toucher du doigt » la relation particulière entre sujet et verbe, et de renforcer la vigilance orthographique sur leur accord.

Pour commencer

Projetez et faites observer les illustrations et les étiquettes de la situation de travail (disponibles en ligne et sur le CD).

Demandez aux élèves de produire les phrases correspondant aux dessins sur leur cahier d'essais. Vérifiez que les majuscules et les points ne sont pas oubliés.

Écrivez la première phrase au tableau : *Mamie dit bonjour à la gardienne.*

1. À l'aide des dessins, écris les six phrases possibles en utilisant les mots proposés.

bonjour | dit | disent | à | aux | la | gardienne | les | enfants | mamie

Peux-tu expliquer pourquoi le verbe change ?

2. Entoure les indices des chaines d'accord, comme dans cet exemple.

Les enfants disent...

Faites observer que la gardienne, elle aussi, dit certainement bonjour à Mamie. Demandez alors aux élèves de « retourner » cette phrase et de l'écrire sur leur cahier, puis de faire de même pour les deux autres phrases.

Lors de la mise en commun, suscitez les remarques des élèves : « *Dans la première phrase, on intervertit Mamie et la gardienne sans modifier le verbe ; dans les deux autres phrases, le verbe est tantôt* dit, *tantôt* disent. *C'est parce que le verbe doit s'accorder avec le sujet.* »

Faites comparer les phrases deux à deux, demandez quel est le sujet, s'il est au singulier ou au pluriel, et entourez les indices des chaines d'accord, comme dans l'exemple donné.

Concluez en récapitulant les points essentiels de la séance :

– l'accord sujet / verbe est obligatoire ;

– pour le sujet, la marque du pluriel est presque toujours *-s* ;

– pour le verbe, c'est *-(e)nt* ;

– le plus souvent, on « n'entend pas » les terminaisons du pluriel à l'oral, il faut donc être vigilant.

Pour s'entrainer

Chaque activité comporte une des deux situations illustrées. Il est possible de commencer le travail avec la deuxième situation, pour les élèves les plus fragiles. Ces entrainements sont l'occasion de faire travailler sur l'accord du verbe quand il y a deux sujets. Si ce type de sujet provoque de nombreuses erreurs, prenez le temps d'expliciter la pluralité, qu'on peut symboliser au tableau par une addition :

Mounir et Aïcha accompagnent Romane.
1 + 1 = 2

Programmez les entrainements ultérieurs sur les semaines qui suivent.

Des activités supplémentaires sont disponibles sur le CD.

Donnez à revoir la leçon n° 13 de l'aide-mémoire après quelques entrainements.

Pour aller plus loin

Cette activité fait prendre conscience du fait que les phrases que l'on peut « retourner » sont rares !

Il y a des phrases que l'on ne peut pas « retourner ».
Par exemple : *Les voyageurs attendent le train, mais le train n'attend pas les voyageurs !*

Sur le même modèle, complète les phrases suivantes.

Tous les fans connaissent la chanteuse, mais ....

Parfois, la maitresse punit les élèves, mais ....

Le policier contrôle les automobilistes, mais ....

Tous les habitants de la ville connaissent monsieur le Maire, mais ....

Le médecin peut guérir les malades, mais ....

J'utilise a, ont, est, sont

6 SÉANCES
À RÉPARTIR SUR 1 MOIS ENV.

DANS LES PROGRAMMES

Connaissances et compétences associées
Raisonner pour résoudre des problèmes orthographiques, d'accord essentiellement (lien avec l'écriture).
Homophones : les formes verbales *a / ont / est / sont* distinguées des homophones *à / on / et / son*.

Exemples de situations, d'activités et de ressources pour l'élève
Activités diverses - dont des dictées courtes sous une variété de formes, suivies de l'examen collectif des problèmes d'orthographe rencontrés - pratiquées de manière rituelle (c'est-à-dire fréquemment et selon des modalités récurrentes) permettant aux élèves d'intégrer les règles et leurs procédures d'application, en faisant exercer les raisonnements adaptés sur des phrases progressivement plus complexes.

FICHIER DE L'ÉLÈVE
PP. 132-133

AIDE-MÉMOIRE
Leçons n[os]34, 35 et 36

SITE COMPAGNON
- MATÉRIEL POUR LA SÉANCE « POUR COMMENCER »
- AFFICHES N°s 9 ET 10 (FACULTATIF)

CD-ROM
- MATÉRIEL POUR LA SÉANCE « POUR COMMENCER »
- ACTIVITÉS SUPPLÉMENTAIRES D'ENTRAINEMENT
- ACTIVITÉ « POUR ALLER PLUS LOIN »
- AFFICHES N°s 9 ET 10 (FACULTATIF)

LES CHOIX DE CLÉO

Nous avons choisi de ne pas présenter les homophones grammaticaux en opposition (*a/à, ont/on, est/et, sont/son*), mais plutôt de les situer dans leur domaine conceptuel et en les associant implicitement dans leur classe grammaticale, les verbes.
L'activité de l'élève se centrera d'abord sur la transformation de phrases au singulier ou au pluriel, entrainant des substitutions ***a* → *ont*** et ***est* → *sont***. Cette séquence vise à favoriser la création d'un automatisme qui s'appuie sur la reconnaissance de la classe grammaticale du verbe, tout en renforçant la différenciation entre *ont* et *sont*, confondus par certains élèves : ils font des erreurs de type *ils *sont faim*, qui relèvent de la discrimination [s] / [z].

POUR L'ENSEIGNANT

et / est : homophones ou pas ?

La différence entre [e] et [ɛ] tend à se neutraliser, c'est-à-dire à n'être ni perçue ni produite par les francophones. Ce phénomène varie selon les régions. Souvent, un même locuteur alternera les deux prononciations possibles d'un même mot, sans en prendre lui-même conscience.
Les auteurs du *Petit Robert*[15] ont pris la mesure de cette évolution. Ils indiquent dans l'introduction : « Si l'on s'en tenait à noter la prononciation commune aux francophones, on aurait noté un seul son (archiphonème) pour les voyelles à deux timbres, par exemple E pour [e] et [ɛ]. »

Au niveau orthographique, les conséquences de cette neutralisation ne simplifient pas notre tâche d'enseignant. Des formes qui n'étaient pas homophones le sont devenues, et parmi elles :
et / est – chanté / chantait – je chanterai / je chanterais.
Pour certaines personnes, ces mots ne posent pas de problème orthographique car ils ne sont pas véritablement homophones. Pour la majorité, ils le sont bel et bien : il est donc devenu nécessaire d'enseigner des procédures pour les distinguer, leur prononciation ne suffisant plus.

15 *Le Nouveau Petit Robert*, 1993.

Pour exemple, dans le tableau ci-dessous, un rappel de la prononciation standard d'un certain nombre de mots :

[e] (= *é*)	[ɛ] (= *è*)
je chant**ai**, vous chant**ez** je chanter**ai**, vous chanter**ez** un gu**é** **et** je l'**ai**, un l**é** for**er** bouch**é**, un bouch**er**, une bouch**ée** un roul**é**-boul**é**	je chant**ais**, elle chant**ait** je chanter**ais**, ils chanter**aient** **gai**, le gu**et** il **est** le **lait**, **laid** un for**et**, la for**êt** il bouch**ait**, ils bouch**aient** il roul**ait**, un boul**et**

Si dans votre région ces différences sont encore plus ou moins perçues, il y a tout intérêt à les faire respecter par vos élèves quand ils travaillent sur la langue ou qu'ils lisent à haute voix, et à les associer systématiquement aux finales qui les produisent : vous leur donnerez ainsi un avantage certain en orthographe.
Si, en revanche, la neutralisation [e] / [ɛ] est généralisée, votre action sera moins déterminante... mais peut-être pas totalement inutile ! Vous enseignerez alors cette distinction un peu à la manière dont on distingue *mouse* et *mouth* en anglais, ou *Kirsche* et *Kirche* en allemand ! En effet, comme quand on apprend une langue étrangère, il faut de fait sensibiliser l'oreille à des distinctions qu'elle ne perçoit pas spontanément.

Pour commencer

Projetez les deux situations (disponibles sur CD et en ligne) :

a. Mamie est en retard, elle n'a pas le temps de discuter avec la gardienne.
→ Maman et papa...

b. Julie et Zoé sont malades, elles ont une angine.
→ Mattéo...

Faites lire et compléter la phrase **a** de la situation « Pour commencer ». Écrivez au tableau les deux phrases, recherchez collectivement les sujets et les verbes conjugués :

Mamie (SUJET) est (V) en retard, elle (SUJET) n'a (V) pas le temps de discuter avec la gardienne.
Maman et papa (SUJET) sont (V) en retard, ils (SUJET) n'ont (V) pas le temps de discuter avec la gardienne.

Faites reconnaitre les verbes conjugués, au besoin en utilisant les affiches n°s 9 et 10 des verbes *être* et *avoir* au présent, ou l'aide-mémoire (leçon n° 21 a et b).
Procédez de même pour la phrase **b**.
Recherchez collectivement les homophones de ces quatre formes verbales, en situant chacun dans sa classe grammaticale et en rappelant les procédures pour les orthographier :
– *à*, mot invariable, l'accent grave fait penser à un doigt pointé montrant quelque chose ou quelqu'un ;
– *et*, mot invariable, comme un signe + dans une phrase ;
– *son*, déterminant, pour indiquer à qui appartient quelque chose ;
– *on*, pronom sujet, interchangeable avec *il* ou *elle*, qui sera abordé plus tard dans la programmation.

Pour s'entrainer

La tâche d'entrainement peut être amorcée collectivement, en demandant aux élèves de transformer oralement les phrases avant de passer à la phase individuelle écrite. Assurez-vous que les élèves ont bien compris les deux étapes successives décrites dans la consigne.
Programmez les entrainements ultérieurs sur les semaines qui suivent.
Des activités supplémentaires sont disponibles sur le CD.
Donnez à apprendre la leçon n° 36 de l'aide-mémoire après deux ou trois entrainements.
Faites apprendre également, mais pas le même jour, les leçons n°s 34 et 35.

Pour aller plus loin

L'activité associe une tâche orthographique à une tâche de compréhension et d'appariement logique des propositions.

Reconstitue ces phrases et complète-les avec les verbes qui conviennent.

ⓐ

Ils .... en retard	parce qu'elle n' .... rien bu depuis ce matin.
Elle .... venue à pied	parce qu'il n' .... pas dormi depuis deux jours.
Elle .... faim	parce que sa voiture .... en panne.
Elle .... soif	parce qu'ils n' .... pas entendu le réveil.
Il .... sommeil	parce qu'il .... déjà midi.

ⓑ

Elle .... toute bronzée	parce qu'elle .... travaillé très dur.
Ils .... les joues rouges	parce que leur maman .... couturière.
Ils .... bien habillés	parce qu'elle .... allée à la mer.
Elle .... fatiguée	parce que leurs parents .... roux.
Elles .... les cheveux roux	parce qu'ils .... joué dans la neige.

J'utilise e ou é (e accent aigu)

3 SÉANCES À RÉPARTIR SUR 2 SEMAINES ENV.

DANS LES PROGRAMMES

Connaissances et compétences associées

Maitriser les relations entre l'oral et l'écrit (lien avec la lecture).
- Correspondances graphophonologiques.
- Valeur sonore de certaines lettres (*s – c – g*) selon le contexte.
- Composition de certains graphèmes selon la lettre qui suit (*an/am, en/em, on/om, in/im*).

Exemples de situations, d'activités et de ressources pour l'élève

- Activités régulières, voire rituelles tout au long du cycle, au moins pour les élèves les plus fragiles au CE2.
- Nombreux retours sur les « leçons » antérieures, rebrassage des acquis.
- Élaboration de listes qui rapprochent des mots, de tableaux qui classent en fonction des relations graphèmes / phonèmes pour favoriser la mémorisation.
- Activation de la remémoration par de courtes et fréquentes dictées de syllabes ou de mots.

FICHIER DE L'ÉLÈVE **PP. 134-135**

SITE COMPAGNON
- MATÉRIEL POUR LA SÉANCE « POUR COMMENCER »

AIDE-MÉMOIRE **Leçon n°28 (1er point)**

CD-ROM
- MATÉRIEL POUR LA SÉANCE « POUR COMMENCER »
- ACTIVITÉ SUPPLÉMENTAIRE D'ENTRAINEMENT

RAPPEL POUR L'ENSEIGNANT

Comment découper en syllabes écrites ?

Il y a autant de syllabes que de voyelles.

Les semi-consonnes ([w], [j] et [ɥ]) ne comptent pas pour une voyelle :

- ***i*** se prononce [j], comme dans *avion* ([avjɔ̃]).
- ***u*** se prononce [ɥ], comme dans *huit* ([ɥit]).

Dans certains cas, *i* devant une voyelle a la valeur de /i/. On compte alors une syllabe à part entière : *fé/vri/er*.

Le ***e*** muet en fin de mot (plus rarement, en milieu de mot) est prononcé quand on travaille sur les syllabes écrites :

- *voiture*, 3 syllabes : *voi/tu/re*
- *surement*, 3 syllabes : *su/re/ment*

Quand le ***y*** est à la jonction de deux syllabes et qu'il se décompose en deux *i*, on considère que la syllabe est coupée au milieu du ***y*** : *rayon* équivaut ainsi à *rai/ion* (2 syllabes).

Généralement, lorsque deux consonnes se succèdent, la coupure intervient entre les deux consonnes : *mar/teau*.

C'est toujours le cas avec les consonnes doublées : *bel/le*, *pom/me*, y compris dans le cas où le groupe *–ill* produit le son /j/ : *gro/seil/le*, *ba/tail/le*...

Cependant, les groupes consonantiques composés d'une première consonne suivie de *l* ou de *r* ne peuvent pas être séparés.

Ainsi, en début de mot : ***cl**é*, ***tr**ain*.

En conséquence, la segmentation intervient ***avant*** la première consonne : *mai/tre*, *ca/pa/ble*.

(Cette règle difficile est à faire utiliser par les élèves sans l'expliciter.)

Dernier cas particulier : la lettre **x**. Placée entre deux voyelles, elle produit le son */gz/* et remplace en quelque sorte deux consonnes. En conséquence, on considère que la syllabe est coupée au milieu du *x*. Ainsi, *exercice* équivaut à *eg / zercice*.

La segmentation en syllabes est une compétence fondamentale en lecture et en écriture. C'est également la clé indispensable qui permet de maitriser le choix entre *é*, *è*, ou *e* sans accent pour transcrire les sons [e] et [ɛ].

Souvent négligé, l'enseignement explicite du système des accents permet pourtant d'apporter de la clarté dans un domaine où règne généralement une certaine confusion.

RAPPEL POUR L'ENSEIGNANT

Règles d'emploi des accents grave et aigu

La lettre ***e*** prononcée [e] ou [ɛ] ne prend un accent qu'à condition de se trouver en fin de syllabe :

*une **ves** – te* (absence d'accent)

*la **vé** – ri – **té*** (accent aigu)

*la vi – **pè** – re* (accent grave)

Prononciation

La prononciation fermée de **é** tend généralement à se confondre avec celle de **è**, traditionnellement plus ouverte.

Pour beaucoup d'élèves, la différenciation, à l'oral, entre **é** et **è** ne sera donc pas d'un grand secours pour choisir l'accent grave ou aigu. (Pour plus de précisions, voir l'encadré « Pour l'enseignant : *et / est* : homophones ou pas ?, p. 176).

L'accent grave

Il existe des règles positionnelles qui expliquent la présence de l'accent grave :

– Une syllabe contenant **è** est suivie d'une autre syllabe contenant un **e** muet. Cette règle explique, par exemple, le changement d'accent entre *je préf**è**re* et *vous préférez*.

– La plupart du temps, la syllabe contenant **è** est l'avant-dernière du mot.

Exceptions à cette règle : quelques mots invariables, comme ***très***, ***près***, ***après***, ***auprès***, ***exprès***, ***dès***, ainsi que quelques noms, comme ***abcès***, ***procès***, ***excès***, ***succès***, ***congrès***, ***progrès***.

Ces exceptions ne sont pas à faire apprendre en tant que telles aux élèves.

L'accent aigu

Un *e* placé en fin de syllabe doit porter un accent aigu :

– s'il se prononce /e/ ;

– et s'il n'est pas suivi d'une syllabe contenant un ***e*** muet.

Remarque : un mot finissant par *-é* ne change pas d'accent quand il est mis au féminin ou au pluriel :

un défilé / des défilés

Il est arrivé. / Elle est arrivée.

Pour commencer

Imprimez et distribuez les quatre premières étiquettes (un jeu par élève ou par groupe d'élèves) du matériel disponible sur le CD ou en ligne.

intéressant
l'électricité
un téléspectateur
énervé

Faites lire les étiquettes à haute voix, puis demandez aux élèves de segmenter oralement les mots en syllabes. Rappelez les règles de segmentation en syllabes apprises au CE1 : quand il y a une consonne double, la coupure se fait entre les deux consonnes.

Au crayon à papier, les élèves tracent un trait pour séparer les syllabes sur les quatre premières étiquettes. Corrigez collectivement en rappelant les règles de segmentation utilisées.
Faites colorier en bleu les ***e*** qui se prononcent ***é*** bien qu'ils ne portent pas d'accent. Les élèves observent que ces ***e*** ne se trouvent pas en fin de syllabe. Dégagez cette première règle avec eux : « Quand un *e* n'est pas à la fin d'une syllabe, il ne peut pas avoir d'accent. »
Faites colorier en orange les *é* (accent aigu). Les élèves observent qu'ils se situent tous en fin de syllabe. Pour le mot *énervé*, faites remarquer que la syllabe initiale n'est constituée que d'une lettre : ce *é* est donc à la fois au début et à la fin de la syllabe !

Distribuez ensuite les quatre dernières étiquettes : faites lire les mots, les élèves constatent qu'il manque parfois des accents. Demandez-leur alors de découper les mots en syllabes, puis d'ajouter les accents aigus absents. Pour vérifier leur travail, les élèves colorient en bleu les ***e*** qui se prononcent ***é*** bien qu'ils ne portent pas d'accent, et en orange les *é* (accent aigu). Faites expliciter la raison de la présence ou de l'absence d'un accent :

de l'essence
une celebrite
un elephant
la severite

– « Essence *ne porte pas d'accent, car le premier* e *n'est pas en fin de syllabe.* »

– « Célébrité *a trois accents aigus, car les trois* e *sont en fin de syllabes et on veut entendre [e].* » etc.

Pour s'entrainer

La tâche **a** est de même format que celle de l'activité « Pour commencer ».
Pour la tâche **b**, faites suivre cette procédure :

1. Lire et comprendre la phrase.
2. Se demander si le *e* est à la fin de la syllabe ou pas : « *Le panier : pa/nier*. Non, le *e* n'est pas à la fin de la syllabe, il ne faut pas d'accent. » Etc.

Continuez en sollicitant les élèves pour qu'ils prennent en charge, progressivement et avec votre aide, la procédure. Notez que les élèves mettront du temps à se l'approprier, et que c'est en l'appliquant de nombreuses fois, à haute voix et collectivement, qu'ils finiront par la mettre en œuvre individuellement et sans le passage par la verbalisation.
Reprenez cette phase collective dans les deux ou trois premières séances d'entrainement si les erreurs constatées restent nombreuses.
Faites apprendre la leçon n° 28 (1er point) après un ou deux entrainements.
Programmez les entrainements ultérieurs sur les semaines qui suivent.
Une activité supplémentaire est disponible sur le CD.

Incluez cette difficulté de temps à autre dans les séances « 5 minutes chrono ».

J'accorde l'adjectif avec le nom (2)

4 SÉANCES À RÉPARTIR SUR 1 MOIS ENV.

DANS LES PROGRAMMES

Connaissances et compétences associées

Raisonner pour résoudre des problèmes orthographiques, d'accord essentiellement (lien avec l'écriture).
- Compréhension que des éléments de la phrase fonctionnent ensemble (groupe nominal) ; compréhension de la notion de « chaine d'accords » pour déterminant/nom/adjectif (variation singulier/pluriel en priorité ; variation masculin/féminin).
- Notions de singulier et pluriel ; de masculin et féminin.
- Marques d'accord pour les noms et adjectifs : nombre (-*s*) et genre (-*e*).

Exemples de situations, d'activités et de ressources pour l'élève
- Activités de classements et d'analyses permettant de dégager des régularités, voire des « règles ».
- Si les élèves ne disposent pas d'un manuel de référence, constitution d'une mémoire écrite organisée (fiches complétées au cours de l'année, affichage...), cet outil étant utilisé dans les activités de production d'écrits.
- Activités diverses - dont des dictées courtes sous une variété de formes, suivies de l'examen collectif des problèmes d'orthographe rencontrés - pratiquées de manière rituelle (c'est-à-dire fréquemment et selon des modalités récurrentes) permettant aux élèves d'intégrer les règles et leurs procédures d'application, en faisant exercer les raisonnements adaptés sur des phrases progressivement plus complexes.

FICHIER DE L'ÉLÈVE **PP. 135-136**

AIDE-MÉMOIRE **Leçon n°8**

LES CHOIX DE CLÉO

En présentant systématiquement toutes les formes possibles d'un adjectif, on suscite chez l'élève un questionnement et une vigilance orthographique quant au nom que l'adjectif vient compléter. C'est cette procédure que ce chapitre cherche à conforter.

Pour s'entrainer

Ce chapitre commence directement par la première activité d'entrainement, traitée collectivement au début.
Faites lire à haute voix le texte de gauche, dans sa version de base.
Faites observer la banque d'adjectifs proposée dans le cadre de droite. Les élèves s'approprient la consigne : il s'agit d'utiliser les adjectifs, en les accordant en fonction du nom qu'ils viennent compléter.
L'exemple (*Une petite souris*) permet de comprendre comment procéder concrètement.
Précisez que les adjectifs peuvent être utilisés à n'importe quel endroit du texte, et pas forcément sur la ligne en face de laquelle ils sont placés.
On pourra travailler sur les deux ou trois premiers ajouts oralement, afin de s'assurer que tous les élèves ont saisi le format de la tâche.
La correction insistera sur l'explicitation systématique des accords : « *J'ai choisi grise, parce que c'est la **souris** qui est **grise**, **souris** est un nom féminin singulier.* »
Donnez à revoir la leçon n° 8 de l'aide-mémoire après un ou deux entrainements.

Je maitrise les pluriels particuliers

6 SÉANCES À RÉPARTIR SUR 1 MOIS ENV.

DANS LES PROGRAMMES

Connaissances et compétences associées

Raisonner pour résoudre des problèmes orthographiques, d'accord essentiellement (lien avec l'écriture).
- Compréhension que des éléments de la phrase fonctionnent ensemble (groupe nominal) ; compréhension de la notion de « chaine d'accords » pour déterminant/nom/adjectif (variation singulier/pluriel en priorité ; variation masculin/féminin).
- Notions de singulier et pluriel ; de masculin et féminin.
- Marques d'accord pour les noms et adjectifs : nombre (*-s*) et genre (*-e*).
- Découverte en lien avec les activités d'oral et de lexique d'autres formes de pluriel (*-ail/-aux ; -al/-aux…*) et d'autres marques du féminin quand elles s'entendent dans les noms (*lecteur/lectrice…*) et les adjectifs (*joyeux/joyeuse…*).

Exemples de situations, d'activités et de ressources pour l'élève
- Activités de classements et d'analyses permettant de dégager des régularités, voire des « règles ».
- Si les élèves ne disposent pas d'un manuel de référence, constitution d'une mémoire écrite organisée (fiches complétées au cours de l'année, affichage…), cet outil étant utilisé dans les activités de production d'écrits.
- Activités diverses – dont des dictées courtes sous une variété de formes, suivies de l'examen collectif des problèmes d'orthographe rencontrés – pratiquées de manière rituelle (c'est-à-dire fréquemment et selon des modalités récurrentes) permettant aux élèves d'intégrer les règles et leurs procédures d'application, en faisant exercer les raisonnements adaptés sur des phrases progressivement plus complexes.

FICHIER DE L'ÉLÈVE **PP. 137-138**

CD-ROM
- ACTIVITÉ SUPPLÉMENTAIRE D'ENTRAINEMENT

AIDE-MÉMOIRE **Leçons n°s 10 et 11**

LES CHOIX DE CLÉO

Ce chapitre permet d'achever l'exploration exhaustive des différents moyens de mettre un nom ou un adjectif au pluriel. Il complète le travail entamé dans le chapitre « J'utilise le masculin, le féminin, le singulier et le pluriel ».

Pour s'entrainer

Ce chapitre commence directement par la première activité d'entrainement.
Faites lire à haute voix les phrases telles qu'elles apparaissent dans le fichier, puis faites les transformer, toujours à l'oral. Si des difficultés apparaissent à ce stade, relisez collectivement les leçons n°s 10 et 11 de l'aide-mémoire.
Il sera sans doute utile de réfléchir ensemble sur la portée de la transformation au pluriel dans les phrases :

> Exemple :
> « *Des vaisseaux spatiaux traversent l'espace* → on ne peut pas mettre l'espace au pluriel, parce qu'il n'y a qu'un seul espace ! »
> « *Deux jeunes acteurs ont les rôles principaux* → il y a deux rôles principaux, rôle principal peut se mettre au pluriel. »

Bien sûr, on reprécisera également comment les verbes se mettent au pluriel.
Les leçons n°s 10 et 11 de l'aide-mémoire seront à revoir après un ou deux entrainements.
Une activité supplémentaire est disponible sur le CD.

J'utilise é (e accent aigu) ou è (e accent grave)

3 SÉANCES
À RÉPARTIR SUR 2 SEMAINES ENV.

DANS LES PROGRAMMES

Connaissances et compétences associées
Maitriser les relations entre l'oral et l'écrit (lien avec la lecture).
- Correspondances graphophonologiques.

Exemples de situations, d'activités et de ressources pour l'élève
- Activités régulières, voire rituelles tout au long du cycle, au moins pour les élèves les plus fragiles au CE2.
- Nombreux retours sur les « leçons » antérieures, rebrassage des acquis.
- Élaboration de listes qui rapprochent des mots, de tableaux qui classent en fonction des relations graphèmes / phonèmes pour favoriser la mémorisation.
- Activation de la remémoration par de courtes et fréquentes dictées de syllabes ou de mots.

FICHIER DE L'ÉLÈVE
P. 139

AIDE-MÉMOIRE
Leçon n°28

SITE COMPAGNON
- MATÉRIEL POUR LA SÉANCE « POUR COMMENCER »

CD-ROM
- MATÉRIEL POUR LA SÉANCE « POUR COMMENCER »
- ACTIVITÉ SUPPLÉMENTAIRE D'ENTRAINEMENT
- ACTIVITÉ « POUR ALLER PLUS LOIN »

LES CHOIX DE CLÉO

Pour une présentation de la démarche, voir le chapitre « J'utilise *e* ou *é* (*e* accent aigu) ».

Pour commencer

Imprimez et distribuez les quatre premières étiquettes (un jeu par élève ou par groupe d'élèves) du matériel disponible sur le CD ou en ligne.

un hélicoptère
un zèbre
célèbre
un évènement

un eleve
j'espere
une fougere
un ver de terre

Faites lire les étiquettes à haute voix, puis demandez aux élèves de segmenter oralement les mots en syllabes. Rappelez les règles de segmentation en syllabes apprises au CE1 : quand il y a une consonne double, la coupure se fait entre les deux consonnes.

Au crayon à papier, les élèves tracent un trait pour séparer les syllabes sur les quatre premières étiquettes. Corrigez collectivement en rappelant les règles de segmentation utilisées.
Faites colorier en bleu les *e* qui se prononcent é bien qu'ils ne portent pas d'accent. Les élèves observent que ces *e* ne se trouvent pas en fin de syllabe. Dégagez cette première règle avec eux : « Quand un *e* n'est pas à la fin d'une syllabe, il ne peut pas avoir d'accent. »
Faites colorier en orange les *é* (accent aigu). Les élèves observent qu'ils se situent tous en fin de syllabe. Pour le mot *évènement*, faites remarquer que la syllabe initiale n'est constituée que d'une lettre : ce *é* est donc à la fois au début et à la fin de la syllabe !
Faites colorier en vert les *è* (accent grave). Montrez aux élèves que la lettre *è* est située elle aussi en fin de syllabe, mais qu'en plus on trouve un *e* muet dans la syllabe suivante.
Symbolisez cette particularité en écrivant les quatre mots en gros caractères au tableau, et en surmontant les accents graves d'une flèche qui pointe dans la direction du e muet de la syllabe suivante :

zèbre - évènement

Demandez aux élèves de rappeler les trois règles : « pas d'accent si... / accent grave si... / accent aigu si... »

Distribuez ensuite les quatre dernières étiquettes : faites lire les mots, les élèves constatent qu'il manque parfois des accents. Demandez-leur alors de découper les mots en syllabes, puis d'ajouter les accents, graves ou aigus absents. Pour vérifier leur travail, les élèves colorient en bleu les *e* qui se prononcent [e] bien qu'ils ne portent pas d'accent, en orange les *é*, et en vert les *è*. Faites expliciter la raison de la présence ou de l'absence d'un accent :
– « Terre *ne porte pas d'accent, car le premier* e *n'est pas en fin de syllabe.* »
– « Fougère *a un accent grave, car le* e *est en fin de syllabe et il y a un* e *muet dans la syllabe qui suit.* Etc. »

Pour s'entrainer

La tâche **a** est de même format que celle de l'activité « Pour commencer ». On fera observer, lors de la correction, que des mots de la même famille peuvent porter des accents différents selon la présence ou l'absence d'un e muet dans la syllabe suivante.
Pour la tâche **b**, faites suivre cette procédure :
1. Lire et comprendre la phrase.
2. Se demander si le *e* est à la fin de la syllabe ou pas : « *mon père... : pè/re*. Oui, le *e* est à la fin de la syllabe, il va falloir un accent. Mais lequel ? Regardez, il y a un *e* muet dans la syllabe suivante : c'est donc un accent grave qu'il faut écrire. Etc. »
Continuez en sollicitant les élèves pour qu'ils prennent en charge, progressivement et avec votre aide, la procédure. Notez que les élèves mettront du temps à se l'approprier, et que c'est en l'appliquant de nombreuses fois, à haute voix et collectivement, qu'ils finiront par la mettre en œuvre individuellement et sans le passage par la verbalisation. Mais ne brulez pas les étapes, laissez le temps à chacun de l'assimiler à son rythme, car les trois cas de figure rendent cette procédure complexe.
Reprenez cette phase collective dans toutes les séances d'entrainement si les erreurs constatées restent nombreuses.

Faites apprendre la leçon n° 28, et revoir la leçon n° 29 après un ou deux entrainements.
Programmez les entrainements ultérieurs sur les semaines qui suivent.
Une activité supplémentaire est disponible sur le CD.
Incluez cette difficulté de temps à autre dans les séances « 5 minutes chrono ».

Pour aller plus loin

Cette activité explore l'alternance entre accents grave et aigu au sein de famille de mots : sévère ⟷ sévérité.
Les élèves doivent être capables de justifier l'emploi des deux accents dans ces séries de mots.

Pour aller plus loin

Exemple : une cuillère – une cuillérée.

Recopie et complète ces mots avec é ou è.

s.....v.....re • la s.....v.....rit..... • s.....v.....rement

une c.....l.....brit..... • elle est c.....l.....bre

ils acc.....l.....rent • ils ont acc.....l.....r.....

il esp.....re • nous esp.....rons • l'esp.....rance

ils sont lib.....r.....s • ils se lib.....rent • la lib.....ration

du lait écr.....m..... • de la cr.....me fraiche

ma pr.....f.....rence • je pr.....f.....re • nous pr.....f.....rons

Le savais-tu ?
Dans une même famille de mots, les accents peuvent changer.

Je transforme des phrases en respectant les accords

7 SÉANCES À RÉPARTIR SUR 1 MOIS ENV.

DANS LES PROGRAMMES

Connaissances et compétences associées

Raisonner pour résoudre des problèmes orthographiques, d'accord essentiellement (lien avec l'écriture).
- Compréhension que des éléments de la phrase fonctionnent ensemble (groupe nominal) ; compréhension de la notion de « chaine d'accords » pour déterminant/nom/adjectif (variation singulier/pluriel en priorité ; variation masculin/féminin).
- Notions de singulier et pluriel ; de masculin et féminin.
- Marques d'accord pour les noms et adjectifs : nombre (-*s*) et genre (-*e*).

Exemples de situations, d'activités et de ressources pour l'élève

- Activités de classements et d'analyses permettant de dégager des régularités, voire des « règles ».
- Si les élèves ne disposent pas d'un manuel de référence, constitution d'une mémoire écrite organisée (fiches complétées au cours de l'année, affichage…), cet outil étant utilisé dans les activités de production d'écrits.
- Activités diverses – dont des dictées courtes sous une variété de formes, suivies de l'examen collectif des problèmes d'orthographe rencontrés – pratiquées de manière rituelle (c'est-à-dire fréquemment et selon des modalités récurrentes) permettant aux élèves d'intégrer les règles et leurs procédures d'application, en faisant exercer les raisonnements adaptés sur des phrases progressivement plus complexes.

FICHIER DE L'ÉLÈVE
PP. 140-142

SITE COMPAGNON
- MATÉRIEL POUR LA SÉANCE « POUR COMMENCER »

AIDE-MÉMOIRE
Leçons n°s 10 et 11 ; éventuellement, leçon n°13

CD-ROM
- MATÉRIEL POUR LA SÉANCE « POUR COMMENCER »
- ACTIVITÉ SUPPLÉMENTAIRE D'ENTRAINEMENT

LES CHOIX DE CLÉO

Cette séquence donne l'occasion de travailler sur les transformations en genre et en nombre des mots variables dans le contexte de phrases. La tâche sera double : d'abord apparier une phrase avec une des trois illustrations présentées, puis transformer cette phrase en l'adaptant aux autres dessins.
Ainsi, l'élève focalisera d'abord son attention sur les indices de genre et de nombre avant d'être amené à les modifier lui-même pour les adapter à un autre contexte.

Pour commencer

Faites observer les images de la situation « Pour commencer » projetée (disponible sur CD ou en ligne).

Ils regardent la télé, mais elle préfère la radio.

Faites lire la phrase au-dessous. Les élèves associent d'abord cette phrase au deuxième dessin. Demandez-leur quels indices ils ont pris en compte pour se déterminer. Faites justifier à la fois d'un point de vue grammatical (marques de pluriel et de féminin) et d'un point de vue sémantique (adéquation image-phrase).

Demandez ensuite aux élèves de transformer la phrase pour qu'elle corresponde aux deux autres dessins.
Dans les trois phrases, faites entourer et relier les chaines d'accords.

Pour s'entrainer

Proposez l'activité n° 1 à la suite de l'activité « Pour commencer ». Rappelez les deux tâches successives : appariement puis transformation.
Lors de la correction, faites justifier systématiquement les choix orthographiques.
Programmez les entrainements ultérieurs sur les semaines qui suivent.
Donnez à revoir les leçons n°s 10 et 11 de l'aide-mémoire après un ou deux entrainements, ainsi que la leçon n° 13 si nécessaire.
Une activité supplémentaire est disponible sur le CD.

Je maitrise l'accent circonflexe

4 SÉANCES
À RÉPARTIR SUR 2 SEMAINES ENV.

DANS LES PROGRAMMES

Connaissances et compétences associées
Correspondances graphophonologiques.

Exemples de situations, d'activités et de ressources pour l'élève
Activités régulières, voire rituelles tout au long du cycle, au moins pour les élèves les plus fragiles au CE2.

FICHIER DE L'ÉLÈVE **P. 143**

SITE COMPAGNON
- MATÉRIEL POUR LA SÉANCE « POUR COMMENCER »

CD-ROM
- MATÉRIEL POUR LA SÉANCE « POUR COMMENCER »
- ACTIVITÉ SUPPLÉMENTAIRE D'ENTRAINEMENT

LES CHOIX DE CLÉO

Pour cette séquence sur l'accent circonflexe, nous insistons sur le fait que *ê*, comme *é* ou *è*, ne peut pas se trouver ailleurs qu'à la fin d'une syllabe :
– *une bê/te* ⟷ *une bet/te*
– *il bê/le* ⟷ *bel/le*
– *un chê/ne* ⟷ *une chien/ne*
L'accent circonflexe sur d'autres voyelles (*â*, *ô*) n'est pas abordé dans ce chapitre.
Pour mémoire, l'accent circonflexe sur le i et le u a disparu dans presque tous les cas depuis les rectifications orthographiques de 1990.

Pour commencer

Projetez la situation « Pour commencer » disponible sur le CD et en ligne (version collective). Imprimez et distribuez les étiquettes-mots (version individuelle, un jeu par élève ou groupe d'élèves).

une arête | les lunettes | un chêne | une chaussette | une bêtise
une trompette | la tête | un pêcheur | une recette | arrête
une guêpe | une clochette | une crêpe

Faites lire les étiquettes et la consigne à haute voix. Rappelez au besoin collectivement les règles de segmentation des syllabes avant de laisser les élèves travailler seuls ou par groupes. Les élèves tracent un trait au crayon à papier pour séparer les syllabes. Ils effectuent à partir de là le classement des étiquettes.
Procédez à une mise en commun en reproduisant au tableau le classement en deux colonnes.
Suscitez les remarques des élèves :
– « C'est comme pour *é* ou *è*, il n'y a pas d'accent si *ê* n'est pas à la fin de la syllabe. »
– « Les mots en *-ette* n'ont jamais d'accent, c'est normal, on coupe la syllabe entre les deux *t*. »
Pour conclure, présentez quelques exemples du type : *il bê/le* ⟷ *bel/le*.

Pour s'entrainer

Une lecture à haute voix des phrases facilitera l'entrée dans l'activité.
Une activité supplémentaire est disponible sur le CD.

J'utilise le pronom *on*

3 SÉANCES
À RÉPARTIR SUR 2 SEMAINES ENV.

DANS LES PROGRAMMES

Connaissances et compétences associées

Raisonner pour résoudre des problèmes orthographiques, d'accord essentiellement (lien avec l'écriture).
Homophones : les formes verbales *a / ont / est / sont* distinguées des homophones *à / on / et / son*.

Exemples de situations, d'activités et de ressources pour l'élève

– Activités diverses – dont des dictées courtes sous une variété de formes, suivies de l'examen collectif des problèmes d'orthographe rencontrés – pratiquées de manière rituelle (c'est-à-dire fréquemment et selon des modalités récurrentes) permettant aux élèves d'intégrer les règles et leurs procédures d'application, en faisant exercer les raisonnements adaptés sur des phrases progressivement plus complexes.

FICHIER DE L'ÉLÈVE
P. 144

AIDE-MÉMOIRE
Leçon n°35

SITE COMPAGNON
- MATÉRIEL POUR LA SÉANCE « POUR COMMENCER »

CD-ROM
- MATÉRIEL POUR LA SÉANCE « POUR COMMENCER »
- ACTIVITÉ SUPPLÉMENTAIRE D'ENTRAINEMENT
- ACTIVITÉ « POUR ALLER PLUS LOIN »

LES CHOIX DE CLÉO

Le pronom sujet *on*, que la grammaire range dans la classe des pronoms indéfinis (aux côtés de : *aucun, certains, chacun, personne, plusieurs, quelqu'un*, etc.), est de plus en plus utilisé en tant que pronom personnel, se substituant en particulier à *nous* dans la langue contemporaine : *on a gagné = nous avons gagné*.

De ce fait, **on** pose de redoutables problèmes orthographiques : alors qu'il est le plus souvent porteur d'un sens **pluriel**, il fonctionne au **singulier** d'un point de vue syntaxique. Cette distorsion met nos automatismes grammaticaux à rude épreuve avec des énoncés de type *on est gentilles / on est arrivées*, où, par tolérance, l'adjectif attribut ou le participe passé ne s'accordent pas avec le sujet.

Pour nos élèves, la valeur de pluriel de *on* se traduit souvent par l'emploi de la graphie *ont*, non pas parce qu'ils confondent pronom et verbe, mais parce que *ont* permet, en quelque sorte, d'exposer un « signe extérieur de pluralité » qui, bien qu'erroné, permet de résoudre la tension entre nombre grammatical et nombre sémantique.

Pour aider les élèves à mieux maitriser ce pronom atypique, nous avons choisi de leur faire découvrir et manipuler ses différentes significations sans jamais lui substituer le pronom *nous*. Nous cherchons ainsi à renforcer la valeur de *collectif* de *on* en le remplaçant selon les cas par *notre famille, notre classe, notre équipe, notre bande de copains*, etc. Ces groupes nominaux étant également au singulier, on explore les cas de figure où le sujet, bien que porteur d'un sens pluriel, n'en demeure pas moins au singulier.

Pour commencer

Projetez la situation proposée sur le CD (et en ligne).
Demandez aux élèves de remplacer *on* par l'une des expressions proposées dans les étiquettes.

On a marqué trois buts !
On a volé mon sac !
On a bien travaillé ce matin.
On ira fêter Noël chez Mamie.
On a construit une cabane dans le bois.
On n'en peut plus, on est épuisé !
On ne parle pas la bouche pleine !

toute la classe | notre équipe | quelqu'un | personne | tout le monde | toute la famille | notre bande de copains

Lors de la correction, collective, relevez au fur et à mesure les différents sens de on et notez-les au tableau :

on = quelqu'un
on = personne
on = tout le monde
on = un groupe de personnes (notre famille, notre classe, etc.)

Demandez aux élèves de réfléchir sur chaque emploi de *on* : représente-t-il une seule personne ou plusieurs personnes ? Y a-t-il des cas où l'on ne peut pas savoir ?
Concluez en remarquant que, même si souvent le pronom sujet *on* a un sens de pluriel, c'est un pronom singulier pour la grammaire.

Pour s'entrainer

Dans ces activités d'entrainement, les élèves ont à transformer les phrases en utilisant *on* dans la partie **a**, et en remplaçant *on* par un pronom ou un groupe du nom équivalent dans la partie **b**.
Veillez à ce que les élèves ne remplacent pas *on* par *nous*, en précisant au besoin que le verbe ne doit subir aucune transformation dans ces activités.
Invitez-les à utiliser les expressions rencontrées dans l'activité « Pour commencer » pour les phrases du **b**.
Donnez à apprendre la leçon n° 35 de l'aide-mémoire après un ou deux entrainements.
Une activité supplémentaire est disponible sur le CD.

Pour aller plus loin

Activité de discrimination des homophones *on / on n'* [pas]. L'élève doit d'abord s'interroger sur le sens et la cohérence des phrases avant de se déterminer.

ⓐ
écoute la maitresse.
embête ses voisins.
arrive en retard en classe.
apprend bien ses leçons.
coupe la parole aux autres.
énerve la maitresse.
attend ton tour pour parler.

ⓑ
abime les affaires des autres.
écrit de sa plus belle écriture.
ouvre grand ses oreilles.
oublie d'être poli.
essaie de copier sur sa voisine.
articule pour être compris.
a le droit de courir en classe.

Présentation du CD-Rom

Contenu

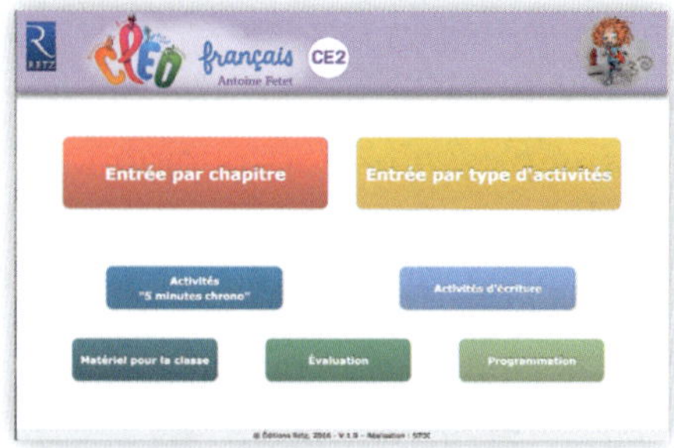

Organisé par chapitre et par type d'activités, le CD-Rom contient tous les éléments nécessaires pour mener les séquences d'apprentissage en classe, ainsi que des ressources pour l'enseignant.

Organisation par chapitre :

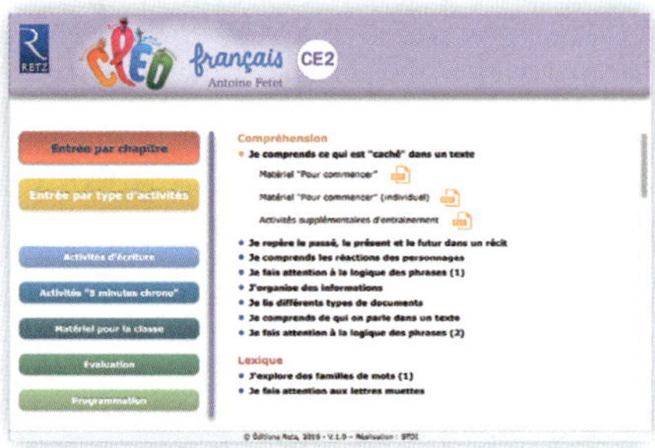

Organisation par type d'activités :

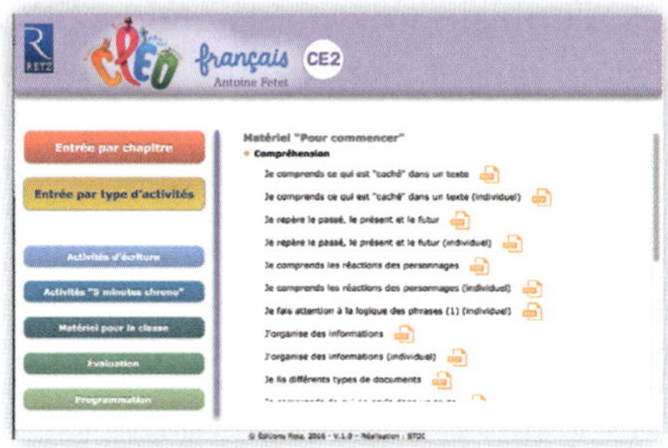

Activités « Pour commencer »

Les supports nécessaires à la mise en œuvre de ces activités sont :
– des documents collectifs à projeter ;
– ou des documents individuels à imprimer et à distribuer.

Version collective

Version individuelle

Activités supplémentaires d'entrainement

À imprimer et à distribuer, ces activités ont un format qui leur permet d'être facilement collées dans le cahier des élèves.

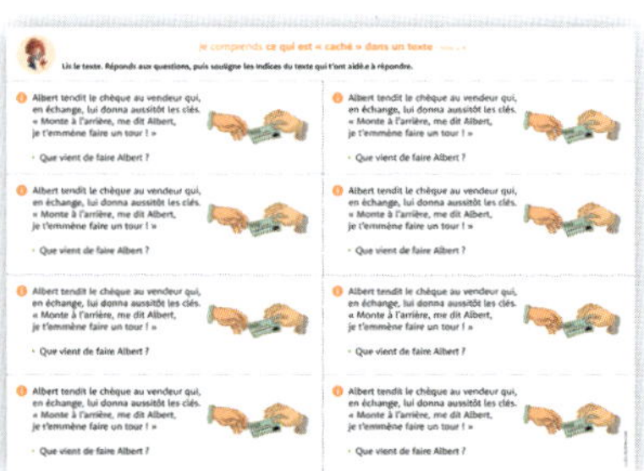

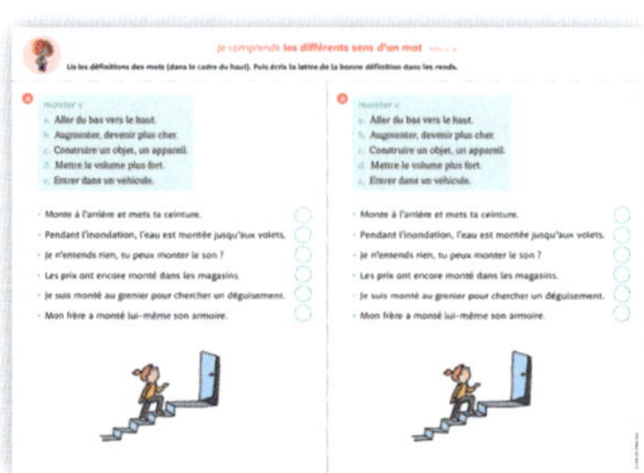

Activités « Pour aller plus loin »

À imprimer et à distribuer, ces activités ont également un format qui leur permet d'être facilement collées dans le cahier des élèves.

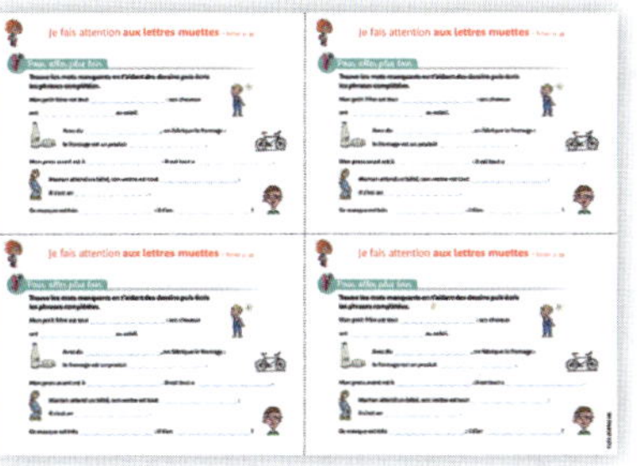

Activités d'écriture

Elles sont de deux types :
– supports pour écrire à partir de poèmes, de comptines... ;
– supports pour écrire à partir d'une séquence du domaine « Questionner le monde ».

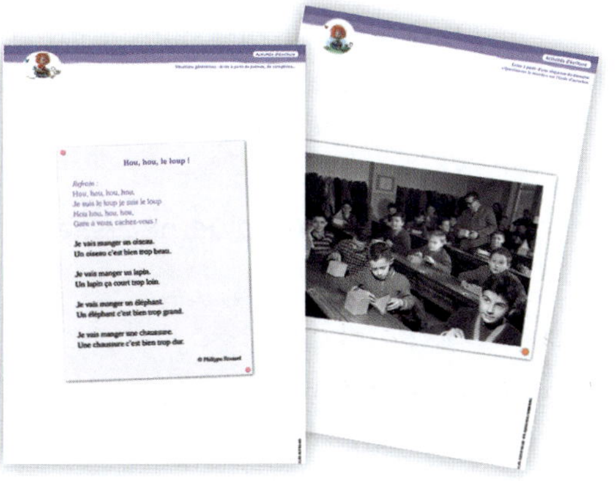

Autres ressources

– Activités « 5 minutes chrono » : liste des mots proposés en p. 26 de ce guide.
– Matériel pour la classe : affichages référents, étiquettes de conjugaison.

– Évaluation : scoromatic, graphiques pour mesurer les progrès des élèves (version A4 ou livret A5).

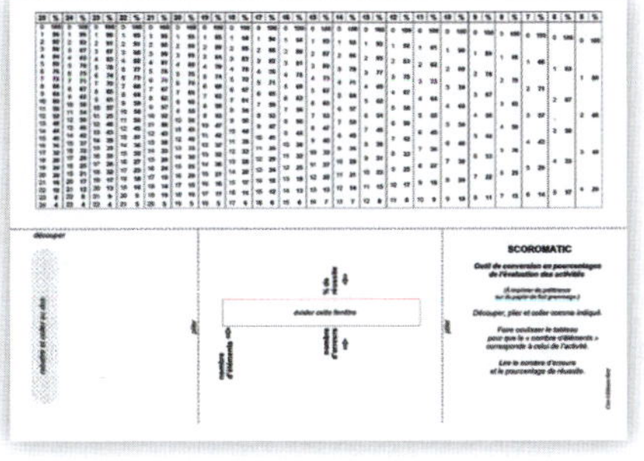

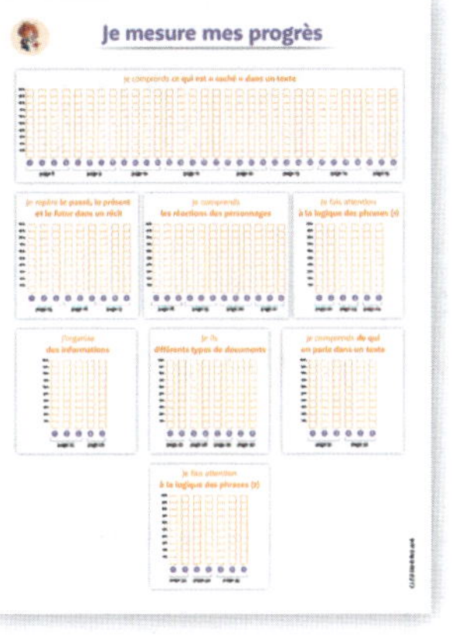

– Programmation CE1-CE2 et grille vierge de programmation.

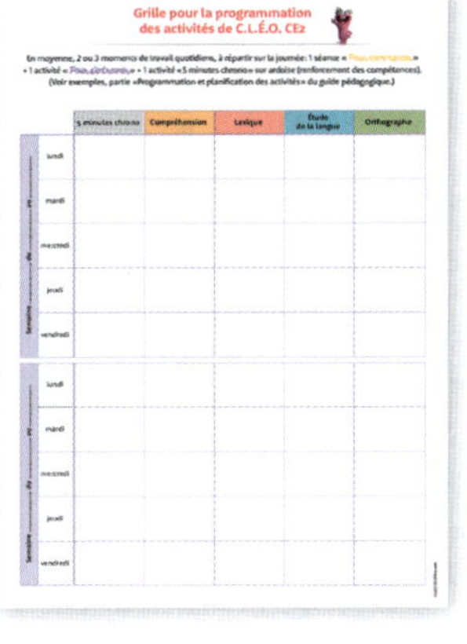

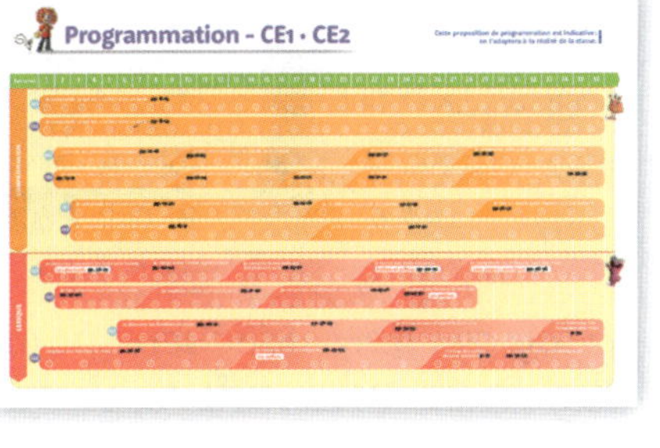

Installer et naviguer dans le CD-Rom

Sur PC : Insérer le disque dans votre lecteur. L'installation se lance automatiquement. Si ce n'est pas le cas, aller dans « Poste de travail » (menu « Démarrer »), cliquer sur le fichier « CLEO_GP_CE2_PC.exe » et suivre les étapes d'installation jusqu'à la fin. Un icone s'affiche alors sur le « Bureau » : double-cliquer dessus pour lancer le CD.

Sur Mac : Insérer le disque dans votre lecteur et double-cliquer sur l'icone pour l'ouvrir. Double-cliquer sur « CLEO_GP_CE2_MAC.dmg » puis glisser l'application dans le dossier « Applications ». Aller dans le dossier « Applications » et double-cliquer sur « CLEO_GP_CE2_Retz ».

L'insertion du CD n'est plus nécessaire une fois l'application installée sur l'ordinateur (PC et Mac).

- Cliquer sur le logo pour accéder au site des éditions Retz
- Cliquer sur la rubrique souhaitée pour accéder aux ressources associées

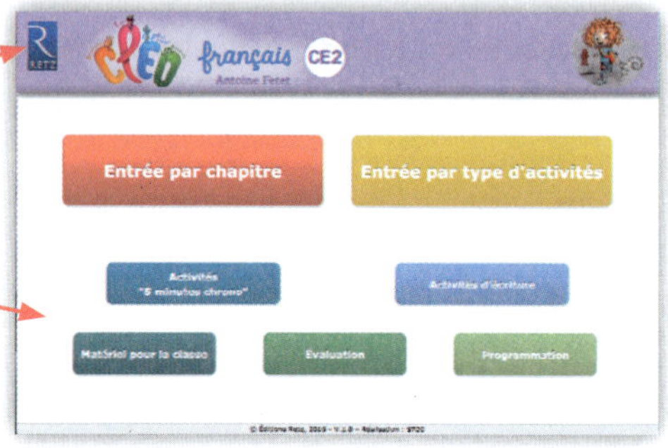

- Cliquer sur le bandeau supérieur pour retourner à l'écran d'accueil
- Le nom de la rubrique sélectionnée s'affiche en bleu
- Cliquer sur ces boutons pour accéder directement aux autres rubriques, sans repasser par l'écran d'accueil
- L'ensemble des ressources associées à la rubrique s'affiche dans la partie droite de l'écran

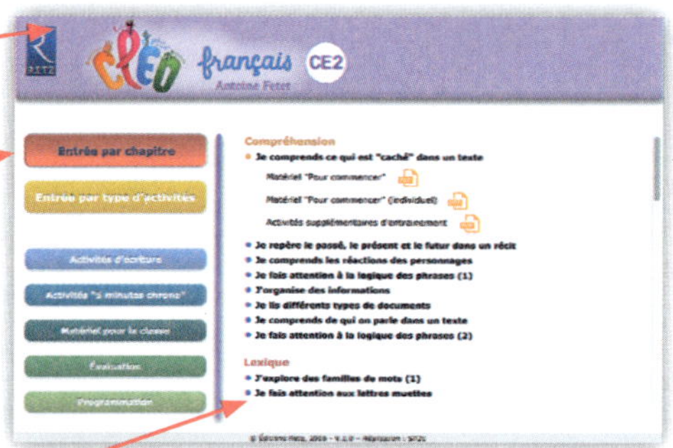

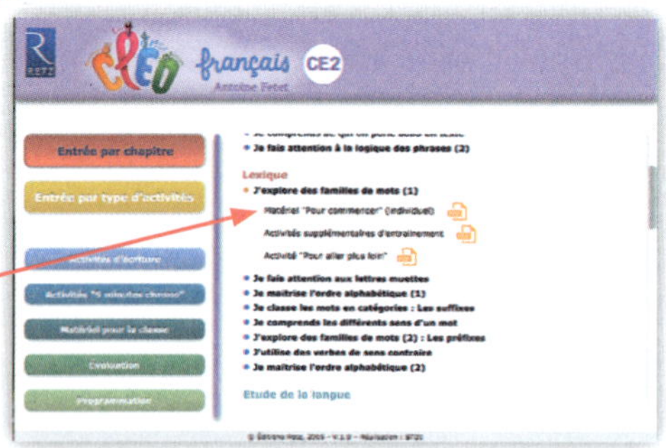

- Cliquer sur le nom du document que l'on souhaite visionner, imprimer ou vidéoprojeter...

... le document s'affiche dans une nouvelle fenêtre :

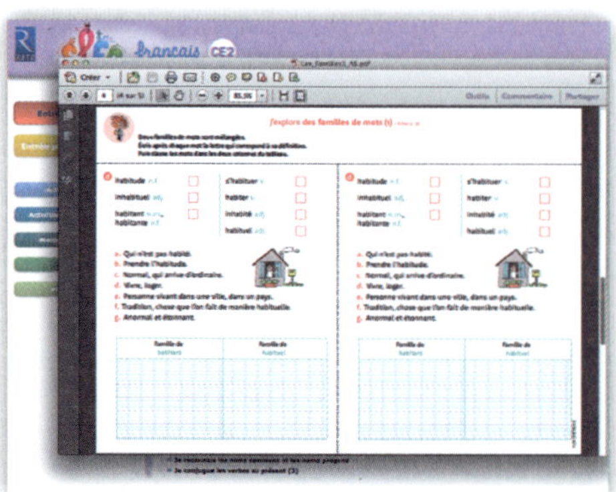

Le logiciel automatiquement utilisé pour cet affichage (Adobe Reader, Aperçu...) permet d'agir sur le document : zoom, rotation, impression...